절대수익 투자법칙

상승장은 물론 하락장에서도 수익을 얻는 '스마트 트레이딩'

절대수익 투자법칙

| 유택정 지음 |

에디터
editor

머리말

'스마트 트레이딩'으로 시장에서 성공을!

지금 이 책의 머리말을 읽고 있는 독자들은 어떤 기대를 갖고 있을까? 책을 쓰는 동안 이 질문을 항상 머리에 떠올렸다. 여러분이 기대하고 있는 것처럼 이 책은 시장에서 돈을 버는 방법에 관한 이야기다. 그것도 지금까지 널리 알려진 것과는 다른 관점과 접근 방법을 사용한다.

현재 시중에 나와 있는 투자 관련 서적들은 크게 두 종류로 나눌 수 있다. 그중 하나가 기업의 가치를 분석하고, 현재 저평가된 종목을 찾아서 장기 투자하면 언젠가는 빛을 볼 것이라고 알려주는 책들이다. 또 하나는 주가가 흘러온 궤적을 그래프로 그려놓은 다음, 이 시점에서 매수하고, 이 시점에서 매도하면(!) 큰돈을 벌 수 있다고 알려주는 책들이다. 그 외에 심리적 태도의 중요성을 강조하는 책도 있고, 시장 전체를 매수하는 인덱스(Index) 투자가 해답이라고 주장하는 책도 있다. 이렇게 많은 책들이 있는데도 필자가 투자에 관한 책을 내기로 마음먹은 것은 기존에 나온 책들에서 무언가 부족한 점을 느꼈기 때문이다.

필자는 지난 20여 년이 넘는 시장 경험을 통해 다양한 투자자와 교류했으며, 평범한 투자자가 뛰어난 투자자로 성장하는 과정을 지켜보았다. 여러 차례 교육과정을 진행하면서 성공을 갈망하는 투자자들의 염원을 이해할 수 있었고, 어떻게 해야 성공에 한 발 더 다가설 수 있을지도 알게 되었다. 대부분의 투자자들이 매매 기법을 몰라서 성공하지 못하는 것이 아니다. 오히려 지식이 너무 많아서 문제가 되기도 한다.

사실, 시장에서 돈을 버는 원리는 간단하기 때문에 누구나 한번쯤 들어보았을 것이다. '싸게 사서 비싸게 팔거나, 먼저 비싸게 팔고 나중에 싸게 산다.' '수익은 키우고 손실은 줄여야 한다.' 이 단순한 원리를 몸에 익혀 매매에 적용하기만 하면 되는데, 왜 그토록 많은 투자자들이 실패하는 것일까? 필자가 보기에는 그러한 원리를 실제로 꾸준히 적용할 수 있을 때까지 투자자들이 훈련받을 기회가 거의 없기 때문이다. 특히 투자에 큰 영향을 미치는 감정을 적절히 통제하는 방법을 배우지 못한 데다 일반적인 편견에 무방비로 노출되어 있기 때문이다. 일반 사회생활은 열심히 하면 어느 정도 성과를 낼 수 있다. 그런데 투자의 세계는 열심히 한다고 해서 성공을 보장받을 수 있는 곳이 아니다. 어떤 명쾌한 해답을 찾기도 어렵다. 시장에서 성공하려면 자기 자신을 엄격히 통제하는 방법을 배우고 익혀야 하는데, 투자자들이 이 경지에 도달하는 것이 쉽지 않기 때문에 성공 확률이 낮은 것이다.

 주식시장은 아마도 지구 상에서 가장 치열하게 경쟁하는 공간이라고 할 수 있다. 시장에서는 모든 투자자들이 서로를 이기기 위해서 전력투구한다. 오죽하면 시장을 '총성 없는 전쟁터'라 부르겠는가. 이 분야의 전문가들은 상대의 실수를 자기 이익으로 챙겨가는 데 능숙하다. 합리적인 전략과 자기 절제력이 없는 투자자는 시장의 날카로운 칼날을 결코 피할 수 없다. 전쟁이 일상의 삶을 송두리째 파괴하듯, 손실이 계속되면 투자자는 돌이킬 수 없는 상실감을 갖게 되고, 정신적으로도 피폐해진다. 그렇게 되기를 원하는 투자자는 아무도 없을 것이다. 필자가 만났던 성공한 투자자들은 모두 시장에 대해 겸손한 태도를 보였고, 본인의 능력을 과신하지 않았다. 돈을 좀 벌었다고 자만하거나, 손실을 보았다고 좌절하지 않고, 자신에게 어울리는 방법을 찾아 꾸준히 자신의 길을 개척해 나아갔다. 경쟁하는 상대를 존중하고, 겸손한 태도를 견지하는 것이야말로 성공하기 위해서 반드시 갖춰야 할 으뜸 덕목이다. 인간성 좋은 사람이 투자도 잘한다는 말이 결코 지나친 말은 아닐 듯싶다.

 시장의 방향을 알아맞히려고 열심히 분석하는 게 투자에 얼마나 도움이 될까? 추세에 편승하라고 하는데, 과연 추세는 존재할까? 추세가 있다면 투자자는 그 추세를 어떻게 알 수 있을까? 주식을 싸게 사는 것이 가능할까? 어떤 때에 시장의 흐름에 편승하고, 어떤 때에 시장의 흐름에 맞설 것인가? 수익을 얻는 방법이 시장의 방향을 맞히는 것 말곤 없을까? 내 안에 숨어 있는 잠재력을 키우려면 어떻게 해야 하나?

이런 질문들에 대한 해답을 찾는 여정이 이 책의 주요 구성이다. 그리고 그렇게 찾아낸 원칙을 '투자는 스마트(SMART)하게!'라는 구호로 정리했다. 요즘 스마트폰 덕분에 '똑똑하고 멋지다'는 뜻을 지닌 스마트란 단어가 널리 알려졌다. 스마트폰이 지닌 대표적인 특징 중 하나가 언제 어디서나 인터넷에 접속해 원하는 정보를 얻을 수 있다는 점이다. '스마트 트레이딩'은 다양한 거래 전략의 장단점을 이해하고 효율적으로 분산투자하여 상승과 하락이란 시장의 성격에 관계없이 원하는 수익을 얻을 수 있는 매매 방법을 의미한다. 잘 짜인 투자 모델을 이용해서 절대수익을 추구하는 스마트한 투자자들이 지금 이 시장의 선두에 서 있다.

투자를 스마트(SMART)하게 만드는 5가지 핵심 투자 원칙은 다음과 같다.

- **Simple**(단순한) – 단순한 전략이 이긴다.
- **Mechanical**(기계적인) – 컴퓨터를 이용해서 자동으로 투자 원칙을 적용시키자.
- **Advanced**(앞선) – 전략 분산과 합성 투자를 통해 전천후 수익을 얻자.
- **Risk Control**(위험 관리) – 위험을 효과적으로 관리하자.
- **Trading Plan**(투자 설계) – 자신에게 맞는 투자를 설계하자.

본문에서는 이 5가지 스마트한 원칙을 풀어서 알려줄 것이다. 단순한 전략이 시장에서 어떻게 효율적으로 작동하는지, 매매를 자동으로 하는 방법은 무엇인지, 자기 성향에 맞는 투자를 스스로 설계하려면 고려해야 할 점이 무엇인지를 안내할 예정이다. 이 5가지 원칙을 잘 익혀서 실행에 옮긴다면 지금보다 훨씬 쉽고 편안하게 투자를 할 수 있다.

모든 투자자는 시장에서 실수하기 마련이다. 그러나 한두 번의 실수에서 교훈을 얻을 수 있으면 결코 실패한 것이 아니다. 기회는 항상 다시 온다. 다시 찾아온 기회를 놓치지 않도록 투자를 어떻게 잘할 것인지에만 집중하자. 돈을 버는 것이 목표가 아니라 투자하는 과정이 목표가 되어야 한다. 그러면 저절로 돈도 벌 수 있다. 성공적인 투자는 한마디로 준비와 기회의 결합이다.

지금부터 친구와 차 한잔 나누며 이야기하듯 시장에서 경험하며 깨닫게 된 것들을 풀어보려 한다. 나아갈 길을 알고 싶으면 그 길을 먼저 여행한 사람에게 물어보는 게 가장 빠른 방법이다. 이 책은 시장의 참모습을 깨닫고, 수익을 얻고 싶은 기대감에 충만한 분들에게 큰 도움이 될 것이라 확신한다. 투자하는 과정을 즐길 준비가 되었다면 이제 책장을 넘기시라.

유택정

차례

머리말   '스마트 트레이딩'으로 시장에서 성공을!

제1장 | 시장의 흐름에 정해진 길은 없다

사람들은 왜 주식시장에 뛰어들까?	17
시장은 드넓은 바다와 같다	22
당신의 투자 동기는 무엇입니까?	26
현실적인 투자 목표를 세워라	30
주식투자에 실패하는 3가지 이유	35
시장에서 겪는 심리적 변화	40
희망과 기도 그리고 주가	45
자유롭게 자신을 통제하자	50
성공적인 투자자의 7가지 습관	54
장기 투자를 해야 성공할 수 있을까?	58
시장에서 성공할 수 있는 유일한 비법	63
비싸게 사서 더 비싸게 팔아라	67
시장의 흐름에 정해진 길은 없다	72

제2장 | 시장에서 돈을 버는 3가지 방법

투자자는 어떻게 성장하는가?	79
분석을 잘해야 투자에 성공할까?	83
투자에서 중요한 한 가지 질문	87
투자는 주사위 던지기 놀이다	91
기본적 분석과 기술적 분석	95
현재가는 진리 그 자체	100
주식 가격을 평가하는 일반적인 방법	104
성장주가 좋을까, 가치주가 좋을까?	108
좋은 종목을 고르는 요령	112
시장수익률과 함께 가는 착한 투자	117
시장과 전략, 거래 주기도 분산하라	121
시장에서 돈을 버는 3가지 방법	126
자신의 투자 스타일을 정하라	130

제3장 | 투자의 출발 – 내 마음의 기준선

투자의 출발 – 내 마음의 기준선 — 139
투자에 활용할 수 있는 기준선 — 143
기준선으로 매매 신호를 만들자 — 148
'거북이'들은 어떻게 투자했을까? — 152
투자는 지지와 저항의 문제 — 157
진입보다 청산이 중요하다 — 161
시장에 과연 추세는 존재하는가? — 165

제4장 | 어린아이의 눈으로 시장을 보라

시장의 구분과 에너지 측정 방법 — 173
시장에 대응하는 2가지 방법 — 190
어린아이의 눈으로 시장을 보라 — 194
시장의 흐름을 따르는 방법 — 199
시장의 흐름에 맞서는 방법 — 214
모든 지표를 결합하면 어떨까? — 218
파생상품을 알면 시장이 보인다 — 222
베이시스를 활용한 시장 흐름 진단 — 226
주가지수 옵션 개요 — 230
개인 옵션 매매 지표를 이용한 시장 예측 — 234
옵션 미결제 약정이 방향을 알려준다 — 242

제5장 | 투자의 성공법칙

자동매매의 중요성	249
시스템트레이딩이란 무엇인가?	254
일반적인 시스템 개발 절차	259
시스템을 만들어보자	263
시스템트레이딩의 장점과 한계	272
잘 만든 시스템은 어떤 특징이 있나?	277
시스템 위험의 종류	281
과최적화 시스템 판단 방법	286
위험 관리 없이 성공은 없다	292
손실 한도는 어떻게 설정할까?	297
파산 위험의 의미	303
파산 위험을 낮추는 방법	308
최적 투자 비율을 구하는 방법	312
투자 규모를 늘리는 방법	320
투자의 성공법칙	324
투자는 스마트하게	328

제1장

시장의 흐름에
정해진 길은 없다

사람들은 왜 주식시장에 뛰어들까?

주식시장은 너무나 매력적이다. 단기간에 큰돈을 벌 가능성도 있고, 자신이 그 성공의 주인공이 되지 말라는 법도 없다. 투자의 성공 확률은 누구나 50%이고, 전문가와 초보자를 구분하지 않으며 성공 또는 실패로 끝을 맺게 된다. 주식시장은 누구도 차별하지 않는다.

투자는 지금 돈을 써버리고 싶은 마음을 꾹 참고, 미래의 수익을 기대하면서 돈과 시간과 정성을 쏟는 일이다. 인내는 쓰고 열매는 달다고 했던가? 지금 허벅지를 꼬집으며 인내한 결과로 '이자와 배당' 또는 '매매차익'이라는 투자 성과를 얻을 수 있다. 또 운이 좋으면 자신이 매수한 주식의 가격이 급등하기도 해서 가끔씩 큰 수익을 거둘 수도 있다.

그런데 잘 알려진 대로 주식시장에서 성공하는 사람은 그리 많지 않다. 지속적으로 이익을 내는 상위 그룹은 10%대로 알려져 있고, 나머지 투자자들은 벌었다가 잃는 매매를 반복하거나 아예 시장에서 퇴출되기도 하는 게 현실이다. 그들이 떠난 빈자리는 다시 투자 예비군들이 자리를 채운다. 실제로 주식시장에 뛰어들어 성공했다는 투자자들보다는 크게 낭패를 본 투자자들을 주위에서 더 쉽게 만날 수 있다. 금융투자협회의 조사에 따르면, 2010년에 개인투자자들은 평균 4%, 기관투자가들은 22.4%의 수익을 올렸다. 종합주가지수가 1696포인트로 시작해서 2051포인트까지 대략 21% 상승한 것을 감안하면 개인투자자들은 그다지 재미를 보지 못한 셈이다. 2009년에는 종합주가지수가 45%나 올랐는데도, 개인투자자의 수익률은 −4.7%로 오히려 수익을 내지 못했다.

이렇게 성공 확률이 높지 않다는 사실이 알려져 있는데도 많은 사람들이 주식시장에 뛰어드는 현상을 어떻게 설명할 수 있을까? 큰돈을 벌 수 있는 기회 때문일까? 물론 그럴 수 있다. 주식시장은 적은 자금으로도 자산을 크게 불릴 가능성이 있는 곳이긴 하다. 하지만 필자가 보기에는 돈을 벌 수 있다는 기대감 이면에 보다 깊은 투자 욕구가 자리 잡고 있기 때문인 듯싶다. 시장은 진정한 자유에 중독된 투자자를 사로잡는 마법의 힘이 있기에 지금도 많은 사람들이 이 시장에 참여하는 것이다.

사람들은 누구나 자유로운 삶을 꿈꾼다. 저 멀리 날아오르는 새처럼 자유롭게 하늘을 날고 싶어 한다. 누구의 통제도 받지 않고, 자신이 하고 싶은 일을 마음껏 하고 싶어 한다. 투자의 세계는 사회생활에서 결코 경험할 수 없는 진정한 자유를 맛보게 해준다. 투자의 마지막 결정은 자기 스스로 하면 된다. 누구도 내게 어떠한 결정을 강요할 수 없다. 남의 눈치를 보며 투자하지 않아도 된다. 내가 하기 싫으면 하지 않을 자유가 있고, 내 소신을 지킨다고 타박을 받을 이유도 없다. 그리고 내 자유로운 결정에 대한 결과는 곧바로 나타난다. 투자가 성공으로 끝났을 때 갖게 되는 만족감은 어떻게 말로 표현할 수 없을 정도다. 시장에서 성공하면 그 누구의 간섭도 받지 않고, 내가 가고 싶은 곳, 내가 하고 싶은 일을 할 수 있는 꿈이 실현된다. 투자에 성공하는 것이 자신이 삶을 살아가는 이유가 된다.

그리고 투자는 사람들 내면에 있는 경쟁 본능을 충족시켜준다. 많은 전문가들이 시장에서 수익을 얻기 위해 다양한 기법을 활용하여 경쟁하고 있는데, 그곳에 뛰어들어 자신의 실력을 유감없이 발휘한다는 게 얼마나 멋진 일인가! 시장은 자신을 끊임없이 자극한다. 정신을 바짝 차리지 않으면 언제 한 방 얻어맞게 될지 모른다. 그래서 치열하게 경쟁하지만 주식시장에 참여하기로 마음먹고 이 세상을 마주 대하면 인생살이가 풍요로워진다. 각종 정보에 민감해지고, 좋은 기업을 찾는 요령을 배우면서 현재 주목받고 있는 흐름도 알게 된다. 투자 자금만 적절한 규모로 유지할 수 있으면 투자는 삶의 윤활유 역할을 한다.

또한 투자는 중독성이 있다. 한번 빠져들면 벗어나기 어렵다. 사람들은 무언가 불확실한 상황에서 쉽게 중독된다. 같은 일을 반복하는 사람들은 금방 지루함을 느끼고, 권태로움을 못 견딘다. 남들보다 보수를 많이 받는 회사원들도 매달 반복적으로 찾아오는 월급날에는 별 재미를 못 느낀다. 그런데 갑자기 특별 보너스를 받게 되면 귀를 쫑긋 세우고 흥이 난다. 이렇듯 예상치 못한 보상이 주어질 때 사람들은 더 큰 기쁨을 느낀다. 주식시장에서는 이번의 투자가 성공할지, 혹은 실패할지 알 수 있는 사람이 아무도 없다. 막연히 갖고 있던 불확실한 기대감이 성공에 따른 보상으로 충족될 때 사람들은 더 큰 기쁨과 재미를 느끼고, 이를 계속 추구하게 된다. 당첨 확률이 낮은 복권을 사는 사람들도 복권에 당첨되면 무슨 일에 돈을 쓸까를 생각하며 행복한 고민에 빠지는데, 50%의 확률인 주식시장이니 이보다 더 높은 확률로 돈을 벌 수 있는 분야를 찾기도 쉽지 않을 것이다.

투자에 성공한 전문가들은 더 이상의 돈이 필요 없을 정도로 이미 많은 부를 쌓아놓고도 계속 시장에 참여하여 즐기기까지 한다. 그들에겐 투자를 지속해야 하는 강한 동기가 있다. 시장의 도전적인 상황에서 과제를 해결하고 즐거워하는 학생들처럼 항상 뜨거운 열정을 갖고 끊임없이 탐구한다. 게임의 규칙을 받아들이면서도 진정한 자유인으로 살아간다.

현재 성공한 투자자들도 처음에는 돈을 벌 수 있다는 단순한 기대감으로 시장에 들어온다. 하지만 머지않아 투자가 돈을 버는 문제가 아니라는 사실을 깨닫게 된다. 성공을 가로막는 온갖 난관을 넘어서면서 한 발 한 발 전진해야 하는, 자신이 일생을 두고 해결해야 할 과업이 된 것이다. 파동에 대한 각도 이론으로 유명한 미국의 윌리엄 갠(William Gann)은 다음과 같이 이야기한다.

"나는 지난 40년간 투자 방법을 개선하기 위해 연구해왔다. 지금도 여전히 시장에 대해 배우고 있으며, 앞으로 더 위대한 발견을 할 수 있으리란 희망을 품고 있다."

시장은 드넓은
바다와 같다

　　　　사업을 일으켜 크게 성공한 기업가나 전문 자격증을 갖고 있는 사람들도 투자의 세계에 뛰어들었다가 낭패를 당하는 일이 허다하다. 그들은 지적으로 세련되고, 뛰어난 통찰력을 지니고 있으며, 고등교육을 받은 이 사회의 엘리트들이다. 이처럼 뛰어난 사람들도 시장에 쉽게 적응하지 못한다면 도대체 시장에 어떤 문제가 있기 때문일까? 성공을 위해 시장에 뛰어든 투자자를 난처하게 만드는 오묘한 구조는 무엇일까?

　시장은 무언가를 얻기 위해 조작할 수 있는 공간이 아니다. 시장이 작동하는 방식은 일반 사회와는 너무나 다르다. 사람들은 매일같이 자신을 둘러싸고 있는 주변 환경에 개입하여 자신이 의도한 대로 대상을 바꾸거나 필요한 것을 얻는다. 음악을 듣고 싶으면 음악 CD

를 꺼내 오디오 기기에 넣고 버튼을 눌러야 한다. 자동차를 운전하고 싶으면 열쇠로 문을 열고 시동을 걸어야 한다. 지하철을 타기 위해 개찰구를 통과할 때는 교통카드를 대야 하고, 현금이 필요하면 현금 인출기를 조작해야 한다. 오디오 기기의 버튼을 누르지 않거나 현금 인출기를 조작하지 않으면 현실 세계에선 아무런 변화도 생기지 않는다.

 이런 일상과 달리 갑자기 시장이라는 독특한 환경 속에 들어가면 사람들은 어쩔 줄 몰라 한다. 시장은 쉽게 적응하기 힘든 낯선 풍경이다. 일상적인 삶에서는 어떤 행동을 통해 자신이 원하는 결과를 얻을 수 있다. 열심히 노력하면 목표를 달성할 가능성도 높아진다. 그런데 시장은 그렇지 않다. 시장의 움직임은 한 개인이 조작할 수 없는 거대한 흐름이다. 버튼을 눌러 시장을 위아래로 움직이게 할 수 없다. 수익을 얻기 위해 주식을 매수할 수는 있다. 그리고 할 수 있는 일은 딱 거기까지다. 시장은 투자자의 의지와 희망대로 움직이지 않고, 수익을 얻으려는 기대를 자주 무너뜨린다.

 시장은 한순간도 멈추지 않고 계속 움직인다. 오늘 거래가 마감되었다고 시장이 멈추는 것은 아니다. 아시아와 유럽을 거쳐 미국 시장으로 움직임이 이어지고, 다음 날 갭의 형식으로 그 흐름을 한꺼번에 반영한다. 거래 경험이 있는 투자자들은 잘 알겠지만 무엇인가 눈앞에서 끊임없이 움직이고 있으면 당혹스러움을 느낀다. 시장이 열리기 전에는 이 주식을 매수해야겠다고 마음먹었는데, 가격이 급등하면서 출발하고 치열하게 매매 공방이 나타나고 있으면 처음 계획은

까맣게 잊고 그 혼란스러운 움직임에 넋이 나간다.

사람들은 어떤 질서가 잡힌 안정된 환경에 있어야 편안함을 느낀다. 일상적인 삶은 매일 반복되는 익숙한 풍경이다. 가끔 여행을 떠나려 할 때나 새로운 만남을 준비할 때, 낯선 경험에 대한 기대로 설렘과 긴장을 느끼는 정도가 특이한 변화라고 할 수 있을까? 그런데 시장에서는 어느 한순간도 안정적이고 편안한 흐름이 나타나지 않는다. 지금까지 움직이고 있지 않던 가격이 어느 순간 급변한다. 아침에 자고 일어나면 예상치 못한 급락이 발생해서 투자자를 당황하게 만들기도 한다. 시장에선 안정된 구조를 기대하는 것 자체가 무리한 생각이다.

시장에서 거래하는 이들 중에 행복한 사람은 하나도 없다는 말이 있다. 손실을 입었을 때는 그 손실 때문에 불행하고, 수익이 났을 때는 더 많이 매수하지 못한 것을 아쉬워하기 때문에 불행하다고 한다. 시장은 사람들의 본능을 그대로 드러내도록 자극하는 곳이다.

시장은 사실 실체가 없다. 매수자와 매도자가 만나는 공간을 추상적으로 부르는 이름일 뿐이다. 시장은 투자자의 만남이 진행되는 상황을 그대로 보여준다. 그래서 절대 틀릴 수가 없다. 어떤 투자자가 주문 실수를 해도 시장은 그대로 기록한다. 운 좋은 매매 상대방이 그 수익을 가져간다고 해서 뭐라 하지 않는다. 투자자는 보이지 않는 자신의 매매 상대방과 선의의 경쟁을 하고 있는 것이지, 실체 없는 시장을 상대로 게임을 하고 있는 것이 아니다. 시장을 탓해도 소용없다. 그런데 이렇게 책임을 돌릴 만한 대상이 없다는 것이 투자자를 힘들게 한다.

시장은 마치 호메로스의 《오디세이》에 나오는 바다의 요정 '세이렌'과 같다. 세이렌의 노래는 저항할 수 없을 만큼 매혹적이다. 수많은 뱃사람들이 그 노랫소리에 홀려 배를 이끌고 노래를 따라가다 암초와 여울목에서 죽음을 맞는다. 이 치명적인 세이렌의 유혹을 벗어날 수 있는 방법을 트로이 전쟁의 영웅 오디세우스가 보여주었다. 오디세우스는 세이렌이 있는 바다를 무사히 지나가기 위해 선원들의 귀를 밀랍으로 막아 노랫소리를 듣지 못하게 했다. 그리고 자신의 몸을 돛대에 단단히 묶은 다음 절대로 풀어주지 말라고 명령했다. 오디세우스는 세이렌의 매혹적인 노랫소리를 들으면서도 세이렌의 유혹에서 벗어날 수 있는 해법을 찾은 것이다.

시장은 드넓은 바다와도 같다. 시장은 어느 특정 투자자의 참여를 가로막지도 않고, 개개인의 이익과 손실에도 관심이 없다. 그저 흘러갈 뿐이다. 잔잔한 흐름이 이어지다 가끔씩 폭풍우가 몰아치기도 한다. 투자자에게 시장은 이처럼 안정적인 틀 없이 계속해서 움직이는 낯선 환경이다. 자신이 조작할 수 없는 이런 독특한 환경에 적응하기는 누구도 쉽지 않다. 자신의 뜻대로 시장을 통제할 수 없다면 시장에서 통제할 수 있는 것은 오직 자기 자신뿐이다. 마치 오디세우스가 돛대에 몸을 묶어 세이렌의 유혹을 떨쳐버렸듯이 자신에게 어울리는 매매 규칙을 돛대로 삼아 스스로 시장 행동을 제어해야 한다. 그것이 시장에서 성공할 수 있는 유일한 방법이다.

당신의 투자 동기는
무엇입니까?

　　　　시장에는 다양한 투자자들이 참여한다. 투자에 나서게 된 계기도 다르고, 미래를 꿈꾸는 모습도 모두 다르다. 나는 왜 투자에 뛰어들게 되었는가? 한번쯤 자신의 투자 동기가 무엇인지 스스로에게 물어보고, 그것을 글로 적어보는 것이 좋다. 자신이 어떤 동기로 투자의 세계에 뛰어들게 되었는지를 적어놓으면 어려운 시기가 닥쳤을 때 마음을 추스르는 좋은 지침이 된다. 투자에서도 초심을 잃지 않는 것이 중요하다.

　이따금 시장에서 돈을 벌어 자신이 하고 싶은 다른 일을 하겠다는 사람을 만날 때가 있다. 시장이 그렇게 호락호락하지 않다는 것을 그 사람이 깨닫기까지는 시간이 얼마나 걸릴까? 아마 그리 오랜 시간이 걸리지 않을 것이다. 시장은 이 순간의 투자에 집중하지 않고, 자신의 투자 방법을 갖고 있지 않은 사람들이 손쉽게 돈을 벌 수 있는 곳이 아니다.

미국의 유명한 시스템 투자자인 에드 세이코타(Ed Seykota)는 "모든 투자자들이 시장에서 자신이 원하는 것을 얻는다"는 유명한 말을 남겼다. 패배를 좋아하는 사람은 돈을 잃음으로써 승리한다고 하는 역설적인 그의 가르침은 적지 않은 시사점을 제공한다. 실제로 투자하기를 원하지 않는데도 습관처럼 시장에 참여하게 될 경우에는 그 결과가 좋지 않을 가능성이 크다. 내가 정말 투자하기를 원하는지, 성공하고 싶은 강한 욕구가 있는지 자신에게 솔직해질 필요가 있다. 투자를 성공으로 이끌 사람은 다른 누구도 아닌, 바로 '자기 자신'이기 때문이다.

지금 종이를 꺼내 이 질문에 대한 답을 꼭 적어보시라.

'당신의 투자 동기는 무엇입니까? 왜 투자를 해야만 합니까?'

어떤 일에 뛰어들게 된 동기에 집중하면 해결 방법을 찾을 수 있다. 동기가 강할수록 열정은 샘솟는다. 더 빠르게 성공할 수 있는 길이 열린다. 시장 경험이 많지 않은 투자자들이 자신의 전략을 가다듬고, 투자 원칙을 고수하고, 시련을 견뎌내려면, 성공에 대한 강한 동기와 열정이 밑바탕에 있어야 한다.

만일 시장에 뛰어든 동기가 시장이 주는 흥분에 매혹되었기 때문이라면 차라리 다른 곳을 찾아보는 것이 좋다. 세상에는 투자 말고도 사람을 흥분시키는 일들이 많다. 스카이다이빙, 외줄타기, 번지점프, 로큰롤 음악 등 투자 말고도 흥분을 느낄 수 있는 방법이 많다. 흥분을 원하는 사람들에게 투자는 그리 좋은 선택이 아니다. 잠깐 동안의 흥분 이후엔 시장을 떠나야 하는 상황에 내몰린다.

투자 동기가 사람들과 교류하고 싶은 거라면 역시 시장은 그리 좋은 환경이 아니다. 서로 경쟁하는 곳이 시장의 본질이다. 철저하게 고독해져야 한다. 짐승의 썩은 고기만을 찾아 산기슭을 어슬렁거리는 하이에나가 아니라, 눈 덮인 산 정상에 높이 올라가 굶어 죽을지라도 킬리만자로의 표범과 같은 씩씩한 기개가 있어야 한다. 사람들과 교류하려면 다른 사교 모임을 찾는 게 더 나을 것이다. 가끔 투자 게시판에서 '네가 틀렸다, 내가 옳다'로 서로 다투며 시간을 보내는 투자자들을 볼 때가 있다. 자신의 주장이 맞으면 어떻고, 틀리면 어떤가? 그건 계좌 손실로 입은 자존심의 상처에 비할 바가 아니다.

이미 많은 돈을 벌어들인 성공한 투자자들은 돈을 버는 데 그다지 관심이 없다. 그들은 투자를 사랑한다! 지적 도전을 즐기고, 퍼즐 게임을 푸는 것과 같은 재미를 느낀다. 독립적으로 생각하는 것을 좋아하고, 자신이 연구한 투자 방법의 성과를 확인하는 일에 매혹되어 있다. 성공이 성공을 낳는 긍정적인 선순환이 이루어진다. 사랑하고 즐기면서 일하는 사람들을 누가 당해낼 수 있겠는가? 투자는 인생 그 자체고, 그래서 인생은 투자다.

기쁜 소식은 투자에서 성공하기 위해 알아야 하는 원리가 너무나 간단하다는 점이다. 승률을 높여 돈 버는 거래 횟수가 돈 잃는 거래 횟수보다 많게 한다. 벌 때 많이 벌고, 잃을 때 조금 잃으면 성공 확률을 높일 수 있다. 돈을 버는 데 집중하기보다는 어떻게 하면 성공 확률을 높일 수 있을까에만 집중하면 된다. 그러면 계좌는 저절로 불어나게 된다. 그런데 슬픈 소식은 이런 간단한 원리를 실천하지 못하는 투자자가 대다수라는 점이다. 벌 때 조금 벌고, 잃을 때 많이 잃는 전형적인 모습을 보여준다. 이 단계를 벗어나지 못하면 앞으로도 계속 그런 실패를 반복하게 된다. 투자 동기가 분명한 사람일수록 자신의 성공 확률을 높이는 데 집중한다. 마지막으로, 같은 질문을 다시 한 번 드리겠다.

'당신의 투자 동기는 무엇입니까? 왜 투자를 해야만 합니까?'

현실적인 투자 목표를 세워라

　　　　　　그동안의 시장 경험에서 만났던 성공한 투자자들은 자신의 '목표'에 충실하다는 공통점이 있었다. 목표가 분명한 사람들은 최선을 다한다. 목표를 명확히 설정해놓으면 내면에서 작동하는 잠재의식이 목표를 달성할 수 있도록 방향을 잡아준다. 무언가를 달성하겠다는 강한 의지를 불사르지 않아도 저절로 그 일을 하게끔 한다. 목표에 충실한 삶은 사회의 다른 모든 분야에서 성공한 사람들이 보여주는 공통적인 특징이기도 하다. 사람의 마음이 그렇게 움직이기 때문이다.

　투자는 합리적인 매매로 오랫동안 수익을 얻는 것을 목표로 삼아야 한다. 투자 목표가 없으면 혼란스러운 시장의 움직임에 길을 잃기 쉽다. 투자 목표는 현실적인 여건을 감안해 구체적으로 세워야 한다. 목표를 세우려면 막연히 돈을 벌고 싶다는 생각으로는 부족하다. 투자는 우선 자신이 감당할 수 있는 여유 자금에서 시작해야 한다. 투자할 여유 자금이 없는데도 무리하게 돈을 빌려서 투자하면 심리적으로 쫓기는 입장이 되어 성공하기 어렵다.

투자 목표가 구체적일수록 목표를 달성할 수 있는 합리적인 대응 수단을 준비하게 된다. 예를 들어 투자 목표를 '1년에 1억 원 벌기'와 같이 설정해놓으면 지금 하고 있는 투자 방법에 어떤 변화를 가져올 수 없다. 그보다는 '하루에 40만 원 벌기'처럼 지금 달성해야 하는 구체적인 목표를 설정하는 것이 더 낫다. 하루에 40만 원을 벌면, 1년에 1억 원을 벌 수 있다. 이렇게 목표가 구체적일수록 목표에 도달할 가능성에 대해 진지하게 고민하게 된다. 물론 그 목표가 높을 수도 있고, 낮을 수도 있다. 각자의 형편에 따라 실현 가능한 수준으로 알맞게 조정하면 된다.

어떤 투자자가 옵션 합성을 이용한 전략을 구성해보니 승률이 80% 이상 되고, 월 2~3%의 수익률을 기대할 수 있는 모델을 만들었다고 하자. 여러 거래 전략을 검토한 결과, 지금 구성한 전략이 손실을 적정 수준으로 관리할 수 있고, 자신의 성향과 잘 들어맞으면 그 거래 전략을 목표 달성의 수단으로 채택하여 일관성 있게 밀고 나가면 된다. 또 다른 투자자는 시장의 방향에 편승하여 매월 10%의 수익률을 얻겠다는 목표를 세웠다고 하자. 매일 벌 수 없다는 점을 감안했을 때 하루에 1% 이상의 수익률을 올려야 하고, 손실이 커지지 않도록 잘 관리해야 한다. 이처럼 목표가 구체적이면 전략도 구체적으로 준비할 수 있다.

나의 투자가 매일 관리되고 있다는 자부심이 그다음의 투자에 긍정적인 영향을 준다. 지금 자신의 능력으로 목표 달성이 버겁다면, 달성 목표를 작게 설정하는 것이 좋다. 단기 매매자라면 '하루에 10만 원 벌기'와 같은 성취 가능한 목표를 설정해놓으면 보다 신중하게 투자에 집중할 수 있고, 무리하지 않게 된다. 하루 10만 원 버는 데 성공하면 1년에 2400만 원의 누적 수익금이 생긴다. 결코 적은 금액이라고 할 수 없다. 이렇게 작은 성공을 누적시키면서 자기 스스로 투자 목표를 달성해갈 수 있다는 자신감을 갖는 것이 중요하다.

물론 수익 목표를 정하는 일이 어려울 수 있다. 수익은 시장이 주는 기회에 동참할 때 얻을 수 있는 것이어서 자신의 희망대로 만들어지는 것이 아니다. 시장의 흐름에 계좌의 수익을 맡기기로 했으면 수익 목표보다는 손실 관리 목표를 정하는 것이 좋다. 시장의 무한한 수익 기회에는 편승하고, 손실 가능성은 일일 또는 주간 단위로 관리하는 것이다. 허용할 수 있는 손실 목표 이내로 자신의 계좌를 관리할 수 있으면 최악의 상황에 빠져들지는 않게 된다.

현실적이고, 측정할 수 있는 투자 목표를 세우는 것이 성공에 이르는 가장 중요한 첫걸음이다. 지금까지 투자 목표를 정하지 않았다면 아래 빈칸에 직접 적어보시라.

나의 투자 목표는 하루 _____ 원, 1년 _____ 원의 수익을 얻는 것이다.

나는 투자 목표를 달성하기 위해 손실을 하루 ___%, 매월 ___% 이내로 관리한다.

투자의 세계에서는 길 잃은 양을 돌보아줄 선량한 양치기가 한 사람도 없다. 투자 여정을 끝까지 함께해줄 친구는 스스로 세운 현실적인 투자 목표와 투자 규칙밖에 없다. 자신의 목표를 끝까지 부여잡고, 여건에 따라 목표를 조정하면서 한 발 한 발 나아가는 것이 성공에 이르는 가장 빠른 길이다.

투자 목표를 정했으면 이제 잠시 눈을 감고 그 목표를 달성한 자신의 모습을 상상해본다. 맥스웰 몰츠는 《성공의 법칙》에서 "모든 자기 혁신은 자아 이미지를 바꾸는 데에서 출발한다"고 역설한다. 이런 이미지 훈련은 스포츠 경기뿐만 아니라 모든 분야의 경쟁적인 상황에서 효과가 있다. 운동선수들은 경기 시작 전에 자신의 경연 상황을 머릿속에 떠올리고 시각적으로 그려보는 훈련을 자주 한다. 이러한 이미지 훈련은 투자자에게도 큰 도움이 된다. 투자 목표를 세우고, 목표를 달성하는 모습을 매일 머릿속에 그리면 점차 자신이 그렇게 바뀌어간다. 성공한 투자자로 변모한 모습을 머릿속에 떠올릴 수 없으면 현실 세계에서도 결코 성과를 낼 수 없다.

다이어트를 시도하는 사람이 실패하는 이유가 뚱뚱한 자신과 싸우는 모습을 머릿속에 그리고 있기 때문이라는 해석도 있다. 정말 살을 빼고 싶으면 날씬한 자신의 모습을 상상할 것을 권한다. 투자자도 마찬가지다. 자신의 투자 목표를 눈에 잘 띄는 곳에 두고 계속 반복해서 바라본다. 그리고 잠들기 전에 그 목표를 달성한 자신의 모습을 머릿속에 떠올리며 잠을 청한다. 그러면 내면의 잠재력이 어느덧 자신을 성공한 투자자로 바꾸어놓을 것이다. 구체적인 투자 목표는 여러분을 도와줄 마법사 역할을 한다.

주식투자에 실패하는
3가지 이유

모든 투자자들이 성공을 갈망하고, 성공 원리도 그리 복잡한 것이 아니라면 이미 많은 사람들이 성공했어야 한다. 그런데도 상위 10%를 제외한 대부분의 투자자들이 성공하지 못한다면 투자 그 자체에 근본적으로 문제가 있는 것은 아닐까?

필자가 초등학교 다닐 때에는 국민교육헌장을 못 외우면 회초리로 손바닥을 맞아야 했다. 사실 엄마 배 속에서 그냥 달수 채워 이 세상에 태어났을 뿐인데도, 우리는 민족중흥의 역사적 사명을 띠고 이 땅에 태어나야만 했다. 차라리 투자 성공의 유전자를 갖고 이 땅에 태어났으면 얼마나 좋았을까?

투자에 실패하는 사람이 많은 이유는 우리가 투자 성공의 유전자를 갖고 태어나지 못했기 때문이다. 즉 투자하기에 적합하게 태어나지 않았다는 말이다. 시장 환경 변화에 대처하는 두뇌의 역할, 사회에서 통용되는 규칙이 투자 세계와는 전혀 맞지 않기 때문에, 사회생활에서 성공한 이들도 투자 세계에서는 고전을 면치 못하는 것이다.

투자자들은 일반적으로 지나친 자신감을 갖고 있다. 웬만해서는 아무도 그들을 막을 수가 없다. 자신감은 우리 인간이 환경에 적응하면서 갖게 된 자연스러운 산물이다. 원시 사회에서는 그날 사냥의 성공과 실패 여부가 부족의 굶주림과 직결되었다. 따라서 용맹무쌍하게 먹잇감과 싸울 수 있도록 스스로 강한 자부심을 불어넣어야 했고, 실제로 그런 사람이 살아남도록 진화해왔다. 투자에 나설 때도 자기가 올바른 선택을 했다고 믿고 싶은, 집착에 가까운 성향을 드러낸다. 그 결과 시장에서 빠져나와야 할 때라는 신호를 보지 못하고, 이미 발생한 손실도 기다리면 회복될 것이라는 막연한 희망을 갖는다.

자신감이 지나치면 투자 원칙을 만들어, 이에 따라야 할 필요성을 느끼지 못한다는 점이 가장 큰 문제다. 시장에서 발생할 수 있는 손실 위험을 과소평가하고, 무리한 규모로 투자에 나선다. 자기 확신이 강한 투자자일수록 매매에 몇 번 실패하면, 손실을 만회하려는 복수심이 생겨 더 무리하게 투자하는 경향이 있다.

투자에 실패하는 또 다른 이유는 아무 준비 없이 투자에 뛰어들기 때문이다. 많은 사람들이 실패하고 있다면 투자가 결코 쉬운 게임이 아니라는 것을 받아들여야 한다. 투자 세계가 작동하는 방식은 일반 사회와 크게 다르다는 점을 항상 염두에 두어야 한다. 주식투자는 제아무리 열정을 갖고 열심히 해도 성공을 보장할 수 없다. 주식투자는 상대가 있는 게임이기 때문이다. 이 세계는 자신의 실패에 누구도 함께 눈물을 흘려주지 않는 비정한 세계다. 한마디로 내가 매수한 가격보다 비싼 가격에 매수하는 바보들이 많으면 많을수록 자신의 수익은 무럭무럭 커나가게 된다. 그런데 그 바보 역할을 내가 하지 않으리라는 보장이 없다.

투자자는 시장에 참여하기 전에 우선 비현실적인 기대를 버려야 한다. 큰 수익을 기대하면 항상 큰 위험이 따른다는 사실을 받아들여야 한다. 시장에서 겪게 될 감정의 변화에 대해 알고 있어야 하고, 늘 이길 수 없다는 사실을 현명하게 인정해야 한다. 시장에 진입하고 빠져나오는 방법을 갖고 있어야 하고, 그것을 준수할 수 있도록 투자 설계를 잘해야 한다. 적어도 3년 이상 자신의 계좌가 꾸준히 불어나는 것을 경험하기 전까지는 최소한의 자금으로 투자하고, 투자 규모를 무리하게 늘려서는 안 된다. 자칭 전문가를 포함해 90%가 넘는 투자자들이 돈을 잃는 현실을 가볍게 바라봐서는 안 된다.

투자에 실패하는 이유를 한 가지 더 찾는다면 빈약한 실행 능력을 들 수 있다. 어느 정도 경험이 쌓여 사신만의 방법을 갖게 되었다 하더라도 그것으로 모든 문제가 해결되진 않는다. 최종 단계에서는 그것을 준수하고 실행할 수 있어야 한다. 필자도 이 문제로 많은 어려움을 겪었다. 좋은 매수 시점에서도 100원 싸게 사려다가 기회를 놓친 적이 있고, 미리 정해놓은 청산 가격에서 우물쭈물하다가 손실을 입은 경험이 한두 번이 아니다. 지금도 완전히 극복했다고 자신 있게 말하기가 부끄러운 수준이다. 그래서 필자는 자동으로 매매를 실행하는 컴퓨터 프로그램을 이용해 이 문제를 해결했다. 컴퓨터를 이용한 자동매매는 여러 가지 장점이 있지만, 특히 실행 능력이 부족한 투자자에게 큰 도움이 된다. 매매를 자동화하려면 진입과 청산, 거래 규모 결정 등 매매의 모든 과정을 자동화하는 것이 가장 좋다. 그런데 아직 그렇게까지 준비되어 있지 않다면, 우선 청산만이라도 기계의 도움을 받기를 권한다. 요즘 대부분의 HTS에는 이런 기능이 포함되어 있으므로 어렵지 않게 활용할 수 있다. 아니면 거래하는 증권사 직원에게 청산 방법을 지정하여 위탁하는 것도 좋다.

투자 원칙의 부재, 원칙을 따르는 인내심 부족, 무리한 규모의 투자, 적절한 손실에 대한 인정 거부, 감정의 동요 등이 일반적으로 시장에서 돈을 잃는 투자자의 모습이다. 사형 제도를 비판하는 사람들은 오판의 위험도 지적하지만, 흉악한 범죄자가 죽음을 앞두고 새사람으로 거듭날 때 사형이 집행되는 것이 가장 큰 비극이라고 한다. 투자에서의 비극도 시장이 내 뜻대로 움직이지 않는다는 큰 깨달음을 얻어 더 나은 투자를 할 수 있게 되었을 때 투자할 자금이 없다는 데 있다. 또 투자가 잘못되더라도 그 책임을 회피할 변명거리가 너무 많다. 그런 태도로는 문제를 해결할 실마리를 찾을 수 없다. 투자의 모든 책임이 자기 자신에게 있다는 점을 잊어선 안 된다.

지나친 자신감이 투자 원칙을 준수할 필요를 느끼지 못하게 하고, 무리한 투자를 하게 만든다고 했지만 사실 자신감 그 자체가 문제는 아니다. 자신의 투자 방법에 대해 긍정적인 기대가 있고, 이 방법으로 꾸준히 투자하면 성공할 수 있겠다는 확률적 승산에 대한 믿음이 있으면 저절로 자신감이 생긴다. 그리고 투자의 성과가 뒷받침되면서 자신감이 더욱 상승하는 긍정적인 선순환이 이루어진다. 이런 수준에 도달하면 엄격히 자기를 통제하면서도 자유로움을 느끼는 역설적 상황을 이해할 수 있게 된다.

시장에서 겪는
심리적 변화

　　　　이제 홍길동이 시장에 참여하면서 겪게 되는 심리적 변화를 따라가보자. 홍길동은 주변에서 누가 돈을 많이 벌었다는 소문을 듣고, 시장이 자신의 삶을 바꾸어줄 수 있을 것 같은 믿음으로 투자를 시작한다.

　홍길동이 시장에 처음 참여하면서 겪는 심리적 변화는 한마디로 '충격'이다. 시장에서 거래하기 전까지는 실감하지 못했는데, 자신이 상상도 못했던 거래 대금이 충돌하고, 눈앞에서 커다란 이익과 손실이 스쳐 지나가고 있는 것이 아닌가? 거래하기 전에는 이러한 세상이 있다는 것을 전혀 알지 못했다. 저 많은 돈의 일부만 가져올 수 있어도 부자의 꿈을 이룰 수 있다는 믿음이 생긴다.

　이제 홍길동은 몇 차례의 매매를 통해 이익을 얻기도 하고, 손실을 입기도 한다. 그런데 거래를 시작하고 나니 세상에 이렇게 재미있는 것이 없다. 자신이 왜 이제야 이곳을 알게 되었는지 아쉽기도 하고, 지나간 시장의 궤적을 살펴보면서 놓쳐버린 이익을 안타까워하기도 한다.

증권사 직원의 추천에 의존해 별다른 고민 없이 매수한 주식이 며칠 자고 일어나니 30%의 수익을 냈다. 이러한 수익이 몇 번 이어지면 좀 더 투자 금액을 늘리지 못한 걸 후회하고, 다음번에는 신용거래처럼 빚을 내서 투자 규모를 키우기로 한다. 별다른 지식 없이도 이렇게 재미를 보았으니, 공부를 하면 더 큰 수익을 낼 수 있는 투자자가 될 것이라 확신하고 닥치는 대로 공부한다. 기업 가치 분석, 지지와 저항, 기술적 지표, 각종 파동 이론, 주가 패턴 등을 공부하니 마치 시장이 보이는 듯하다. 이제 시장을 예측할 수 있는 능력을 갖게 되었고, 여러 증시 격언도 이해하게 되었다.

그런데 이제부터 본격적인 비극이 시작된다. 좀 더 나은 가격에 매수하려고 바닥을 찾기 시작한다. 나름대로 바닥권에서 매수했는데도 주가가 좀처럼 오르지 않는다. 단 한 번의 매매 실수에서 큰 손실을 입기도 한다.

홍길동은 다시 깊은 고민에 빠져든다. 그렇게 노력했건만 처음 멋모르고 투자할 때보다 더 나아진 것이 없다. 갑자기 시장이 두렵게 느껴진다. 시장이 무섭구나……. 시장은 항상 그대로인데, 모든 변화가 홍길동 자신의 마음속에서 일어나는 것임을 깨달은 것은 그로부터 먼 훗날의 이야기다.

"감정적 거래가 투자를 망친다." 알렉산더 엘더(Alexander Elder)가 《심리 투자법칙(Trading for a Living)》에서 언급한 말이다. 어느 정도 시장 경험이 있는 투자자라면 다음과 같은 주장을 한번쯤은 들어보았을 것이다.

"성공한 투자자들은 일반 투자자와 다르게 사고한다."
"투자 심리에 대한 올바른 이해야말로 성공 투자의 핵심 요소다."
"시장에서 승자와 패자를 가르는 유일한 기준은 투자 심리라고 할 수 있다."

시장에서 '탐욕'에 사로잡혀 있는 투자자를 만나는 것은 그리 드문 일이 아니다. 시장은 탐욕에 휩싸이기가 너무나 쉬운 환경이다. 투자자의 눈앞에서 시장은 계속 오르내리며 이론적으로는 무한한 수익 기회를 제공한다. 투자자는 이 모든 흐름에 편승할 수 없기 때문에 수익을 내도 늘 부족하다는 느낌을 받는다. 탐욕은 한마디로 만족을 모르고 수익을 지나치게 추구하는 감정이다. 탐욕은 자기 수준을 고려하지 않고 무리하게 위험을 떠안게 만드는 요인이기도 하다. 탐욕스러운 투자자는 시장에서 오랫동안 살아남지 못한다.

시장은 자신의 능력으로 통제할 수 없을뿐더러, 예측과 다르게 움직일 수 있다. 예측과 다르게 움직일 수도 있다는 말이 무얼 의미하는가? 바로 목숨처럼 소중한 투자 자금을 잃는 경험을 할 수도 있다는 뜻이다. 손실은 자신도 의식하지 못하는 사이에 마음의 상처로 남게 된다. 상처 입는 것을 좋아하는 사람은 아무도 없기 때문에 투자자는 본능적으로 손실을 인정하지 않으려 한다. 손실을 다루는 방법을 제대로 배우지 못한 투자자는 손실이 거듭될수록 방어적인 심리로 바뀌게 된다. 이런 방어적인 마음 상태가 두려움이다.

일상생활에서는 두려움이 위험을 인지하고 회피하는 데 도움이 되는 감정이다. 하지만 시장에서 두려움을 느끼는 투자자는 성공하기 어렵다. 자신의 마음에 성벽을 쌓은 채 받아들이고 싶은 것만 받아들인다. 두려움을 느끼면 거래에 참여하기 좋은 기회에도 주저하게 되고, 작은 가격 변동에도 불안하고 초조한, 불안정한 감정에 쉽게 휩싸이게 된다. 두려워하면 할수록 두려워하는 그 일이 발생하는 역설적인 상황이 초래된다.

시장은 인간의 본능을 적나라하게 드러내도록 자극한다. 감정의 롤러코스터를 타고 있는 것과 마찬가지다. 감정의 지배 아래에선 이성적으로 자신을 제어하지 못하고 무기력한 상황에서 즉흥적인 투자를 하게 된다. 탐욕과 두려움에서 파생되는 다양한 감정을 열거해 봐도 부사에 심리적 요인이 얼마나 많이 개입되는지를 알 수 있다.

흥분, 도취, 자만, 희망, 후회, 불안, 공포, 체념, 질투, 복수심 등 이루 헤아릴 수 없는 감정의 용광로가 불타오른다. 주문을 넣기 위해 마우스를 클릭해야 하는데, 손이 덜덜 떨려서 마우스 한 번을 클릭하지 못했다는 투자자의 이야기를 들은 적이 있다. 어떤 투자자는 손실을 인정하기는 싫고, 떨어지는 가격을 보고 있는 것조차 괴로워

아예 시세판을 쳐다보지도 않는다. 하지만 시장은 이런 투자자 개개인의 사정을 고려해 특별 서비스를 제공하지 않는다. 시장은 그저 흘러갈 뿐이고, 여기에 반응해서 심장의 박동이 빨라지고, 숨이 차오르는 것은 시장에 반응하는 자기 자신일 뿐이다. 두려움을 피할 수 있는 가장 효과적인 방법은 매매 규칙을 만들어 이를 준수하는 것이다. 매매 규칙에 최대 손실 한도를 정해놓았으면 그 손실만 감당하면 되므로 두려움이 많이 줄어든다. 투자 심리를 배운다는 말을 달리 표현하면 '탐욕'과 '두려움'의 감정을 다루는 방법을 배우는 것이라고 해도 틀린 말이 아니다.

희망과 기도
그리고 주가

　　　　　사람은 누구나 감정을 가지고 있다. 감정은 어떤 상황에서 일어나는 마음의 느낌이다. 투자자는 시장에서 구사하는 거래 전략에 상관없이 즐거움 혹은 실망감과 같은 감정이 생기는 것을 피할 수 없다. 그런데 감정이 생기는 것과 감정적으로 거래하는 것은 차원이 전혀 다른 문제다. 감정에 지배되면 시장의 흐름을 객관적으로 보지 못한다. 모의 거래는 잘되는데, 실전 거래는 잘 안 된다고 하는 투자자들은 감정의 영향력을 과소평가했기 때문이다.

　시장에서 손실을 입으면 대부분의 투자자들이 손실을 만회하고 싶은 감정에 사로잡힌다. 그리고 시장이 자신의 돈을 뺏어간 것이라고 착각한다. 실제로는 다른 누군가 이번 거래에서 수익을 내어 자신의 투자금 일부를 가져간 것일 뿐인데, 시장을 원망하고, 복수심에 불탄다. 성급한 마음에 주변 여건은 살피지도 않고, 곧바로 시장에 재진입하여 수익을 내보려고 한다. 감정에 사로잡힌 나머지 합리적인 기준을 따르지 않고, 투자 규모도 무리하게 늘린다. 하지만 이번의 신규 거래는 이전의 손실 거래와 아무 관련이 없는 새로운 거래일 뿐이다. 손실을 인정하고 시장에서 빠져나왔으면 더 큰 손실을 입지 않고 잘 도망쳐나온 것이라고 자신을 위로하고, 다음 기회를 기다리면 된다.

자신의 현재 거래 상황이 손해를 보았을 때 걱정되는 수준이라면 탐욕을 부리고 있다고 해도 틀린 말이 아니다. 탐욕은 더 큰 이익을 기대하며 시장에서 빠져나오지 못하게 하는 원인이 되기도 한다. 시장의 전문가들도 예외 없이 손실 거래를 반복한다. 일반 투자자와 다른 점이 있다면, 손실 거래에 집착하여 후회하지 않는다는 것이다. 손실 거래는 일상적인 투자 활동의 한 부분임을 잘 알기 때문에 손실 거래에서 빠져나오면 곧바로 다음의 수익 기회를 찾기 위해 노력한다. 손실을 입었다고 그 사람의 가치가 하락하는 것은 아니다. 투자라는 행위에 내포된 본래의 속성이 그렇다. 손실은 투자라는 사업의 비용과도 같은 것이다.

손실을 인정하는 것은 현재의 손실 상황에서 벗어나는 일이다. 그것은 지금까지 손실로 인해 받아왔던 스트레스에서 해방되는 것이기도 하다. 그러면 다시 새로운 기회에 뛰어들 수 있는 자유를 얻게 된다. 새로운 기회에 동참할 수 있다는 것이 얼마나 즐거운 일인가? 이것이 손실을 즐겁게 받아들여야 하는 중요한 이유이기도 하다. 손실을 현명하게 관리하는 것이 장기적으로 성공을 가져온다. 이번의 손실로 인해 감정적으로 많이 흔들린다면 그다음 거래는 실전과도 같은 가상 거래를 하는 것도 괜찮다. 이러한 모의 거래를 통해 감정을 누그러뜨릴 시간을 벌 수 있고, 시장의 흐름도 흘러가는 그대로 바라볼 수 있다.

어떤 종목을 매수했는데 밤에 잠이 오지 않을 정도로 신경이 쓰일 때가 있다. 이런 경우에는 내면의 직관적 느낌이 무언가 이상을 감지하고 신호를 보내는 것일 수 있다. 마치 지진을 앞두고 이를 인지한 동물들이 먼저 움직이는 것과 같은 경우다. 그 직관적 느낌이 무언가 불안한 감정으로 나타날 경우, 해결책은 그 종목에서 빠져나오는 것이다. 기회는 언제든지 있고, 살 수 있는 종목도 무수히 많다. 그렇지만 필자는 느낌에 따르기보다는 미리 손실 한도를 정해놓고 관리해나가는 것이 좀 더 현명한 태도라고 생각한다. 느낌이 틀리는 일도 많고, 실제로 시장은 내 느낌과는 상관없이 움직이기 때문이다.

시장이 자신의 뜻대로 움직이기를 간절히 소망하면 마치 하늘이 자신의 소원을 들어줄 것 같은 생각이 들 때가 있다. 필자가 아는 한 투자자는 주가의 상승 목표치를 꿈에서 백발의 도인이 알려주었다고 자랑한 적이 있다. 이제 자신이 도인과 통하는 수준까지 올라갔다고 너스레를 떨기도 했다. 그래서 그 종목의 가격을 유심히 살펴보았는데, 도인은 아마 다른 종목의 주가를 얘기한 것 같다. 어쨌든 이런 헛된 희망을 부둥켜안고, 시장에서 빠져나올 때라는 신호를 무시한다는 점이 문제다. 희망과 기도는 주식 가격을 전혀 움직이지 않는다. 조물주는 서로 상충되는 두 투자자의 기도 중에서 어느 한 쪽 편의 손을 들어주지 않는다.

영화 〈월 스트리트〉에서 마이클 더글러스는 "주식에 대해선 어떠한 감정도 갖지 말라"고 충고한다. 지금의 거래에 아무 감정도 싣지 않아야 심리적으로 유연함을 유지할 수 있다. 단지 고집을 피우고 있을 뿐인데도 자신은 소신껏 거래하고 있다고 착각하는 투자자가 의외로 많이 있다. 고집과 소신을 구분할 수 있는 좋은 방법이 한 가지 있다. 바로 계좌의 잔고를 보는 것이다. 어떠한 문장이 자연스러운가?

"계좌가 소신껏 망가지고 있다."
"계좌가 헛된 고집에 망가지고 있다."

일반 사회생활에서는 자아 정체성이 분명하고, 소신껏 일하는 사람이 빛을 발한다. 옳다고 생각하는 일에 신념을 지키는 사람들에 대해서는 존경의 마음도 보낸다. 그러나 시장은 다르다. 성공적인 투자자가 되기 위해서는 심리적으로 유연함을 유지할 수 있어야 하고, 감정의 노예가 되지 말아야 한다.

감정적인 거래를 피하기 위한 가장 효과적인 방법은 한 편의 연극을 보듯 자신의 투자 행동을 관찰하는 것이다. 여기 한 명의 투자자가 있다. 그는 현재 주문을 넣으려고 한다. 마우스를 만지는 손끝이 가벼운 흥분으로 떨리고 있다. 당신이 옆에서 그 모습을 지켜본다면 어떤 조언을 하고 싶은가?

"넌 프로야. 이제 투자할 시기가 왔는데 무엇을 망설이니? 절대로 흥분하지 말고 침착하게 행동해야지. 참, 손절 가격은 잊지 말고……."

자유롭게
자신을 통제하자

　　　　　시장에서 목숨처럼 소중한 돈이 오간다고 생각하면 투자하기가 부담스럽다. 하지만 생각을 바꿔, 투자가 한 판의 즐거운 게임이고, 게임 점수를 따는 과정이라고 보면 어떨까? 예를 들어 500만 원을 500점이라고 생각하는 것이다. 500만 원이 450점이 되든, 800점이 되든 투자를 게임 점수를 올리기 위해 노력하는 과정으로 받아들인다. 그리고 이 게임은 시장을 떠나기 전까지는 계속된다. 투자를 이렇게 즐거운 지적 게임으로 받아들이면 마음이 한결 편해진다.

　매매 규칙을 만들어놓고도 이를 지키지 못하는 투자자가 적지 않다. 이번 거래는 좀 다를 것 같다며 주관적으로 판단하고, 이번에 딱 한 번만 규칙을 지키지 않겠다고 한다. 물론 지금의 주관적인 판단이 옳을 수도 있다. 하지만 규칙을 한 번 어기면 한 번으로 끝나지 않는다. 비슷한 상황에서 다시 주관적인 판단을 하게 된다. 그리고 어느 순간, 그 주관적 거래에서 치명적인 상처를 입을 수 있다. 애써 매매 규칙을 만들어놓은 보람이 사라지는 것이다. 나쁜 습관은 사라지지 않는다. 따라서 의식적으로 지우려고 노력해야 한다.

자신의 투자 원칙이 완벽하기 때문에 그것을 지키는 게 아니다. 그 방법이 현재 할 수 있는 최선이기 때문에 그렇게 하는 것이다. 자신이 정한 투자 원칙이 시장과 엇박자가 발생해서 지키기 어렵다면 다른 기준을 정한 다음 다시 합리적인 검토를 통해 계속 보완해나가면 된다. 그러한 개발과 평가 작업은 투자 세계에 뛰어든 이상 일생을 두고 해나가야 할 일이다. 하지만 정해진 원칙을 따르지 않아서 발생하는 투자 문제는 해결 방법을 찾기 어렵다.

주식 격언 중에 '소문에 사서 뉴스에 팔라'는 말이 있다. 호재의 출현이 예상되면 사전에 그 정보를 알고 있는 투자자들이 먼저 매수해서 주가를 끌어올린다. 막상 호재가 발표되면 그 호재를 이용해 매도할 기회만을 엿보던 투자자들만 남아 있게 되기 때문에 가격이 더 이상 오르지 못하는 것이다. '소문 없이 오르는 시세가 강하다'는 말도 있다. 시장의 대다수가 주가 상승을 의심하며 긴가민가하고 있으면 시장의 상승세는 지속된다. 그때까지도 전문투자자는 계속 매수하고 있고, 대기 매수세는 주가 상승을 불신하며 지켜보고 있기 때문이다. 대부분의 투자자들이 앞으로의 시장 흐름을 낙관하고 행복감에 취해 있을 때 시장은 더 이상 상승 흐름을 이어가지 못한다.

반대로 주가 폭락이 신문 1면을 장식하는 무거운 분위기에서 아무도 주식을 매수하려 하지 않을 때 시장은 보란 듯이 상승 반전에 성공한다. 당시의 시장 분위기는 험악하지만 이미 매도 세력이 항복하고 더 이상 매물을 내놓을 수 없는 상황이라서 매수세가 조금만 형성되어도 쉽게 상승 흐름을 탄다. 시간이 지나고 나면 이런 흐름을 분명히 알 수 있는데, 당시의 상황에선 분위기를 거슬러 투자한다는 것이 결코 쉬운 일은 아니다. 그러므로 자신의 투자 전략 안에 이런 시장 분위기에 휩쓸리지 않도록 대응 방법을 먼저 정하고, 그 방법을 준수할 수 있도록 마음의 준비를 해야 한다. 그래야 시장의 변화무쌍한 흐름에 휘둘리지 않는다.

우리는 투자 게임을 하고 있는 것이다. 투자 금액에 돈이라는 가치를 부여하면 심각한 문제가 생길 수 있다. 어떤 투자자는 시장에서 아주 짧은 시간에 별다른 노력 없이 큰돈을 버는 것에 대해 도덕적으로 부끄러움을 느끼기도 한다. 돈은 노력해서 벌어야 하고, 공짜 점심은 없다는 가르침을 가슴에 새긴 투자자들은 뜻밖의 횡재를 견디지 못한다. 잠재의식이 '그렇게 돈을 빨리 벌어서는 안 된다'고 계속 속삭이는 가운데, 이후 매매과정에서 어처구니없이 자신도 이해할 수 없는 실수를 저질러 수익을 반납한다. 잠재의식은 강력한 힘을 지니고 있어서 자신이 믿고 있는 대로 돈을 돌려줄 방법을 찾는다. 무의식적으로 실수를 저지르기도 하고, 손실을 입고 있어도 지난번에는 벌었으니까 괜찮다며 위험을 과소평가하게 만든다.

투자를 끝내기 전까지는 게임이 끝난 것이 아니므로 매 순간의 게임에 충실해야 한다. 시장은 투자자가 짧은 시간에 돈을 잃고 번

것에 전혀 관심이 없고, 한번 들어온 수익을 잘 간수하는 것을 타박하지 않는다. 시장에서 산전수전을 다 겪었다고 해서 투자를 잘할 수 있는 것이 아니다. 시장의 흐름에 순응하는 자신만의 방법을 갖고 있지 못한 투자자는 초보자와 다를 바 없다.

먼저 자기 자신을 스스로 보호하고, 수익 기회를 최대한 이용할 수 있도록 준비하자. 그리고 마음을 편안하게 유지하는 데 어떤 거래 전략이 어울리는지 살펴보자. 성공적인 투자자들도 심리적 충격을 겪는다. 하지만 성공적인 투자자는 어떻게 하면 감정에 휘둘리지 않고 거래할 수 있는지를 잘 알고 있다. 미리 투자 계획을 세워 적절한 규모로 거래할 수 있도록 세밀히 준비한다. '준비된 투자자.' 이 말은 성공적인 투자자의 다른 이름이다. 자신은 준비된 투자자라는 이미지를 시간이 날 때마다 머릿속에 떠올리자.

투자 심리를 배운다는 것은 두려움과 탐욕이란 감정의 특성을 이해하고, 자유롭게 자신을 통제하는 방법을 배우는 것이다. '자유롭게 자신을 통제한다'는 이 한마디의 역설을 이해한다면 성공에 한 발 더 다가갈 수 있다. 어떠한 제한 없이 마음껏 대응 전략을 구상하고, 확률적 승산을 검토하고, 투자 성과에 대해 긍정적인 기대감을 키워나간다. 그리고 그 전략을 충실히 따를 수 있도록 자기 자신에게 엄격해야 한다. 이것이 바로 모든 성공한 투자자에게서 발견할 수 있는 공통적인 모습이다.

성공적인 투자자의
7가지 습관

　　　　　　스티븐 코비는 《성공하는 사람들의 7가지 습관》에서 참된 변화는 내면에서 시작되어야 한다고 강조한다.

　"나뭇잎을 쳐내는 것과 같은 응급 처치 방법으로는 태도와 행동을 바꿀 수 없다. 이것은 뿌리, 즉 사고의 바탕이자 기본인 패러다임을 바꿈으로써만 가능하다. 이 패러다임은 우리의 성품을 결정하고, 우리가 세상을 보는 관점의 렌즈를 창조해준다."

　코비의 책은 마음에 새길 만한 소중한 삶의 원칙을 담고 있다. 이 책은 단기적 성과 위주의 테크닉에 초점을 맞추던 기존의 리더십 관련서와 달리 자기 혁신, 가정, 기업, 국가의 개조를 위한 근본적 가치관을 변화시키는 데 집중하고 있다.

　성공적인 투자자의 7가지 습관은 이 베스트셀러 제목에서 아이디어를 얻었다. 습관이란 어떤 행동을 오랫동안 되풀이하는 과정에서 익힌 행동 방식이다. 일단 습관이 몸에 배면 고치기 어렵고, 되풀이해서 반복하게 된다. 이런 이유로 성공적인 투자자들의 습관을 알고 있으면 그 습관을 익힐 수 있게 되고 그들처럼 성공할 수 있다.

그들의 7가지 습관은 다음과 같다.

① 자신의 투자에 모든 책임을 진다.
② 자신의 성향에 맞는 시스템을 가지고 있다.
③ 계획에 따라 일관성 있게 거래한다.
④ 지금 이 순간의 투자를 잘하는 데 집중한다.
⑤ 긍정적인 태도를 지니고 있다.
⑥ 실수에서 배우고, 독립적으로 생각한다.
⑦ 투자와 인생이 조화로운 삶을 영위한다.

성공적인 투자자는 자신의 투자에 모든 책임을 진다. 책임을 진다는 말은 투자 결정의 모든 것이 자기 자신으로부터 비롯된다는 뜻이다. 투자가 자신의 책임이라는 말은 계좌를 개설할 때나 금융 상품에 가입할 때 자주 듣는 말이다. 이 말을 너무 자주 듣게 되어 오히려 그 의미를 깊이 생각하지 않는 듯하다. 투자의 모든 결과에 대한 책임이 자신에게 있다는 태도를 지니고 있어야 문제 해결의 실마리를 잡을 수 있다. 누구를 탓할 수 없고, 시장을 원망해도 소용없다. 변화와 성공의 문을 여는 첫 번째 열쇠는 책임을 지는 태도를 지니는 것이다.

성공적인 투자자는 자신의 성향에 맞는 시스템을 가지고 일관성 있게 거래한다. 매매 계획의 확률적 승산에 대한 기대 없이 성공적으로 투자하는 것은 불가능하다. 지금까지 자신이 어떤 길을 걸어왔고, 앞으로 어디로 갈 것인지를 알지 못할 때 시장에서 퇴출되는 것은 시간문제다. 시장은 한순간의 실수도 결코 봐주는 법이 없다. 진입과 청산, 위험 관리, 투자 규모에 대한 계획을 세워 준비해놓고, 이를 지킬 만큼 자기 통제력이 있는지의 여부가 성공과 실패를 가르는 핵심적인 부분이다.

성공적인 투자자는 지금 이 순간의 투자에 집중한다. 오늘이 지나가면 내일은 오늘과 다른 하루가 시작된다. 지금 이 순간은 결코 다시 오지 않는다. 한번 지나가면 되돌릴 수 없는 게 우리 인생살이다. 투자의 세계도 다르지 않다. 비슷하게 보여도 과거와 똑같은 패턴이 반복되지 않는다. 매 순간의 투자에 집중하고, 계획대로 실행하고, 계좌를 잘 관리해나가야 한다. 시장이 자신에게 불리한 상황으로 진행될 때 헛된 희망을 품에 안고 계좌를 방치하는 투자자들도 적지 않다. 큰 손실은 계좌를 돌보지 않을 때 발생한다. 그리고 큰 손실을 입으면 회복하기가 힘들다. 지금 이 순간의 투자에 집중한다는 것은 자신이 정한 매매 기회에 용기 있게 진입하고, 미리 정해놓은 손실 한도를 준수한다는 것과 같은 말이다.

성공적인 투자자는 투자뿐 아니라 모든 분야에서 긍정적인 마음 자세로 개선책을 찾으려고 노력한다. 시장에서 손실을 입지 않고,

실수하지 않는 투자자는 한 사람도 없다. 전문가와 초보자는 그 실수를 어떻게 받아들여서 자신을 변화시켜갈 것인지 대응하는 태도가 다르다. 시장의 움직임에 불안해하고, 감정적으로 동요하고 있는 상태에서는 투자를 제대로 할 수 없다. 이러한 태도 변화는 훈련을 통해 충분히 계발될 수 있다. 자신이 감당할 수 있는 만큼의 투자 자금을 투입하고, 승산 높은 전략을 구사하고, 자신이 끊임없이 나아지고 있다는 자기 암시가 습관을 바꾸는 데 도움이 된다.

성공적인 투자자는 투자와 인생이 조화로운 삶을 살아간다. 인생을 좀 더 행복하게 살기 위해 이 세계에 뛰어든 것 아닌가? 균형 잡힌 식단이 몸을 건강하게 유지하는 데 필수적이듯이 자신의 삶과 조화로운 투자가 될 수 있도록 설계를 잘해야 한다. 시장을 가까이서 대할 수 없는 회사원이 단기 매매에 집중한다면 일도 망치고, 투자도 망칠 수 있다. 모든 신경을 투자에 집중하면서 가족을 돌보지 않고, 사람들과도 교류하지 않는다면 투자하는 의미가 무엇일까? 그렇게 열심히 해도 성공을 보장받을 수 없는 곳이 주식시장이다. 오히려 투자와 인생이 조화로운 삶을 살며 오랫동안 시장에서 살아남이 기회를 기다리는 것이 더 현명한 방법이다.

장기 투자를 해야
성공할 수 있을까?

투자에 관한 이야기를 들으면 우선 의심하는 습관을 가져야 한다. 모든 이야기는 나 아닌 다른 사람의 의견일 뿐이다. 이 책의 주장을 포함해서 모든 의견은 그저 참고용이라고 생각해야 한다. 자기 내면에서 우러나오는 자신만의 방법 말고는 누구도 여러분의 투자를 책임지지 않는다.

시장에 들어오면 자주 듣게 되는 전문가들의 이야기들이 있다. 일반적으로 별다른 의심 없이 받아들이는 몇 가지 통설에 대해 한번쯤은 의심해보자.

'장기 투자를 해야 성공하고, 단기 매매는 실패한다?'

좋은 기업의 주식을 사서 장기 투자를 해야 성공한다고 한다. 삼성전자, 신세계, SK텔레콤, 현대차 등 현재의 우량 기업을 20년 전에 매수해서 지금까지 가지고 있었으면 놀라운 수익률을 올릴 수 있었다. 지금도 저평가된 기업을 찾아 장기 보유하면 성공이 어렵지 않아 보인다. 개별 종목 선택이 어려우면 시장 전체를 매수하거나 인덱스 펀드에 가입해 장기 투자를 하는 게 가장 좋은 투자 전략이라는 주장도 있다. 필자는 그러한 입장에서 투자하는 분들의 의견을 존중한다. 그리고 한국 경제의 미래를 위해서도 그런 장기 투자자들이 성공할 수 있는 환경이 갖춰지길 소망한다. 하지만 그러한 견해에 100% 동의하지는 않는다. 필자의 경우, 그럴 수도 있고 아닐 수도 있다는 입장이다.

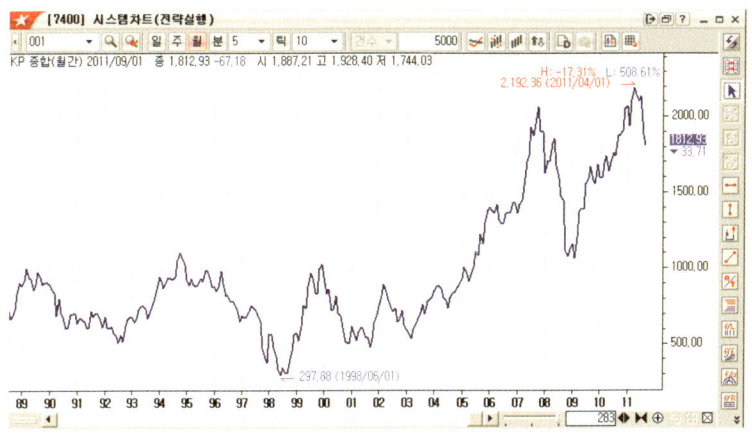

그림 1-1 종합주가지수 월간 그래프

그림 1-1은 20여 년의 종합주가지수 흐름을 차트로 본 것이다. 1989년의 고점에 매수한 투자자는 운이 좀 없었다. 다시 손익분기점을 넘기는 데 걸린 기간이 16년이 넘었다. 그리고 장기 투자가 빛을 발하기까지 투자 원금이 반 토막 되는 상황을 두 번 겪었다. 그중 한 번은 70%가 넘게 손해를 보기도 했다. 이제 고비를 넘기는가 싶더니 2008년에는 다시 투자 원금을 위협받기도 했다. 그 기간의 물가 상승을 감안하면 장기 투자가 그리 성과 있는 투자였다고 말하기 어렵다.

그나마 우리 한국은 사정이 좋은 편이다. 일본의 니케이지수는 1989년 고점 대비 현재 3분의 1에도 못 미치는 주가 수준이다. 미국도 마찬가지다. 중간에 대세 상승 기간이 있었지만 시장은 주기적으로 큰 충격을 받았고, 어느 때에는 그 직전의 고점을 회복하는 데 무려 23년이 걸리기도 했다. 좋은 기업에는 수요가 몰릴 가능성이 높기 때문에 좋은 기업을 발굴해야 하고, 계속 상승 흐름이 이어지고 있기에 매도할 필요가 없으므로 장기 보유하는 것이 더 합리적인 투자 방법이다. 다른 말로 하면 그러한 상승 흐름이 훼손되면 매도하고 빠져나올 수 있어야 한다는 뜻이다.

자신의 투자 자금을 지킬 수 있는 사람은 자기 자신밖에 없다. 투자자 중에는 현재 손실을 입고 있으면 기업 내용이 좋기 때문에 장기 보유할 생각이라고 하면서, 자식에게 물려주겠다고 말하는 사람도 있다. 투자는 자신의 책임이고, 선택은 자유라서 그러한 선택도 존중해야겠지만 요즘처럼 급변하는 환경에서는 시간도 또 하나의 위험으로 인식할 필요가 있다. 미래는 아무도 모른다. 오죽하면 '주식과 결혼하지 말라'는 격언이 있겠는가?

장기 투자를 권하는 전문가들은 대부분 단기 매매에 부정적인 입장을 갖고 있다. 투자할 때 발생하는 수수료, 세금, 체결 오차를 감안하면 경청할 부분도 있다. 주식을 매도할 때는 0.3%의 증권거래세를 납부해야 한다. 하루에 한 번 주식을 사고팔면 한 달 20일 기준으로 투자 금액의 6%를 세금으로 납부해야 하고, 1년이면 투자 원금의 72%를 세금으로 내야 한다. 1억을 투자해서 하루 한 번씩만 주식을 사고판다면 7200만 원을 세금으로 내야 하니 일반 투자자가 수익을 얻기란 불가능에 가깝다. 여기에 수수료와 체결 오차까지 고려하면 단기 매매를 하려고 해도 할 수 있게 되어 있지 않다.

하지만 현재 모든 거래에 세금이 부가되는 것은 아니다. 매매수수료도 많이 낮아져 손익에 미치는 부정적인 영향도 크게 줄었다. 상품에 따라서는 매매 비용이 많이 발생하지 않는 상품도 있어, 큰 위험을 지지 않으려는 단기 매매의 장점을 살릴 수 있다. 주식시장의 위험 관리를 효과적으로 하고, 새로운 투자 기회를 제공하기 위해 만든 파생상품의 경우 세금을 매기지 않고 있다.

데이트레이딩으로 알려진 일중 거래는 시장이 열리는 하루 동안에 모든 거래를 끝마치고 포지션을 청산하는 대표적인 단기 매매다. 이렇게 매매하면 다음 날 아침의 가격 급변에 따른 위험을 피할 수 있고, 시장의 작은 움직임에 대응하여 수익을 누적시켜나가는 거래를 할 수 있다. 또한 옵션을 활용해 여러 가지 수익 모델을 만들 수도 있다. 모든 거래는 저마다의 장단점이 있기 때문에 자기 성향에 맞는 매매 방식을 찾으면 된다. 오직 이 방법만 옳다고 주장하는 것은 하나의 편견이다. 거래 주기를 포함해서 다양한 매매 방법에 마음을 열고 배울 것이 있는지를 계속 살펴보면 자기와 잘 어울리는 방식을 찾게 될 것이다.

시장에서 성공할 수 있는
유일한 비법

　　주식시장에는 내로라하는 전문가들이 많다. 직접 돈을 투자해서 먹고사는 문제를 해결한 사람도 있고, 돈은 없지만 입으로 먹고사는 사람도 있다. 일반 투자자들은 진짜와 가짜를 구별하기가 쉽지 않다. 그 이유는 진짜든 가짜든 시장이 움직이는 방향을 모르는 것은 마찬가지이기 때문이다. 일반 투자자들의 가장 큰 착각은 자신이 모르는 어떤 비법을 전문가가 알고 있어서 시장이 움직이는 방향을 잘 알아맞힐 것이라고 믿는다는 점이다. 특히 유명세를 타는 전문가라면 더욱더 신뢰하게 된다. 결론적으로 얘기하지만, 시장의 방향을 맞힐 수 있는 비법은 없다. 조금 유리한 매매 방법을 찾을 수는 있어도 그것이 확실한 해결책은 아니다.

　　시장의 방향을 알아맞힐 방법이 있다면 모든 투자자들이 그 방법을 사용하려고 할 것이다. 지금 이 시점에서 매수해 수익을 얻는 것이 확실하다면 매도는 누가 할 것인가? 남들이 모르는 비밀스러운 기법을 이용해 매수했는데, 아무도 자신이 매수했다는 사실에 관심을 가져주지 않으면 시장 가격은 누가 올릴 것인가? 투자 격언 중에 '남들이 가지 않은 뒤안길에 꽃길이 있다'는 말이 있다. 이는 '밀짚모자는 겨울에 사라'는 말처럼 역발상의 투자가 성공 가능성이 높다는 이야기다. 그런가 하면 '달리는 말에 올라타라'는 격언도 있다. 지금 시장에서 테마를 형성하고 움직이는 종목에 편승해야 한다는 말이다. 저가에 방치되어 있는 주식을 매수하든, 현재 시장의 인기를 한 몸에 받고 있는 종목을 매수하든 그것은 투자자가 자신의 선호대로 택하면 된다.

시장이 움직이는 방향은 나의 의지, 나의 희망과는 무관하다. 시장의 방향을 맞히려면 현재 시장에 참여한 모든 투자자들의 마음을 꿰뚫어보는 독심술을 지니고 있어야 한다. 그러나 본인의 생각도 하루에 서너 번 바뀌는 마당에 다른 사람의 마음까지 읽어낸다는 것은 애초부터 불가능한 일이다. 시장이 움직이는 방향에 대한 기대가 서로 충돌하기 때문에 거래가 이루어지는 것이다. 모두 상승한다고 믿으면 지금 어느 누가 주식을 시장에 내다 팔겠는가?

대부분의 투자자들이 성공 확률을 높이기 위해 승률 높은 매매 시점을 고르려고 한다. 좋은 매매 시점을 찾아서 시장에 진입하려고 노력하는 것이 잘못이라고 말하기는 어렵다. 현실적으로 그렇게 매매하기가 어렵다는 것을 알고 있는 만큼 승률 100%를 추구하다 보면 그에는 못 미쳐도 매매가 지금보다 더 잘될 것이라고 쉽게 생각할 수는 있다. 그런데 이런 태도가 투자를 더 어렵게 만드는 요인이 된다는 것을 잘 모르고 있다.

투자 세계에서는 모든 것이 가능성의 문제다. 어느 특정 패턴이나 뉴스를 보고 지금이 승률 높은 매수 시점이라 판단하여 시장에 들어갈 수는 있다. 하지만 이번의 투자가 기대한 대로 움직일 것이라고 장담할 수는 없다. 그러다 보니 높은 승률을 추구하는 것이 현재의 투자를 망설이게 만드는 심리적 장벽이 된다. 확실함을 기한다는 것이 오히려 매 순간 투자를 주저하게 만드는 역효과를 일으키는 것이다.

실제로 그냥 대충 시장에 진입했는데 기대 이상의 성과를 얻은 적도 있고, 이번에는 확실한 것 같았는데 실망스러운 경험을 했던 적이 한두 번이 아니다. 따라서 좋은 매매 시점을 찾는 노력보다 진입 이후에 어떻게 관리해나갈 것이냐에 더 집중해야 한다. 확률적 승산이 높은 매매 시점에 매수하더라도 확률은 확률일 뿐, 그 어떤 보장도 해주지 않는다.

이렇게 아무도 시장이 움직이는 방향을 맞힐 수 없다면 어떻게 소수의 전문가만이 꾸준히 수익을 얻을 수 있는 것일까? 비법이 없다는데 어떻게 그러한 성과가 가능할까? 성공한 투자자들은 모두 자신에게 맞는 방식의 매매 원칙을 갖고 있을 뿐 아니라, 그것을 준수할 만한 심리적 훈련이 잘되어 있다. 확률적 승산을 계산하고, 자신이 가진 전략의 장점과 한계를 잘 알고 있으며, 현명한 손실이 장기적으로는 성공을 가져온다는 사실도 잘 알고 있다. 시장이 자신의 기대대로 움직이지 않으면 언제 빠져나올지, 투자할 자금은 어느 정도로 할당할 것인지를 미리 계획하고 있다. 그리고 투자 결과가 만족스럽지 못해도 겸허히 받아들이고 다음 투자를 준비하고 실행한다.

언제 매수하고, 언제 매도할 것인지를 결정했다고 투자의 모든 문제가 해결되지는 않는다. 이보다 더 중요한 것은 얼마를 투자하며, 몇 종목에 분산하고, 얼마의 손실이 발생하면 빠져나올지를 미리 정해놓는 등 시나리오를 짜서 그대로 따르는 것이다. 매매 시점을 잘 맞히는 것은 운이 따라야 하는 일이다. 하지만 그 이후의 시나리오를 구성하고 관리하는 일은 준비만 잘하면 되는 일이다. 내가 통제할 수 없는 가격 움직임에서 어떤 기대를 하기보다는 내가 통제할 수 있는 대응 전략을 착실히 준비하는 게 더 현명한 방법이다.

어떤 비법을 들으면 우선 의심해야 한다. 그리고 그 비법이 정말 시장에서 성과를 낼 수 있는지를 검증하고, 자기 성향과 맞는지도 살펴보아야 한다. 이러한 과정을 통해 자신만의 대응 방법을 만들어야 한다. 시장 진입 이후의 움직임은 나의 희망과는 상관없다는 것을 결코 잊어선 안 된다. 시장에서 성공할 수 있는 유일한 비법은 비법이 없다는 사실을 아는 데에서 출발한다.

비싸게 사서
　　더 비싸게 팔아라

　　　　　　　　일반 상품을 구매할 때는 여러 판매처의 가격을 비교하여 싸게 사는 게 현명한 방법이다. 그래서 발품을 팔기도 하고, 가격 비교 검색 사이트를 이용하기도 한다. 언뜻 들으면 주식도 싸게 사려고 노력하는 게 현명한 일인 듯싶다. 그런데 주식은 일반 상품과는 다르다. 도대체 얼마의 가격이 싼 가격인지 도무지 알 수 없다는 점이다.

　주식을 매수해서 이 세상 끝까지 함께하고 싶은 투자자라면 실제로 가격의 움직임에 관심을 갖지 않아도 된다. 회사가 이익을 잘 내서 배당을 늘려주면 그것으로 투자의 보람을 느낄 수 있고, 매년 열리는 주주총회에서 어떤 선물을 받을지를 기대하면 된다. 주식을 싸게 사서 비싸게 팔려고 노력하지 않아도 되니 얼마나 편안한 투자인가? 그런데 자본주의에서 권장하는 이런 모범적인 투자자는 그리 많지 않다. 대부분의 주식 투자자가 싸게 사서 비싸게 팔고 싶어 한다. 그리고 그 시기를 정확히 알 수만 있으면 이 세상의 온갖 부를 누리며 근심 걱정 없는 여생을 보낼 수 있다. 문제는 지금 현재가가 싼 것인지 비싼 것인지 도저히 알 수 없다는 데 있다.

주식 가격은 시장 참여자들의 기분에 따라 가격이 다르게 매겨진다. 기업의 실적에 별다른 변화가 없어도 전체 시장이 하락세를 지속하면 주식 가격은 떨어진다. 반대로 실적과 무관하게 성장 기대감이 시장을 휩쓸면 하늘 높은 줄 모르고 치솟는다. 만일 주식이 기업의 내재 가치대로 적정하게 거래되고 있으면 주식을 싸게 사는 것은 불가능하다. 알맞은 값에 매수해서 내재 가치가 상승하기를 기다려야 할 것이다. 혹시 주식 가격이 폭락하면 싸게 살 수 있을까? 현재 주식 가격이 지난 고점 대비 50%나 하락했다고 하자. 여기서 상승 반전에 성공할 것이라고 누가 알 수 있겠는가? 경우에 따라서는 70% 이상 하락할 수도 있고, 싼 가격으로 오랫동안 머물러 있을 수도 있다.

이처럼 그럴듯하게 들리는 '싸게 사서 비싸게 팔아야 성공한다'는 말을 실제로 실천하려면 걸림돌이 한두 가지가 아니다. 여기 한 주에 5000원짜리 주식이 있고, 한 주에 50만 원짜리 주식이 있다. 여러분은 어느 주식의 가격이 더 비싸 보이는가? 아마 초등학생도 이 질문에는 쉽게 대답할 수 있을 것이다. 당연히 50만 원짜리 주식이 더 비싸 보여서 투자를 꺼리게 된다. 이런 높은 가격의 주식을 '고가

주'라고 부른다. 그런데 현재가는 높지만 실제 기업의 내재 가치를 기준으로 고가주가 더 저평가되었다면, 앞으로 가격이 올라갈 가능성은 고가주가 더 높다고 볼 수 있다. 당연히 50만 원짜리 주식을 사는 것이 올바른 선택이 된다. 단순히 절대 가격이 싸다 비싸다는 것은 투자 선택의 기준이 될 수 없다.

사실 주식을 싸게 사려고 노력하는 태도는 많은 문제를 야기한다. 그중 가장 큰 문제가 시장의 흐름에 순응하지 못한다는 점이다. 항상 시장과 불편한 관계를 맺기 쉽다. 주식 가격이 폭락하여 현재가가 싸게 보여 주식을 매수했다고 하자. 만일 가격이 계속 하락하면 빚을 내서라도 주식을 사야 될 것 같다. 지금도 가격이 싼데, 가격이 더 하락하면 당연히 더 싸게 느껴질 것 아닌가? 이처럼 싸다는 이유로 주식을 매수하게 되면, 하락 흐름이 이어지고 있어도 그 흐름대로 대응하기 어려운 논리적 함정에 빠진다. 자신의 매수 대금이 모두 소진되고 나면 아무런 대응도 하지 못한 채 속절없이 떨어지는 주가를 멍하니 지켜볼 수밖에 없다.

주식을 싸게 사고 싶으신가? 그러면 2가지 요령을 알려드리겠다. 첫 번째 요령은 망할 가능성이 적은 회사에 투자하는 것이다. 회사가 망하면 주식은 한낱 휴지 조각이 되어버린다. 주식을 싸게 산다, 비싸게 산다는 것을 고려해야 할 상황이 아니다. 회사가 망하지 않으려면 기업 활동을 통해 이익을 내고 있어야 한다. 적어도 상장된 기업이라면 최소한 매출은 발생하고 있어야 한다. 자신이 투자한 기업이 매출 활동을 하지 않는 것을 알게 되었다면 다른 사람에게 애기하지 말고 우선 가진 주식을 몽땅 처분하라. 가격이 얼마든 상관없다. 아마도 지금 처분한 가격이 가장 높은 가격이 될 것이다.

주식을 싸게 사는 두 번째 요령은 가격이 오를 종목을 매수하는 것이다. 너무 당연한 이야기인가? 혹시 성의 없는 대답처럼 보여 화를 낼 독자도 있을지 모르겠다. 하지만 이 요령에는 시장을 이해하는 데 필요한 오묘한 이치가 담겨 있다. 다시 한 번 주식을 싸게 사는 요령을 확인해보자.

'내가 매수한 가격보다 주가가 오르면 나는 주식을 싸게 산 것이다!'

자신이 매수한 가격보다 주가가 오르면 주식을 싸게 산 것이고, 자신이 매수한 가격보다 주가가 내려가면 주식을 비싸게 산 것이다. 간단하다. 이러한 대답에 불만을 갖고 주식 가격이 오를지 떨어질지를 어떻게 알 수 있느냐고 질문하는 독자가 있을지 모르겠다. 그렇다, 독자의 질문이 옳다. 그것을 미리 알 수는 없다. 그러나 투자의 세계는 모든 것이 가능성의 문제이고, 미래를 향해 도전하는 일이다.

현재 시장에서 형성된 가격은 이 순간 시장에 참여한 투자자들이 서로 합의하여 거래하기로 한 가격이다. 그럴 만한 이유가 있을 거라고 받아들이는 게 오히려 마음이 편안하다. 그리고 현재 가격이 오르고 있는지, 내리고 있는지를 살펴본다. 실제로 시장에서는 싸게 사려고 노력하는 투자자보다 조금 비싸 보여도 상승하고 있는 주식을 사서 더 비싸게 파는 투자자의 성과가 좋다. 이러한 경험은 많은 사례를 통해 확인할 수 있다. 이제부터는 싸게 사서 비싸게 팔겠다는 입장에서 벗어나 비싸게 사서 더 비싸게 팔겠다는 관점으로 시장의 흐름을 지켜보자. 아마 시장이 지금과는 다르게 보일 것이다.

시장의 흐름에
정해진 길은 없다

　　　　　시장 분석가들은 주가가 바닥권에 도달했다, 주가가 꼭지를 쳤다는 이야기를 자주 한다. 주가가 떨어질 때는 오늘이 바닥이라는 말을 매일 하고, 주가가 상승할 때는 오늘이 꼭지라는 말을 매일 한다. 이렇게 조심스러울 때는 아직 바닥과 꼭지가 아니다. 최후의 낙관론자와 비관론자가 자신의 생각을 바꿀 때까지 시장은 종종 예측의 한계를 넘어선다. 몇 가지 사례를 살펴보자.

　필자가 처음 시장을 알게 된 1989년에는 지금은 상상할 수 없는 조치들이 많이 발표되었다. 당시 1000포인트를 넘었던 주가가 800포인트대로 떨어지자 투자자들이 주가를 부양하라고 시위를 하며 정부를 압박했다. 그림 1-2에서 볼 수 있듯이 1989년 12월 12일에

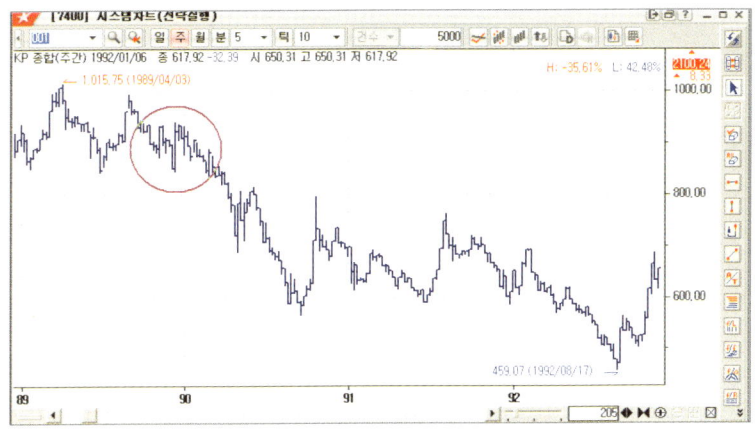

그림 1-2 종합주가지수(1989~1992)

당시 재무부 장관은 '한국은행의 발권력을 동원해서라도 주식을 매입하겠다'는 내용의 증시 안정 대책을 내놓았다. 당시 총통화의 5%에 해당하는 3조에 가까운 자금을 투입해서 주식을 매수하도록 한다는 획기적인 내용이었다.

이렇듯 정부가 강력한 의지를 가지고 주가를 부양하려 했지만 결과는 참담했다. 정부의 지시대로 주식을 매입했던 투신사들은 경영 상태가 더 악화되어 부실이 커졌다. 미수나 신용 융자의 담보 비율이 100%를 밑도는 깡통계좌가 크게 늘면서 증권사의 부담도 늘어났다. 1990년 10월에 사장단 결의 형식으로 깡통계좌 일괄 정리라는 반대매매가 이루어졌고, 주가가 단기간에 30% 이상 급등하기도 했지만, 결국 460포인트까지 2년 넘게 하락 흐름이 이어졌다. 이처럼 인위적인 정부의 개입은 일시적인 충격 요법이 될 수는 있지만 시장의 수요와 공급에 따라 흘러가는 자율적인 흐름을 바꿀 수는 없다. 주가는 고점에서 반 토막이 되고 난 이후에 외국인 주식시장 개방이라는 정책과 함께 상승 반전에 성공한다.

다음은 1999년에서 2000년 사이에 나타났던 코스닥 벤처 열풍을 살펴보자. 당시 회사 이름에 '닷컴'이라는 두 글자만 들어가도 주가가 수십 배 올랐다. 이런 일이 가능했던 것은 투자 열풍에 비해 유통 물량이 그다지 많지 않았기 때문이다. 당시에 새내기 투자자들은 용감하게 투자해서 많은 돈을 벌었다. 이후에 투자 원금을 얼마나 잘 지켰는지 모르지만 엄청난 수익 기회가 있었던 것은 사실이다. 하지만 경험 많은 소심한 투자자들은 시장의 흐름에서 철저히 소외되었다. 수익을 내지 못하는 기업들의 주가가 이해할 수 없는 가격 수준까지 치솟는 상황을 납득하기 어려웠기 때문이다. 하지만 시장이 언제나 합리적으로 움직이는 것은 아니다. 결국 거품이 터지면서 제자리로 돌아오겠지만, 시장이 미쳐서 움직일 때 함께 미칠 수 있는 투자자가 기회를 잡을 수 있다. 그림 1-3은 당시 코스닥 지수의 움직임이다.

이런 흐름을 살펴보는 이유는 시장 흐름에서 정해진 길은 없다는 사실을 확인하기 위해서다. 주식시장에서 확실한 것은 아무것도 없다. '절대 2만 원 아래로는 내려가지 않을 것이다.' '3만 원이 상승 한계다.' 이런 선입견을 갖고 있으면 안 된다. 전문가들은 선입견을 갖고 있는 투자자들이 항복할 때까지 몰아붙이는 데 아주 능숙하다. 2만 원에서 5만 원까지 상승하는 동안에는 주식 가격이 비싸다고 매

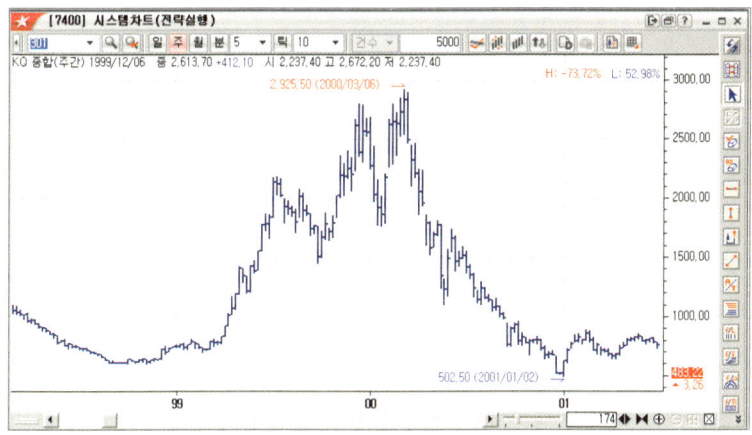

그림 1-3 코스닥 지수(1998~2001)

수하지 않던 투자자들이 10만 원이 되면 매수에 가담하게 만드는 곳이 바로 주식시장이다.

시장에서는 어떤 일이든 벌어질 수 있으므로 시장의 흐름을 있는 그대로 살펴보는 객관적인 태도를 잃어버려서는 안 된다. 2008년에는 선물시장이 하루에 하한가와 상한가를 오가는 움직임이 나타나기도 했던 일을 되새겨보라. 시장은 움직이고 있는데 고집을 부리면 안 된다. 자신의 기대와 소망을 시장에 투여하지 말고, 시장이 현재 움직이는 모습을 그대로 받아들인다. 이 말이 시장에 대해 어떤 견해를 갖지 말라는 것은 아니다. 자신의 뜻대로 어떤 결정을 할 수 있다. 하지만 시장을 통제할 수 없고, 자신의 견해가 틀릴 수도 있다는 점을 인정하는 태도를 지니고 있어야 객관적으로 시장을 지켜볼 수 있다. 시장의 흐름에서 미리 정해진 길은 없다.

제2장

시장에서 돈을 버는
3가지 방법

투자자는 어떻게 성장하는가?

태어날 때부터 주식투자의 원리를 깨치고 나오는 사람은 없다. 모든 투자자들이 어느 시기엔가 시장을 접하게 되고, 초보 운전자와 같은 시기를 거친다. 주식의 '주'자도 모르던 평범한 일반 회사원이 우리 사주를 받고 나서 시장에 관심을 갖게 된 경우도 있고, 국민주를 받으면 돈을 벌 수 있다고 해서 은행에 줄을 서서 기다려 본 경험이 계기가 된 경우도 있다. 가장 일반적인 경우는 신문과 방송에서 대세 상승이라는 뉴스를 접하거나, 돈을 벌었다는 친구가 어떤 주식을 사라고 해서 증권사를 찾는 경우다. 시장에 참여하게 된 계기가 어떻든 간에, 일단 시장에 들어오면 공통적으로 겪는 성장과정이 있다. 그 성장통을 잘 이겨낸 소수의 투자자들만이 지속적으로 수익을 얻을 수 있다.

초보자 시기

이 시기의 특징은 한마디로 '무지(無知)'하다는 것이다. 아는 게 없다. 날씨가 무지 춥다는 표현에서의 '무지'는 보통보다 훨씬 정도가 지나치다는 뜻으로 쓰인다. 이 시기의 투자자는 시장에 대해 무지 무지하다. 뉴스에 즉각 반응하고, 시장을 좀 안다는 다른 사람들의 추천에 많이 의존한다. 또 손실을 인정하기를 극도로 싫어한다. 그래서 매수한 가격보다 떨어지면 이른바 '물타기'를 해서라도 매수 단가를 낮추려 한다. 자금 관리란 말은 아예 들어보지도 못했다. 왜 투자하느냐고 물으면 투자가 재미있다며 진작 알았어야 했다면서 너스레를 떤다.

혹시 지금도 주변 사람들에게 앞으로 시장이 어떻게 될 것 같은지를 묻고 다니거나, 증권 방송의 시장 전망을 하루 종일 시청하고 있다면 아직 초보자 시기에 머물러 있는 것이다.

이 시기는 그래도 행운의 시기다. 초보자가 대거 시장에 뛰어들어올 때는 시장이 대세 상승의 흐름을 타고 있는 시기이기 때문에 손쉽게 돈을 번다. 그냥 무난한 종목을 매수해서 조금만 기다리면 수익으로 보답이 온다. 그리고 본인이 아직 주식투자에 익숙지 않다는 것을 잘 알고 있기 때문에 처음부터 무리한 투자를 하지 않는다. 의식하고 있지는 않아도 자금 관리를 하는 셈이다.

초보자의 행운은 불행의 씨앗이 되는가? 1000만 원으로 500만 원을 벌었는데, 1억 원을 투자했더라면 어땠을까 하고 머릿속에서 자연스럽게 계산이 진행된다. 시장에 대해 아무것도 모르고도 이렇게 성과가 있었으니 열심히 공부해서 분석 능력을 키우면 더 크게 성공할 수 있을 것이라 기대하면서 투자자는 점차 중급자 시기로 넘어가게 된다.

중급자 시기

이 시기의 특징은 한마디로 '무모'하다는 것이다. 큰 수익이 가능하다는 것을 알게 되었으니 눈에 보이는 게 없다. 아예 잠자는 것도 잊을 정도로 학습에 대한 열의가 높다. 기업 분석 리포트를 빠짐없이 읽고, 관련 서적이나 전문가 강의를 열심히 찾는다. 차트 분석에 여념이 없고, 전 종목을 몇 시간에 걸쳐 살펴보기도 한다. 일단 어떤 종목이 자신의 레이더망에 들어오면 신용과 대출까지 활용해서 투자 규모를 무모하게 키운다. 이번에 발굴한 종목이 수익을 안겨주면 짜릿한 희열을 느끼고, 다시 종목 사냥에 나선다. 시장을 벗어난 삶은 상상할 수 없을 정도로 주식투자에 중독된다. 대박을 터뜨릴 기회가 눈앞에 있는데, 회사 생활이 재미있을 리 없고, 방해가 된다고 느끼기도 한다. 전업 투자에 나서면 더 빨리 성공할 수 있을 것이라고 믿기 때문에 자신을 이해하지 못하는 주변 사람들을 답답하게 여긴다.

무모한 그대에게 행운이 늘 함께하지는 않는다. 그렇게 열심히 분석해서 투자 종목을 선정했건만 항상 바라는 결과를 얻는 것은 아니다. 투자 규모를 키운 만큼 손실 규모도 커서 심리적 충격도 받게 된다. 그러나 여기서 물러날 수는 없다. 다시 손실을 복구해야 한다는 압박감도 크고, 내 돈을 뺏어간 시장에 대한 복수심도 불탄다. 혹시 내가 적용한 기법에 무슨 문제가 있었던 것은 아닌지 다시 살펴보면서 이제부터는 각종 분석 기법에 대한 쇼핑에 들어간다. 시장 전문가에게도 많은 돈을 쓰고, 투자 방법도 자주 바꾼다. 손실에 대한 걱정이 많아져서 작은 이익이라도 우선 챙기려고 한다. 초보자 시기에는 투자가 그리 어렵지 않았는데, 이상하게도 시간이 흘러 경험이 쌓이고 공부를 많이 했는데도 투자가 더 어려워진다. 도대체 무슨 문제가 있는 것일까?

시장은 스스로를 잘 드러내지 않는 속성이 있다. 초보자이거나 경험자이거나 시장의 방향을 모르는 것은 마찬가지다. 그리고 성공하기 위해 갖춰야 할 심리적 태도를 깨닫기 힘들게 한다는 점만 봐도 그렇다. 지금 현재 꾸준한 수익을 내고 있지 못한 상황이라면, 그 투자자는 초보자와 중급자 시기의 어떤 단계에 머물러 있는 것이다. 이런 단계에서 벗어나 한 단계 도약하려면 어떻게 해야 할까? 도약하지 않으면 성공과 실패가 분명한 이 시장에서 살아남기 어렵다.

분석을 잘해야 투자에 성공할까?

최근에 출간된 한 투자 서적에서 투자에 성공하려면 공부해야 한다고 강조하는 구절을 보았다. 문장의 몇 구절은 사뭇 진지하다.

"변변한 무기도 없이 경제의 전투장에 들어와 어떻게 살아남을 수 있겠는가. 기복 없이 평생 성공한 투자자로 남기 위해서는 무엇보다 수식의 A부디 Z까지 모두 이해하는 자세가 필요하다."

"성공 투자를 위하여 학습해야 할 항목. 각종 지표(국내외 경제 지표부터 실전에 필요한 투자 지표까지), 인지 부조화, 기본적 분석, 기술적 분석, 주가 패턴, 포트폴리오 구성, 성공한 투자자들의 투자 철학에 대한 이해."

언뜻 들으면 틀린 얘기도 아닌 것 같고, 공부하라고 하니 그런가

보다 할 수 있다. 그런데 이런 주장들은 투자에 별 도움이 안 된다. 조금 과장해서 말하면 오히려 투자에 심각한 장애를 초래한다. 지금 투자가 잘 안 되는 원인이 공부가 부족해서라는 착각에 빠질 수 있다. 아직도 공부가 부족하기 때문에 투자에 성공하지 못한 것이니, 그대여, 인생이 끝나는 그날까지 계속 학습하라!

이렇게 투자 실패의 원인을 학습 부족에서 찾고, 계속 학습을 반복하게 될 때 그 투자자는 '학습의 악순환'에 빠졌다고 한다. 만일 어떤 전문가가 너희는 모르는 것을 나는 알고 있으니 나를 따르라는 의도를 갖고 그런 이야기를 한 것이 아니라면 그 전문가 또한 학습의 악순환에 빠져 있는 것이다.

시장에서 열심히 학습하는 이유는 다양한 분석 작업을 통해 시장과 종목이 움직이는 방향을 맞히기 위해서다. 매년 증권사나 각종 투자 자문 기관에서 경제를 전망하고, 다양한 예측치를 내놓는다. 해당 분야의 전문가들이 최선을 다해 분석하고, 자료를 만들었으니 참고할 만한 내용이 있을 것이다. 그러나 예측과 관련해서는 그냥 그 일을 해야 하니까 그런가 보다 하고 받아들여야 한다. 우리 인간은 예측에 관해서는 한 치 앞도 내다보지 못한다. 가히 절망적인 수준이라 할 만하다. 용한 점쟁이도 자신의 내일 운명을 모른다고 하지 않던가. 필자는 그 뛰어난 전문가들이 10년에 한두 번 주기적으로 찾아오는 경제 대란을 예측해서 미리 대비했다는 얘기를 들어보지 못했다. 한때는 명성을 날리던 예측 전문가들이 그다음에는 형편없는 결과로 실망을 주기도 한다. 하지만 어느 누구도 자신의 예측

실패에 대한 책임을 지지 않는다. 으레 예측이 틀릴 수도 있다는 것을 알기에 책임을 묻지도 않는다.

재미 삼아 이런저런 전망도 해보고, 상승 목표치도 계산해보는 수준이라면 큰 문제가 아닐 것이다. 투자에서 예측의 문제가 심각한 이유는 사실 다른 데 있다. 예측에 대한 확신이 크면 클수록 시장에서 얼어붙게 된다는 것이다. 분석을 통해 어떤 주식이 현재 1만 원이라는 헐값에 팔리고 있다고 결론을 내렸다 치자. 이제 분할하여 매수를 시작할 차례다. 주가가 매수한 가격보다 떨어지면 이 투자자는 논리적으로 주식을 더 매수해야 한다. 1만 원일 때도 싼 가격이었는데, 현재 8000원이면 당연히 주식을 더 매수해야 한다고 생각할 수밖에 없다. 가격이 더 떨어지면 이제 전 재산을 그 주식 매수에 쏟아 붓는다. 그리고 매일매일 오늘은 주가가 오르기를 기도하며 하루를 보낸다. 그런데 주가가 5000원으로 떨어지자 갑자기 생각이 바뀐다. 혹시 내 예측이 틀린 건 아닐까?

필자는 학습이 필요 없다고 주장하는 것이 아니다. 주식투자를 하면서 겪게 될 심리적 어려움에 효과적으로 대응할 수 있는 태도의 계발, 확률석으로 승산 있는 투자 전략의 구성, 좋은 기업을 찾으려는 노력, 적절한 자금 관리 원칙의 수립 등은 반드시 공부해야 할 부분이다. 하지만 시장의 방향을 맞히기 위해 학습한다면 자주 실망스러운 경험을 하게 될 것이다. 주식투자는 가능성에 도전하는 행위이며, 상대가 있는 게임이다. 내가 아무리 좋은 주식임을 확신하고 있어도 다른 투자자들이 인정해주지 않으면 가격이 움직일 수 없게 되어 있다. 어떤 기법으로 시장을 이기겠다는 것도 욕심이다. 어떤 기법이 잘 들어맞는 시기가 길어지면, 많은 투자자들이 그런 기준으로 투자하게 되고 역설적으로 점점 더 성과를 낼 수 없게 된다. 내일 주가가 오르는 것이 확실하다면 투자자들이 모두 오늘 주식을 사기 때문에 정작 내일은 주식을 사줄 사람이 없어 주가가 오르지 못하는 것과 같은 이치다. 다른 사람들보다 약간의 강점만 갖고 있어도 시장에서 충분히 성공할 수 있다.

어떤 분석이 틀릴 수도 있다는 사실을 인정한다면, 분석하는 일에 목을 맬 필요가 없다. 시장에서 돈을 버는 것은 자신의 예측 능력과는 관계없다. '초보자의 행운'이라는 말도 있듯이, 시장은 많이 아는 사람을 골라서 수익을 분배하지 않는다. 수익은 분석 기법 그 자체에서 생기는 것이 아니라 분석 기법을 구성하고 있는 매매 규칙의 합리적인 대응에서 얻어지는 것이다. 시장이 움직이는 방향은 아무도 모르고, 어떤 분석가도 방향을 맞히는 것은 불가능하다는 진실을 이해하면 오히려 시장에서 돈을 벌기가 더 쉬워진다. 시장은 역설과 딜레마로 가득한 곳이다. 인생의 축소판이라고 할 수도 있다. 불확실한 상황에서 꾸준히 수익을 내야 하는 곳, 공포를 느낄 때가 최적의 매수 시점이 되는 곳, 내가 아무것도 모른다고 인정할 때 더 많은 성과를 낼 수 있는 곳이 바로 주식시장이다.

투자에서 가장 중요한
한 가지 질문

투자에서 가장 중요한 요소는 무엇일까? 성공을 갈망하는 투자자에게 단 한마디로 핵심적인 투자 원칙을 이야기하라면, 필자는 주저 없이 다음의 질문을 던지겠다.

'당신에게는 확률적으로 유리한 투자 전략이 있습니까?'

확률적으로 유리한 투자 전략은 꾸준히 우상향하는 손익곡선 흐름을 갖는 투자 전략이다. 시장은 확실한 것이 하나도 없고, 예상치 못했던 일들이 자주 벌어지는 곳이다. 시장은 가능성의 세계다. 시장에서 항상 이길 수 없다는 사실을 자연스럽게 받아들이고, 투자 성과에 대해 긍정적인 기대를 가지려면 확률적 승산의 관점에서 시

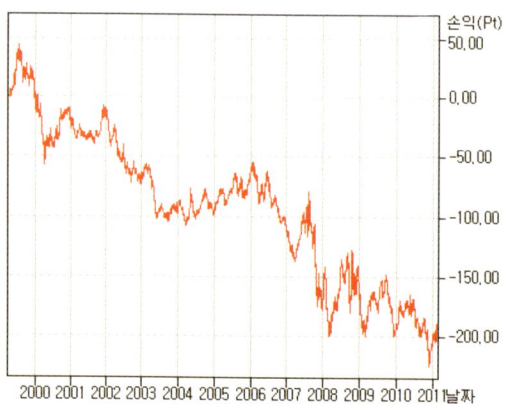

그림 2-1 손실 흐름

장을 바라볼 수밖에 없다. 확률적으로 유리한 투자 전략이 있다는 것은 마치 카지노 사업가들이 돈을 버는 것처럼 매매 횟수가 늘어날수록 자신의 계좌가 불어날 것이라는 자신감의 바탕이 된다. 만일 아직 그런 준비가 되어 있지 않다면 조금 더 준비를 해야 한다.

필자는 많은 투자 전문가들이 어떤 대응 전략을 얘기하면 습관적으로 시스템을 만들어 검증해본다. 아예 검증할 수 없는 전략들은 그냥 한쪽 귀로 듣고, 한쪽 귀로 흘린다. 그건 그 전문가만이 할 수 있는 방법이므로 나의 것이 될 수 없다 여기고 포기한다. 어떤 전략을 검증해보니 손익곡선이 그림 2-1과 같은 모양으로 나왔다. 여기서 어떤 긍정적인 기대를 가질 수 있는 투자 전략을 얻을 수 있을까?

그래도 가끔은 돈을 벌었다는 사실의 확인? 아니면 이 전략과 반대로 하면 돈을 벌 수 있다는 아이디어? 사실 반대로 해도 수익곡선

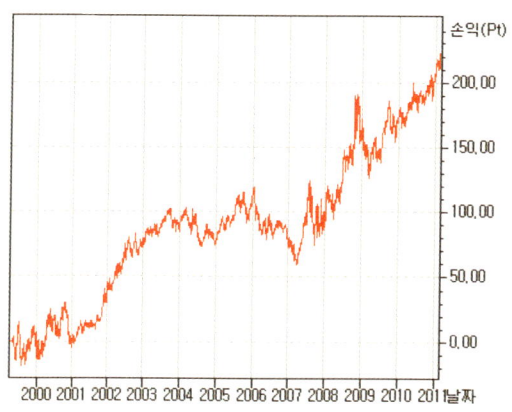

그림 2-2 수익 흐름

이 우상향하지는 않는다. 전략 안에는 진입과 청산만 있는 것이 아니라 손실 확정 방법 및 다양한 필터들이 들어 있어서 또 다른 영향을 주기 때문이다. 중요한 점은 어떤 전략을 검증한 결과 우하향하는 손익곡선의 흐름을 보인다면, 이 전략을 적용해 장기적으로 투자해도 성공 가능성이 희박하다는 사실 정도는 알 수 있다는 것이다. 이런 전략에서는 긍정적인 기대가 생기기 어려운데도 많은 투자자들이 자신의 대응 전략을 검증해보지 않고 투자한다.

다시 한 번 강조하지만, 준비하는 데 있어 핵심적인 사항은 자신의 투자 전략이 확률적으로 유리한지를 먼저 확인해보는 것이다. 확률적 우위의 투자 전략은 다양하다. 이것은 투자자에게 축복이다. 한 가지 방법만 있는 것이 아니어서 투자자는 자기 성향에 맞는 거래 전략을 찾을 여지가 있다. 그림 2-2의 손익곡선처럼 우상향하는 전략은 검토해볼 수 있다. 문제는 그래프 중간에서 볼 수 있듯이 몇 년 동안 수익을 내지 못한 기간도 있고, 하락 폭도 좀 있어서 본인이 감당할 정도의 수준인지 여부를 결정하기가 어렵다는 점이다. 이를 판단하려고 승률, 최대 손실 폭, 평균손익비, 특이치 제거 손익, 샤프 비율 분석 등 다양한 평가 기법을 활용한다.

다행히 자신의 성향에 맞는 전략을 찾았으면 이제는 투자 자금을 얼마나 사용할 것인지를 결정해야 한다. 혹시 모를 만일의 사태에 대비해야 하고, 파산 확률도 따져봐야 한다. 한 번의 실패가 치명적인 결과가 되지 않도록 잘 관리해야 한다. 투자 초기의 실수에서 지혜를 배우려면 어느 정도 경험이 쌓일 때까지 큰 손실을 입지 않아야 시장에서 퇴출되지 않는다. 세상살이는 열정만 가지고 모든 문제를 해결할 수 없다. 시간과 경험의 성숙이 필요하다.

또 적절한 기대 수준을 유지할 필요가 있다. 높은 수익에 대한 기대는 무리한 투자를 낳고, 많은 위험을 감수하게 만든다. 비현실적인 기대를 적정 수준으로 유지할 수 있도록 현실과 타협할 필요가 있다. 이런 준비 과정이 조금 고되고 귀찮을 수도 있지만 시장에서 성공하려면 최소한 이 정도의 준비는 해야 한다. 그렇지 않고서는 꾸준히 수익을 내는 성공 그룹에 초대받을 수 없다.

투자는 주사위
던지기 놀이다

　　　　　　많은 투자 대상 중에서 굳이 주식투자를 선택하는 이유는 지금까지 주식투자보다 더 높은 수익을 주는 투자 대상이 없었기 때문이다. 이머징마켓은 1945년부터 지금까지 연평균 16%의 주가수익률을 보여주고 있다. 비록 확률은 낮을지언정 아무것도 가진 것 없는 사람들이 주식투자를 통해 실제로 큰 수익을 얻을 수 있다. 환금성 측면에서도 주식만큼 좋은 투자 대상도 많지 않다. 따라서 앞으로도 주식시장에 관심을 갖고 새롭게 참여하는 투자자들이 늘어날 수밖에 없다.

　투자는 복리의 마술이 작동하는 분야다. 동일한 수익률로 계속 재투자가 진행되면 시간이 흐를수록 계좌 잔고는 기하급수적으로 커진다. 매년 15%의 수익률을 얻는다면 지금의 1억 원은 10년 후에는 4억 원, 20년 후에는 16억 원이 된다. 만일 매년 30%의 수익률을 얻는다면 10년 후에는 13억 원, 20년 후에는 무려 190억 원이 된다. 결국 주식투자의 문제는 어떤 방법으로 매년 원하는 수익률을 얻을 수 있을지를 결정하는 문제라고도 할 수 있다.

그런데 주식시장은 매년 비슷한 수익률을 얻을 수 있게끔 안정적으로 움직이지 않는다. 잘나갈 때는 연 수익률이 50%를 넘을 때도 있고, 반대로 20~30% 손실을 입을 때도 다반사다. 지나고 나서 보면 장기적으로 성장 흐름을 보여주고 있지만 그 사이에 벌어진 진폭을 보면 아찔한 현기증이 느껴진다. 이렇게 높은 수익률 진폭을 보여주는 투자 대상을 부를 때 '변동성이 크다'고 표현한다. 주식시장은 평균수익률을 중심으로 시기에 따라 수익률이 위아래로 크게 출렁거린다. 이러한 출렁거림이 투자의 위험인데, 특정한 시기의 수익률과 수익률 평균의 표준편차를 구해서 측정한다. 주식투자는 이 가격 변동의 위험을 감수하는 일이다.

위험에 노출된 상태에서 자신에게 불리한 방향으로 흐름이 전개되면 노출된 위험 폭만큼 견딜 수 없는 상황까지 내몰린다. 그냥 현금으로만 투자했으면 어려운 시기도 인내하며 버틸 수 있을 텐데, 신용이나 차입을 통해 투자했을 경우에는 감수할 위험에 대해 각오하고 있어야 한다. 주식투자에서 손실 위험을 회피할 방법은 없다. 개별 기업의 부도 위험에서부터 전체 시장의 급락에 따른 손실 발생 가능성까지 다양한 방식으로 손실을 경험하게 된다. 주식시장에 뛰어든 이상 무위험의 수익을 얻기란 불가능하므로 어느 정도의 위험을 떠안고 원하는 수익을 얻을 것인지를 정해야 한다.

예를 들어 시장수익률이 지금까지 꾸준히 성장해왔다는 것에 대해 군건한 믿음을 갖고 있다면 시장 인덱스를 매수해서 장기 보유하겠다는 전략을 선택할 수 있다. 그보다 좀 더 적극적으로 시장수익률을 따르고자 한다면 국제 분산투자를 통해 다양한 시장의 인덱스에 편입할 수 있다. 잘 분산된 투자는 개별 종목의 위험을 낮추고, 계좌의 손익곡선을 완만하게 유지할 수 있게 해준다. 아니면 적극적으로 종목을 발굴한 뒤, 개별 종목별로 감수할 위험을 정해놓고 투자할 수 있다. 가치주 또는 성장주에 투자하거나, 신고가 종목에 투자하거나 자신이 믿고 선호하는 전략대로 매매할 자유가 있다. 물론 종목 발굴과 매매 시점 선택이 쉬운 일은 아니지만 시장수익률을 뛰어넘는 투자를 하고 싶다면 한번 도전해볼 만한 일이다.

우리나라 파생상품 시장은 효율성과 유동성 측면에서 이제 완전히 자리를 잡았다고 할 수 있다. 일반 투자자들은 주식투자도 어려운데 파생상품 시장까지 어떻게 이해할 수 있느냐며 지레 겁먹고 투자를 포기하기도 한다. 그런데 시장은 항상 상승 쪽으로만 움직이는 것이 아니라서 선물이나 옵션과 같은 상품을 전략적으로 잘 구성해서 운영할 필요가 있다. 파생상품이 있기 때문에 비로소 절대수익을 추구하는 매매 전략의 구사가 가능해진 측면이 있다. 파생상품에 문제가 있는 것이 아니라 그 상품을 이용하는 투자자의 절제력과 전략에 문제가 있는 것이다.

모든 사람들은 저마다의 색안경을 끼고 세상을 바라본다. 그래서 한번 인식 틀이 고정되면 좀처럼 바꾸려 하지 않는다. 마음을 열어야 한다. 시장에서 실수하지 않는 투자자는 없다. 실수를 통해 자신의 태도, 기법, 자금 관리 방법을 향상시킬 지혜를 배울 수 있다면 그건 지나가는 과정일 뿐이지 결코 실패가 아니다. 아픔 없이 어떠한 성취도 없는 게 우리 세상살이이고, 투자의 세계도 마찬가지다. 변화를 받아들일 수 있도록 마음을 열어야 한다. 지금까지의 실패를 현명한 실패로 바꿀 수 있도록 시장에서 배울 수 있는 모든 것에 마음을 열어보자.

여러분이 투자에서 아직 성공을 맛보지 못했더라도 결코 실망하지 마시라. 세상살이는 주사위 던지기 놀이와 비슷하다. 주사위를 하늘 높이 던지면 온갖 우연과 우발성의 공간을 지나다가, 주사위가 땅에 떨어지면서 짠! 하고 결과값이 현실로 나타난다. 어느 누구도 지금 던진 주사위의 값이 무엇인지 알 수 없다. 그래도 우리는 원하는 숫자가 나올 때까지 계속 주사위를 던질 수 있다. 실수에서 배우고, 패배를 딛고 일어설 용기와 의지만 있다면 누구에게나 새로운 기회는 생기게 마련이다.

기본적 분석과
기술적 분석

현재 시장에서 전문가들이 사용하는 분석 기법으로 기본적 분석과 기술적 분석이 널리 알려져 있다. 기본적 분석으로 종목을 선별하고, 기술적 분석으로 매매 시점을 포착하는 것이 가장 일반적인 시장 대응 방법이다. 그 핵심적인 내용을 이해하고 투자에 활용하자.

기본적 분석은 여러 변수를 고려해서 계량화된 수학적 모델을 만들고, 그 모델을 기준으로 현재 저평가된 종목을 찾으려고 한다. 기본적 분석가들은 기업의 매출, 이익과 배당, 재무 건전성, 경영 능력 등의 자료를 토대로 기업의 가치를 평가할 수 있다고 믿는다. 기업의 적정 가치와 현재 가격의 괴리를 분석해서 찾아낸 저평가된 우량 기업은 언젠가는 제값을 받으리라는 기대를 가지고 있다. 기본적 분석은 앞으로 수요가 늘어날 투자 종목군을 선별하는 데 커다란 강점이 있다. 시장 가격에 막대한 영향을 끼치는 전문투자자들이 기본적 분석을 활용하여 종목을 선별하는 경향이 있기 때문에 기본적 분석에서 이야기하는 저평가된 종목에 주목할 필요가 있다.

시장 전체를 매수하는 인덱스 투자를 하지 않는다면 주식투자는 최종적으로 어떤 종목을 선정하는 과정을 거쳐야 한다. 종목을 고르는 것은 마치 오디션 프로그램의 우승자를 선발하는 과정과 비슷하다. 자신이 기준으로 삼는 요령에 따라 일관성 있게 종목을 선정하면 된다.

기본적 분석에는 2가지 흐름이 있다. 하나는 현재의 수익 능력 또는 현금 흐름을 분석하는 가치주 투자 흐름이고, 다른 하나는 미래 수익 창출 능력에 주목하는 성장주 투자 흐름이다. 가치주 투자자들은 저PER주와 저PBR주처럼 시장 평균보다 낮게 평가된 주식들의 서열을 매겨 현재 저평가된 기업들을 찾는다. 성장주 투자자들은 비록 지금은 돈을 벌지 못하는 기업이라도 미래에 막강한 수익 창출 능력을 보일 수 있다면 이러한 기업에 투자하여 큰 이익을 얻을 수 있다고 믿는다. 현재의 가치주들도 한때는 성장주의 시기를 지나왔다.

기본적 분석은 기업의 본질적인 가치를 파고들어, 현재 저평가되었거나 고속 성장이 기대되는 주식을 찾아 가치투자를 한다는 점에서는 이론적으로 뛰어난 설득력을 보여주고 있다. 하지만 일반 투자자들은 이 논의에 활용되는 복잡한 회계 이론과 분석 도구들에 익숙하지 않기 때문에 쉽게 다가가기 어려운 게 사실이다.

또한 기본적 분석의 가장 큰 단점은 저평가된 주식이 언제 제값을 받을지 모른다는 데 있다. 그리고 단기간의 가격 변동을 일으키는 감정적 요인을 고려하기 어려우므로 좋은 주식을 매수해놓고도 가격 급등락에 휘둘릴 수 있다. 요즘 시장에서 기본적 분석만 가지고 투자하는 투자자들은 소수에 불과하다. 가격의 변화가 워낙 극적으로 나타날 때가 많아서 웬만한 소신이 아니면 자신의 원칙을 고수하기가 쉽지 않기 때문이다.

기술적 분석은 투자자의 집합 행동으로 나타나는 가격의 움직임 자체를 연구한다. 기술적 분석가들은 시장 가격에 모든 것이 반영된다는 전제 아래 현재의 시장을 있는 그대로 보고, 적절히 대응할 수 있는 기법을 개발한다. 기술적 분석의 목적은 지금까지의 가격 흐름을 분석함으로써 시장의 이후 진행 방향이 상승과 하락 중 어느 쪽인지를 알아내는 것이다. 기본적 분석에 비해 그리 복잡한 이론을 사용하지 않고도 지금 이 순간의 기회 흐름에 집중할 수 있게 하는 장점이 있다.

기술적 분석은 시장의 가격과 거래량, 미결제 약정, 투자 주체들의 매매 동향 등 시장의 움직임에서 얻을 수 있는 객관적인 기초 자료를 가지고 대응 전략을 만든다. 지표를 만들어 매매 신호를 얻기도 하고, 주가의 움직임이 보여주는 특징적인 모습에서 대응 방법을 찾기도 한다. 기술적 분석에 익숙한 투자자들은 차트 하나만 보아도 시장의 에너지를 느낄 수 있고 흐름을 읽을 수 있다고 한다.

기술적 분석 방법은 크게 세 종류로 구분할 수 있다.

첫째는 시장의 흐름을 따르는 분석 방법이다. 그제도 상승했고 어제도 상승했으니 오늘도 상승할 것이라 기대하고 그 방향에 편승할 수 있다. 대표적인 기법이 저항선 돌파, 이동평균선의 흐름 또는 이동평균선에서 파생된 여러 지표들의 흐름을 따르는 것이다. 이런 지표를 이용하면 흐름의 반전이 있기 전까지는 계속 포지션을 보유할 수 있어 운 좋게 큰 흐름이 나타날 경우 큰 수익도 가능하다.

둘째는 시장의 흐름에 맞서는 분석 방법이다. 그제도 상승했고 어제도 상승했으니 오늘은 하락 반전할 것이라 기대하고 지금까지의 흐름에 맞서는 투자를 할 수 있다. 이러한 분석 방법의 핵심은 현재의 시장을 과매수(overbought)와 과매도(oversold) 상태로 진단하는 것이다. 과매수는 지금까지 많은 투자자들이 매수에 가담해서 주가가 상승했지만 매수 여력이 소진되어 앞으로는 추가로 매수세가 유입될 가능성이 낮기 때문에 더 이상의 상승이 이어지기 어렵다고 판단하는 방법이다. 반대의 경우에는 과매도되었다고 한다. 이 기법은 시장이 박스권을 형성하고 등락을 반복할 때 효과적으로 대응하는 데 도움을 준다.

셋째는 시장의 구조 및 패턴을 이용한 분석 방법이다. 고점 대비 38.2%의 조정이 예상된다, 현재 상승 3파가 진행 중이다, 샛별형 출현으로 상승 반전에 성공했다는 등의 예측은 이러한 분석 기법을 활용한 것이다.

기술적 분석 기법의 단점은 과연 과거의 가격 움직임으로 미래의 변화를 예측할 수 있느냐는 것이다. 적용 방법에 따라 현재 시장에서 매수와 매도 신호가 서로 충돌하기도 한다. 흐름을 따르는 지표는 매수하라 하고, 흐름에 맞서는 지표는 매도하라 하면 도대체 어느 쪽을 따라야 하는가? 기술적 분석을 이용해서 어떤 해답을 찾으려 했다면 분명 실망할 것이다. 하지만 이 분석 방법을 버리기에는 유용성이 매우 크다.

투자자가 어떤 의도를 갖고 기술적 분석 기법을 활용하느냐에 따라 장점을 잘 살릴 수 있다. 이 분석이 갖고 있는 장점 중 하나가 객관적인 신호를 얻을 수 있다는 것이다. 어떤 기법을 채택하면 투자자는 매수 또는 매도의 적절한 대응 방법을 얻을 수 있고, 그 확률적 승산을 계산할 수 있다. 특히 시장의 현재 흐름에 주목하고 대응할 수 있는 방법을 알려준다는 점에서 드넓은 바다에서 나침반 역할을 한다고 할 수 있다. 확률적 승산을 계산하고, 검증하고, 승산 있는 거래의 확률을 높이고자 할 때 기술적 분석은 유용한 도구가 될 것이다. 시스템 거래는 기술적 분석을 통해 얻을 수 있는 객관적인 신호를 주로 이용하기 때문에 활용도가 높다.

현재가는 진리
　　　그 자체

시장은 상품을 사는 사람과 파는 사람이 만나서 거래하는 곳이다. 설이나 추석 대목에 붐비는 인파 속에서 가격도 흥정하고, 따뜻한 국수 한 그릇에 고픈 배도 채우면서 시장 구경을 다니는 재미가 쏠쏠하다. 사람 냄새가 흠씬 나는 시장은 언제나 열기가 흘러넘치고, 정 많은 가게 주인들은 덤을 얹어 주면서 단골손님을 만들려고 애를 쓴다.

주식시장도 사는 사람(매수자)과 파는 사람(매도자)이 거래하는 곳이라는 점에선 일반 시장과 다를 바 없다. 사고파는 것이 주식회사의 자본을 구성하는 단위인 주권이라는 점만 다를 뿐이다. 이런 특성으로 인해 매수자는 회사의 주인이 된다는 뿌듯한 자부심을 덤으로 가질 수 있다.

주식시장에서 형성되고 있는 '현재가'는 회사의 주인이 되고 싶은 투자자라면 피해갈 수 없는 현실이다. 저 사람은 1만 5000원에, 나는 1만 8000원에 같은 회사의 주주가 되었다는 게 조금 샘나기도 하지만, 마음 너그러운 내가 이해 못할 일도 아니다. 그런데 어떤 사람이 1만 2000원에 주주가 되겠다고 나서면, 더 이상 너그럽기가 어렵다. 만나게 되면 정수리에 꿀밤을 안기며 한마디 해주고 싶다. 이런 도둑놈 같으니!

필자가 처음 주식을 거래할 때 가졌던 의문 중 하나가 모든 매수자가 자신이 매수한 가격 이하로 주식을 팔지 않으면 가격은 절대 떨어질 일이 없을 텐데, 왜 손해를 보면서 주식을 파는 사람이 있을까 하는 생각이었다. 각자 결심해서 손해 보고 팔지 않기로 하면 모두에게 이익인 곳이 바로 이 시장 아닌가? 그런데 그 의문은 얼마 지나지 않아 풀렸다.

모든 투자자가 주식을 현재가보다 낮게 팔지 않으면 가격은 절대 떨어질 수 없다는 말은 맞다. 그렇게 되면 우선 사고 싶은 사람은 웃돈을 주고 주권을 구해야 하니 가격은 계속 올라갈 것이다. 가격이 하늘 높이 치솟으면 이제는 주식 매수를 포기하는 사람들이 늘어나면서 더 이상 거래가 이루어지지 않는다. 그런데 살다 보면 현금이 필요한 주식 보유자도 있게 마련인데, 팔릴 수 있는 가격에라도 주식을 내놓아야 하니 현재가보다 싸게 파는 일도 생기는 것이다. 필자의 의문은 애초부터 실현 불가능한 의문이었던 셈이다. 이제 다른 사람들이 내 희망대로 움직이지 않을 수 있다는 사실을 알게 되었으니 주식시장은 서로를 못 믿는 불신지옥이 되어버렸다.

    내가 산 가격보다 비싸게 구매해줄 다른 투자자를 찾지 못하면 나는 주식을 팔 수 없다. 30% 정도 이익이 나면 기꺼이 주식을 넘겨주려 했는데, 자신보다 먼저 주식을 팔고 나가는 얌체 같은 투자자 때문에 도통 맘이 편하지 않다. 이제는 회사의 주인이 되었다는 자부심도 잊고, 어떻게 하면 다른 사람들보다 좋은 가격에 주식을 사고팔 수 있을지에만 집중하게 된다. 헐값에 주식을 내던지는 다른 투자자들 때문에 입은 손해를 만회하려고 더욱더 분주하게 거래에 참여하게 된다. 도대체 내가 지금 뭘 하고 있는 거지?

    시장의 현재가는 매수자와 매도자가 서로 거래하기로 합의한 일시적인 균형 가격이다. 여기서 주목할 단어는 '일시적'이라는 말이다. 현재가는 고정된 가격이 아니라 시간이 흘러가면서 매수자와 매도자 중에서 힘이 센 쪽으로 변동된다는 의미다. 다른 말로 하면 주식 수요자와 주식 공급자의 의향에 따라 가격이 오르기도 하고, 내리기도 한다는 뜻이다. 시장에는 현재가를 놓고 거래하는 매수자와 매도자도 있지만, 그 거래를 지켜보는 많은 매매 대기자들이 있다. 이들은 잔뜩 긴장하며 시장을 주시하고 있다가 가격이 움직이는 쪽으로 가세하면서 변동 폭을 키운다.

    시장 가격은 수많은 투자자들이 참여하여 만든 것이기에 내가 좌지우지할 수 없는 막강한 힘을 지니고 있다. 어떻게든 가격을 올리고 싶어도 다른 투자자들이 무시하면 내 노력은 헛수고로 끝나고 만다. 또 나보다 힘센 투자자가 가격을 낮추어 주식을 팔아치우면 가격 하락을 고스란히 얻어맞아 '비 맞은 장닭' 신세가 되고 만다. 투자자라면 한번쯤은 주식 가격을 내 마음대로 올려서 황금을 손에 넣고 싶은 꿈을 꾸어보았을 것이다. 어쨌든 시장에서 수익을 얻으려면 자신이 매수한 가격보다 현재가가 높게 형성되어야 하는 사실은 피할 수 없다.

시장의 현재가는 거래하고자 하는 투자자가 받아들이고 따라야만 하는 '펄럭이는 푸른 깃발'과 같다. 투자자라면 현재가를 받아들이거나 무시하거나 둘 중 하나만 선택할 수 있다. 투자자의 모든 기대는 현재가에 반영되니, 시장에서 형성되는 현재가는 알파와 오메가이자 진리 그 자체다. 현재가가 저평가되었다, 고평가되었다는 것은 객관적인 사실이 아니다. 그것은 투자자 각자의 마음에 떠오른 심상에 불과하다. 모든 투자의 결과는 내가 투자하는 동안 어떤 생각을 하고 있었는지를 반영하는 것이다. 현재가가 저평가되었다고 판단한 투자자들은 매수 쪽에 가담할 것이고, 결과는 투자의 성공과 실패로 나타날 뿐이다. 자신의 성공과 실패를 확인시켜주는 것은 주식의 현재가뿐이다. 투자자들이여, 현재가를 깍듯이 모시고, 추호도 의심하지 마라!

주식 가격을 평가하는
일반적인 방법

현재가를 놓고 매수할 것인지 매도할 것인지를 결정하는 과제는 현재 거래되는 주식 가격이 과연 비싼 것인지 싼 것인지를 판단하는 문제다. 다른 말로 하면 현재가가 고평가된 것인지 저평가된 것인지를 판단하는 문제다. 만일 현재가가 저평가되었다면, 앞으로 제대로 평가받는 과정에서 가격이 올라갈 게 분명하니, 투자의 성공은 '따놓은 당상'일 것이다.

문제는 지금 현재가가 싼 것인지 비싼 것인지 도통 알 수가 없다는 데 있다. 가격이 많이 하락하여 본인은 싸다고 생각하는 가격에도 매도하는 투자자들이 있기 때문에 거래가 이루어진다. 그리고 자신이 옳고, 상대방이 틀렸다고 확신할 수도 없는 일이다. 하지만 무언가 합리적인 기준을 가지고 평가하면 주식 가격의 저평가 여부를 알 수 있지 않을까?

주식 가격을 평가하는 가장 손쉬운 방법은 모두에게 공통된 어떤 기준을 찾아서 그 기준에 따라 분류하고, 1등부터 꼴등까지 순서를 매기는 것이다. 당연히 가장 저평가된 1등을 차지한 회사에 투자하면 성공할 가능성이 높아진다.

회사의 당기순이익을 발행 주식 총수로 나누면 주당순이익(EPS, Earning Per Share)을 구할 수 있다. 이는 1년간 기업이 올린 수익에 대한 주주의 몫을 나타낸다.

주당순이익(EPS)= 당기순이익÷발행 주식 총수

EPS가 높다는 것은 그만큼 경영 실적이 양호하다는 의미다. 만일 A기업이 1억 원의 당기순이익을 달성했는데, 발행 주식 총수가 100만 주라면, 주당순이익은 1억÷100만 주=100원이 된다. 같은 방식으로 B기업의 주당순이익을 구해보니 1000원이었다고 치자.

만일 현재 시장에서 A와 B 기업이 같은 가격에 거래되고 있다면, B기업의 주당순이익이 더 높으니 배당을 많이 받을 수 있고, 투자자의 관심도 끌 수 있어서 주가 상승 가능성이 더 크다고 할 수 있다. 이렇게 주당순이익이라는 잣대로 기업을 비교하여 저평가 종목을 찾아내는 것은 합리적이다.

문제는 A기업의 현재 시장 가격은 500원이고, B기업의 시장 가격이 2만 원이라면 어떻게 판단해야 하느냐 하는 점이다.

직관적으로 판단하기가 쉽지 않아서 현재가를 주당순이익으로 나누어본다. 이를 주가수익비율(PER, Price Earning Ratio)이라고 부르는데, 시장에서는 저PER주에 투자하는 방법으로 널리 알려져 있다.

주가수익비율(PER) = 현재가 ÷ 주당순이익

PER로 보면 현재 주가가 주당순이익의 몇 배로 거래되고 있는지를 알 수 있다.

	A기업	B기업
현재가(Price)	500원	20,000원
주당순이익(EPS)	100원	1,000원
주가수익비율(PER)	5배	20배
PER 기준 평가	저평가	고평가

A기업 현재의 시장 가격 500원 ÷ 주당순이익 100원으로 계산하면 5의 값이 나온다. 즉, A기업은 현재 시장에서 주당순이익의 5배 가격으로 거래되고 있다는 사실을 알 수 있다. B기업은 그 값이 20이 나온다. 즉, B기업은 현재 시장에서 주당순이익의 20배 가격으로 거래된다는 뜻이다. 주당순이익은 B기업이 크지만 현재가를 고려할 때는 A기업이 저평가되었다고 볼 수 있다. 이처럼 저PER주를 찾아내는 기준을 이용하면 현재 주가가 주당순이익의 몇 배로 형성

되어 있는지를 알 수 있고, 시장 평균과 비교하여 고평가와 저평가를 판단할 수 있다.

이에 더해 미래 이익을 정확히 추정할 수 있으면 특정 기업의 적정 주가를 쉽게 구할 수 있다. 예를 들어, C기업의 추정 주당순이익이 5000원이고, 업종 평균 PER가 15배라면 이 기업의 예상 주가는 다음과 같다.

$$C기업의\ 예상\ 주가 = 추정\ 주당순이익 \times 업종\ 평균\ PER$$
$$= 5,000원 \times 15배 = 75,000원$$

이렇게 PER를 구하면 객관적으로 시장 평균 대비 저평가된 기업과 고평가된 기업을 쉽게 찾아낼 수 있고, 예상 주가도 알 수 있으니 기업 평가의 문제가 해결된 듯싶다. 과연 그럴까?

성장주가 좋을까, 가치주가 좋을까?

앞의 사례처럼 현재 고평가된 것으로 분석된 B기업의 현재 주당순이익이 1000원이라고 가정했다. 이제 내년도 추정 주당순이익이 1만 원이 될 것이라고 전망해보자. 이익이 무려 10배나 성장하는 셈이다. 그리고 A기업은 주당순이익이 50원으로 낮아질 것으로 전망된다. 그렇다면 미래의 주가수익비율(PER)은 어떻게 될까?

	A기업	B기업
현재가(Price)	500원	20,000원
예상 주당순이익	50원	10,000원
예상 주가수익비율	10배	2배
PER 기준 평가	고평가	저평가

B기업의 PER 값이 현재의 20배에서 2배로 낮아진다. 이제 시장 평균인 10배로 평가를 받는다면 주가는 10만 원이 되어야 한다. 비록 지금의 이익은 적지만 미래의 이익이 증가할 것으로 예상되면 주식 가격은 긍정적으로 움직인다.

여기서 잠깐 질문을 하나 드리겠다. 모든 사람들이 다음 달에 주가가 오를 것으로 전망하고 있다면 실제 어떻게 될까? 정답은 아마도 '이번 달에 먼저 오르고, 다음 달에는 오르지 못한다'가 될 것이다. 다음 달의 주가 상승을 기대한 투자자들은 이번 달에 주식을 먼저 매수한 뒤 다음 달에 다른 투자자가 더 비싼 가격에 주식을 사주길 바란다. 하지만 추가로 주식을 매수할 여력이 없기 때문에 가격은 오르지 않는다. 투자자라면 한번쯤 들어봄 직한 격언이 있다. '주식은 꿈을 먹고 자란다.' 이 격언은 '주식은 소문에 사고, 뉴스에 팔아야 된다'는 격언과 비슷한 맥락이다.

시장에서는 PER가 높아서 현재의 실적으로만 보면 고평가되었다고도 볼 수 있지만, 앞으로 추정 이익이 크게 늘어날 것으로 예상되는 종목을 성장주(고PER 종목)라고 부른다. 반면 현재 이익이 안정적으로 유지되는 종목을 가치주(저PER 종목)라고 부른다. 경기 확장 국면에서는 성장주에, 경기 수축 국면에서는 가치주에 관심을 더 많이 갖는 경향이 있지만 절대적인 척도가 되는 것은 아니다.

성장주로 각광받는 기업들은 흥미로운 신기술을 보유하고 있거나, 특허로 보호받거나, 혁신적인 창의적 기업들이다. 미래의 꿈을 먹고 자라나는 주식이어서 지금의 실적은 미흡하더라도 미래에는 가치주로 성장하리라는 기대를 한 몸에 받는다.

종목을 고르기 위해 많은 전문가들이 활용하는 또 다른 분석 방법 중에 EV/EBITDA가 있다. 기업의 가치인 EV(Enterprise value)를 세전 영업이익인 EBITDA로 나눈다.

기업 가치 EV는 회사의 시가총액에 그 회사의 순현금 혹은 현금성 자산을 빼고 부채를 더한 수치다. EV는 이 기업을 매수하려고 할 때 지불해야 하는 금액이다. 현금은 이 회사를 M&A했다고 가정했을 때 돌려받을 수 있기 때문에 시가총액에서 차감하고, 부채는 떠안아야 하기 때문에 포함시킨다.

EBITDA(Earnings Before Interest, Tax, Depreciation and Amortization)는 법인세, 이자비용, 감가상각비 등을 빼기 전의 순이익을 뜻한다. 기업의 순이익에 감가상각비와 세금과 이자비용을 더하면 이 기업의 수익 창출 능력을 알 수 있다. 회사 설비의 규모가 크면 감가상각비 때문에 이익이 줄어들고, 부채가 많으면 이자비용이 지불되기 때문에 이익이 줄어든다. 비록 이익이 작더라도 해당 설비와 자산으로 수익을 창출해내는 능력이 얼마나 되는지를 볼 수 있다. 이렇게 EBITDA는 기업이 영업활동을 통해 벌어들이는 현금 창출 능력을 보여준다. 만일 EV/EBITDA의 값이 2배라면 이 기업을 인수할 경우 2년 만에 원금을 회수할 수 있다는 말과 같다. 즉 해당 기업을 시장 가격으로 매수했을 때 그 기업이 벌어들인 이익의 2년간 합이 투자 원금과 같아진다는 것을 의미한다. EV/EBITDA의 수치가 낮다는 것은 기업의 주가가 낮고, 영업 현금 흐름이 좋다는 것이다. 따라서 저평가된 종목을 발굴하는 데 유용하게 활용할 수 있다.

  이렇게 주당순이익을 기준으로 현재가와 비교하거나, EV/EBITDA 비율로 저평가 종목을 찾는 방법 이외에도 주당매출액, 주당순자산가치 등의 기준을 사용할 수 있다. 또는 자기자본이익률이 높은 기업을 택해도 된다. 실제로 투자할 때는 무엇을 채택해도 상관없다. 어차피 기업의 순위를 매기고 줄 세워서 고르는 과정이라는 점에서는 동일한 작업이다.

  좋은 기업을 고르려면 재무제표를 들여다보지 않고선 알 수 있는 방법이 없다. 기업의 경영 현황, 재무 상태, 성과를 알 수 있는 가장 효과적인 방법은 그 기업의 재무제표를 살펴보는 것이다. 재무제표를 구성하는 복잡한 회계 기준을 모두 다 알긴 어렵지만, 기본 개념은 알고 있을 필요가 있다. 재무 분석의 가장 큰 장점은 기업을 객관적인 기준으로 평가하여 순위를 매길 수 있다는 점이다. 아무래도 저평가된 기업들은 수요가 몰려서 가격이 상승할 여력이 크다고 기대할 수는 있다. 다만 이런 접근법의 흠이라면 기업의 미래 이익을 정확히 추정하기가 어렵다는 것이다. 이 문제를 해결하기 위해 각 분야의 전문 투자 분석가들이 노심초사하고 있지만, 아직도 완벽한 해결책을 찾지 못한 듯하다. 개인투자자들은 두말할 것도 없다.

좋은 종목을
고르는 요령

　　　　　주식투자에 성공하는 핵심 원칙은 '좋은 기업을 상승할 때 사는 것'이다. 사실, 상승하는 시점이 언제인지를 알면 종목에 관계없이 주식투자로 성공할 수 있다. 어떤 순간을 상승 시점이라고 판단할 것인지는 투자자 자신이 선호하는 원칙을 만들어 적절히 대응하는 방식으로 해결하면 된다. 투자자가 선호하는 매매 시점 포착 방법이 있으면 그것으로 충분하다. 예를 들어 이동평균선이 정배열을 형성하고 있는 종목을 매수하거나, 거래량이 늘면서 신고가를 형성하는 종목을 매수하는 것처럼 잘 알려진 매매 시점 포착 방법을 따를 수도 있고, 눌림목 매수와 같은, 자신이 선호하는 방법을 사용할 수도 있다. 상승할 때 매수한다는 판단의 기준이 있으면, 그 흐름이 훼손되었을 때 빠져나오는 원칙도 함께 준비할 수 있기 때문에 시장 흐름과 어울리는 매매를 할 수 있다.

시장에 상장되어 있는 종목은 모두 가격이 오르고 내린다. 그중에서 오랫동안 상승 흐름을 이어갈 수 있는 종목은 아무래도 좋은 종목에서 나올 가능성이 크다. 주식투자는 가능성의 게임이기 때문에 자신에게 유리한 확률적 승산이 있는 종목 선택 방법을 적용해야 한다. 좋은 종목은 어떤 기준에 따라 투자할 대상 종목들의 서열을 매겨서 선택한 종목이다. 재무적으로 좋은 기업을 고르려면 재무제표를 들여다봐야 하고, 테마나 시장의 인기에 주목한다면 관련 기업들 중에서 투자 우선순위를 정해 선택해야 한다.

좋은 종목을 한마디로 정의한다면, 매출이나 이익이 좋으면서 현재 저평가된 종목이다. 이런 기준에 맞춰 고른 종목들을 자신이 정한 규칙에 따라 상승 흐름으로 바뀔 때 매수하면 된다. 다음과 같은 요령으로 고르면 무난하게 종목을 선정할 수 있다. 첫째는 매출이나 이익이 좋은 회사를 먼저 고른다. 둘째는 그 회사들이 저평가되었는지를 객관적인 기준으로 판단한다. 이 2가지 기준에 부합하는 종목을 관심 종목에 편입해두고 계속 흐름을 주시하고 있다가, 자신이 정한 매수 기준을 충족할 경우에 매수하고, 매도 신호가 발생하기 전까지 보유하면 성공 가능성을 높일 수 있다.

수익을 내는 회사를 고르기 위해서는 회사의 미래 이익을 추정하는 것이 가장 중요하다. 그러나 예측하기 어려운 측면도 있기 때문에 현재 이익을 잘 내고 있는 회사가 앞으로도 이익을 낼 가능성이 크다고 여겨 종목을 고른다. 구체적으로 말하면 자기자본이익률

(ROE)이 높은 기업이 이익을 낼 가능성이 크다고 볼 수 있다. ROE가 10%라고 하면 연초에 1만 원을 투자해서 연말에 1000원의 이익을 얻었다는 뜻이 된다. ROE가 높을수록 자본을 효율적으로 사용하여 이익을 많이 내는 기업이라는 뜻인데, 그 기준에 따라 상장된 모든 기업의 순위를 매길 수 있다. 여기서 상위권에 자리 잡은 기업들은 대부분 우량 기업으로 평가된다.

그다음에는 시장 평균보다 낮은 저PER주를 선택하거나 저PBR주를 택하는 것이 합리적인 종목 선정 방법이다. 이렇게 하면 저평가된 우량 기업을 저렴하게 매수할 가능성이 크다. 이렇게 고른 종목들을 관심 종목으로 지정해놓고 자신의 매매 시점 선택 기준을 충족하는지를 살펴보면 된다.

이러한 종목들을 투자자들이 쉽게 찾아볼 수 있는 곳이 있다. 증권 정보를 제공하는 팍스넷(www.paxnet.co.kr) 투자 전략 메뉴에 있는 컨센서스 랭킹 서비스를 이용하면 된다. 이 서비스는 증권사 전문 분석가들의 실적 추정치를 모아서 고ROE 종목, 주당순이익 증가율 상위 종목 등을 소개하고 있다. 여기에 소개된 종목들을 관심 종목에 모아놓고, 상승 흐름을 타고 있는 종목을 매수하면 무난하게 투자할 수 있다.

시장에서 만나는 우량 기업들은 주식 가격이 높게 형성되는 경향이 있다. 앞으로 가격이 상승할 가능성이 높은 종목에 투자해야 하는데, 이미 높은 가격에서 거래되고 있다면 매매차익을 얻기가 쉽지 않다. 좋은 회사임은 분명한데, 이 회사에 투자해서 매매차익을 얻을 수 있느냐 하는 것은 어찌 보면 별개의 문제가 된다. 시장 분위기에 따라 회사의 기본적인 가치와는 다른 가격 흐름을 보이기도 한다.

오늘 어떤 기업의 예상 실적이 크게 좋아질 것이라는 정보를 은밀히 들었다. 그런데 주가가 상승하지 않는다면 어떻게 대응할 것인가? 기업의 미래 이익을 합리적으로 추정해서 매수했는데, 실제로 주가가 추정대로 움직이지 않는다면 어떻게 할 것인가? 시장에는 투자자를 바보로 만들기 위해 유포되는 수많은 거짓 정보들이 있다. 어떤 정보를 믿고 매수해서 손실을 입었을 때, 그래도 자신의 판단이 옳으니 손실을 감수하고 버틸 것인가? 아니면 판단의 잘못을 인정하고 빠져나올 것인가?

필자는 나름대로 손쉽게 대처할 수 있는 방법을 갖고 있다. 우선 이익을 많이 내고 있는 기업들의 순위를 참고하여 업종별로 관심 종목을 만들어놓는다. 그다음에는 시장 가격의 흐름에 주목한다. 시장 가격이 오르면 기업의 실적이 더 좋아질 것이라 생각하고, 시장 가격이 내리면 기업의 실적이 더 나빠질 것이라고 생각한다. 만일 어제 올랐다가 오늘 하락하면? 그러면 어제는 좋아질 것이라 생각하고, 오늘은 나빠질 것이라고 생각한다. 너무 단순한 대처법인가? 이 방법을 어떻게 현실적으로 적용할 것인지는 구체적으로 다시 언급할 예정이니 마음 급한 독자들은 조금만 기다려주시길.

시장 가격은 그 자체로 진리다. 모든 것이 시장 가격에 반영된다. 어떤 정보를 미리 알고 있는 투자자라도 시장 가격을 움직이지 않고는 어떤 이익도 취할 수 없다. 공식적으로 발표된 모든 정보와 비공식적으로 유통되는 모든 정보가 주가에 반영되기 마련이다. 지금 형성된 시장의 현재가에 모든 것이 반영된다. 투자자는 이 현재가를 두고 기회를 포착하여 대응해나갈 뿐이다.

시장수익률과 함께
가는 착한 투자

　　　　　　투자자는 누구나 시장 평균을 넘는 초과수익을 얻으려고 한다. 초과수익을 얻으려면 투자한 종목이 시장 평균수익률보다 높은 성과를 내거나, 매매 시점 선택이 잘 맞아떨어져야 한다. 그런데 개인투자자는 말할 것도 없고 전문투자자들조차 시장에서 종목을 고르는 능력이 형편없다는 사례보고서는 수도 없이 많다. 잘 알려진 실험 결과에 따르면, 앵무새나 원숭이가 무작위로 고른 종목의 포트폴리오가 전문가의 실적을 능가할 정도다. 운용 초창기에 성공한 펀드에 자금이 몰리면서 수익률이 곤두박질친 사례도 있다. 미국의 사례이지만 뱅가드그룹의 존 보글(John Bogle)에 따르면, 펀드매니저의 90%가 시장수익률보다 뒤처졌다고 한다. 모닝스타와 같은 펀드 평가 기관에서도 비슷한 분석 결과를 내놓았다. 과거에 시장 평균보다 높은 성과를 낸 전문가들도 계속해서 시장수익률보다 좋지는 않았다고 한다.

적극적으로 종목을 발굴하고, 좋은 매매 시점을 찾으려는 펀드들이 시장수익률을 따라가지 못하는 것은 높은 비용을 지불하는 구조도 하나의 원인이 된다. 그래서 거래 비용이 낮고 최소한 시장수익률만큼이라도 얻을 수 있는 펀드에 가입하는 것이 최선이라는 주장도 있다. 인덱스 펀드가 적극적 전략을 사용하는 펀드보다 장기적으로 앞서는 이유는 바로 비용 절감에 있다. 인덱스 펀드는 지수를 구성하는 대부분의 종목을 시가총액 방식으로 구성한 펀드다. 이 인덱스 펀드에 가입하면 최소의 비용으로 시장 전체를 매수하는 것과 같은 효과를 기대할 수 있다. 주식시장에서는 상장지수펀드(ETF)를 통해 시장이나 업종 그 자체를 매매하고 싶은 투자자들의 욕구를 어느 정도 해결할 수 있다.

종목 선정과 매매 시점 파악이 그처럼 마음먹은 대로 잘되는 것도 아니고, 이상하게 자신이 팔고 나면 그 종목의 가격이 오르는 경험을 많이 하는 투자자라면 마음 편하게 투자 자금의 절반 정도는 ETF 종목을 매수하는 것도 좋다. 최소한 시장수익률과 함께 갈 수는 있다. 시장 전체에 투자할 것을 권하는 전문가들은 시장을 그냥 매수하고, 아무것도 하지 않고 기다리는 것이 오히려 돈을 버는 지름길이라고 강조한다. 주식시장은 장기적으로 성장할 것이고, 기대수익률이 다른 투자상품들보다 월등히 뛰어날 것이라는 믿음이 있으면, 괜히 매매를 반복하면서 실수하지 말고 우직하게 기다림의 미덕을 보이라는 것이다.

이렇게 인덱스 상품이 있어서 누구나 저렴한 비용으로 효과적인 분산투자를 할 수 있게 된 것은 잘된 일이다. 시장 전체의 포트폴리오는 개별 종목보다 진폭이 그리 크지 않다. 안정적인 투자를 선호하는 사람에게는 안성맞춤인 투자상품이다. 이처럼 인덱스 투자는 너무나 정직하고, 착한 투자 방법이다. 시장 전체가 크게 오를 때까지 꾹 참고 견딜 인내력만 갖추고 있으면 된다.

그런데 이런 '착한' 투자 방식에 만족할 투자자는 실제로 많지 않을 듯싶다. 시장수익률을 따르는 투자는 시장이 장기적으로 성장할 것이라는 전제가 깔려 있다. 만일 시장이 지지부진하거나 하락하면 손실이 불가피하다. 이런 경우에도 자신은 시장수익률을 따랐으니 만족한다고 할 수 있겠는가? 투자 전략의 핵심은 제한된 위험으로 보다 많은 수익을 내는 것이다. 더 나은 방법이 있는지 찾으려고 노력할 필요가 있다. 시장수익률에 못 미칠 가능성이 크다는 것이 시장 평균보다 높은 수익을 내려는 노력조차 포기할 이유가 되지는 못한다.

실제로 시장수익률을 뛰어넘는 수익을 얻는 투자자들도 존재하고, 다양한 레버리지 상품을 활용하여 보다 좋은 투자 모델을 구성하는 경우도 존재한다. 자신의 투자 성향에 따라 안정적인 투자를 선호한다면 인덱스 투자가 효율적인 선택이 될 수 있지만, 어느 정도 위험을 감수할 의향이 있다면 지수상품만 사놓고 투자를 끝마쳤다고 만족하기에는 탐구해야 할 영역이 아직 많이 남아 있다. 주식과 파생상품을 결합하여 투자할 수도 있고, 방향을 따르는 전략 이외에도 움직이는 범위에 대응하는 여러 전략을 구사할 수 있다.

필자는 시장수익률을 따르는 기본적인 투자 모델을 기반으로 성격이 다른 투자 전략을 결합하여 초과수익을 낼 수 있도록 하는 것이 가장 효과적이라고 생각한다. 시장의 방향에 편승하는 모델에 시장의 변동 범위를 예측하여 초과수익을 올리는 전략을 사용할 수 있다. 예를 들어 주식이나 시장을 매수해놓고, 옵션으로 변동성 범위 거래를 하는 것이다. 하락 흐름에는 적절한 헤지를 통해 손실을 관리한다.

성공적인 투자는 자신이 감내할 만한 위험 수준을 정해놓고, 최대의 성과를 낼 수 있도록 투자 모델을 개발하고, 전략대로 실행하면서 수익을 복리로 쌓아가는 과정이라고도 말할 수 있다. 몰라서 행하지 못하는 것과 알고 선택하는 것은 전혀 다른 문제다. 시장수익률을 염두에 두고 초과 성과를 낼 수 있도록 투자 모델을 만드는 데 지금보다 더 집중할 필요가 있다.

시장과 전략, 거래 주기도 분산하라

분산투자는 투자에서 매우 중요한 요소다. '계란은 한 바구니에 담지 마라'는 격언을 들어보았을 것이다. 분산된 투자는 위험을 낮추고 안정적으로 계좌를 관리할 수 있게 해준다. 분산투자는 크게 3가지 측면에서 살펴볼 수 있다.

- 시장과 상품의 분산
- 대응 전략의 분산
- 거래 주기의 분산

첫째, 거래하는 시장과 상품의 분산이다. 주식시장 내의 다양한 업종이나 종목에 나누어 투자하는 것뿐만 아니라 국제 분산 포트폴리오, 파생상품, 원자재, 원유, 외환시장 등 투자 가능한 모든 투자 상품에 자금을 분산하는 것이 좋다. 수익을 얻으려면 자신에게 유리한 가격 변동이 크게 나타나야 하는데, 투자하는 시장이 다양할수록 유리한 기회를 얻을 가능성도 커진다.

둘째, 대응 전략의 분산이다. 하나의 전략으로는 시장에서 항상 수익을 낼 수 없다. 투자가가 선택한 전략이 큰 추세가 형성되었을 때 그 흐름을 따르는 전략으로 구성되어 있다고 가정해보자. 시장이 추세를 형성하지 않고 좁은 범위에서 등락을 반복하면 이러한 전략은 진입과 손절 청산을 반복하게 된다. 시장은 대개 그러할 뿐, 절대 과거와 똑같은 흐름으로 진행되지 않는다. 비슷하게 보여도 지금 이 순간은 처음이자 마지막으로 나타나는 흐름이다. 지금 이 국면에서 어느 전략이 더 성과가 좋을지는 알 수 없다. 자금 여유가 있는 대로 다양한 전략을 선택하여 분산하는 것이 더 많은 기회에 동참할 수 있는 방법이다.

셋째, 거래 주기의 분산이다. 거래 주기를 바꾸면 투자 판단이 달라질 수 있다. 60분봉, 일간, 주간 기준으로 참조하는 시간 주기가 달라지면 시장 대응도 달라진다. 어떤 결정을 내릴 때 자신이 채택한 거래 주기보다 더 큰 주기의 흐름을 참조하면 성급한 판단을 피하는 데 도움이 된다. 예를 들어 주간 흐름이 상승이라고 판단되면 일중 거래에서 매도는 하지 않고 매수 진입과 청산을 반복하는 것이다. 이렇게 하면 큰 흐름의 영향을 전략에 포함할 수 있을뿐더러 큰 흐름과 맞서는 매매를 피할 수 있다. 거래 횟수도 적절히 제어가 된다.

전 세계 주식시장에서 한국 시장이 차지하는 비중은 2%에 못 미친다. 전체 시장의 관점에서 보면 국내 주식시장은 마치 개별 종목처럼 비중이 낮다. 개별 종목의 위험을 낮추기 위해 분산투자를 하듯이 개별 국가의 투자 위험을 낮추기 위해서는 국제 분산투자를 고려해볼 필요가 있다. 선진국과 신흥 시장의 유망 종목에 골고루 투자하면 그 종목 중에서 높은 성장 흐름을 보이는 종목을 만날 가능성이 더 크다.

국제 분산투자를 손쉽게 하려면 리딩투자증권의 포도(PODO) 서비스를 이용하는 것이 좋다. 전 세계 투자 대상 종목 중에서 유망하고 좋은 종목들을 모아놓았기 때문에 국제 분산투자를 손쉽게 실행할 수 있다. 다양한 주제별로 미리 종목들을 선정하여 포트폴리오를 구성해놓았다. 따라서 투자자는 자신의 선호에 따라 다양한 종목에 분산투자할 수 있다. 예를 들어 물의 오염과 부족으로 위협받는 자연과 사람을 위해 물의 정제 사업 및 사회봉사를 하고 있는 기업에 투자하고 싶으면 물(Water) 포도를 선택하면 된다. 그러면 미국의 에이콤(AECOM), 비올리아(Veolia), 중국의 북경수도그룹, 한국의 두산중공업, 코오롱인더스트리와 같은 기업들에 투자할 수 있다.

고령화 시대가 다가오고 있는 상황에서 노년층을 위한 실버 사업을 계획하고 있는 기업에 투자하고 싶으면 의료 기술과 여가 산업 관련 기업들로 구성된 골든 시니어 포도를 선택하면 된다. 미국의 화이자, 존슨앤드존슨, 머크, 푸르덴셜, 중국의 연방제약, 중국평안보험, 샹그릴라아시아, 한국의 녹십자, LG생명과학, 삼성생명, 하나

그림 2-3 국제 분산투자를 할 수 있는 포도 서비스

투어 같은 기업들에 투자할 수 있다.

   이외에도 인플레이션 헤지, 모바일 컨버전스, 착한 기업, 소셜 네트워크, 배당주, 톱 브랜드, M&A, 원자재, 중국 소비 수혜주 등과 같이 다양한 주제별로 국내와 해외 주식들에 대한 직접 투자가 가능하다.

   효율적인 분산투자를 하려면 종목별 상관계수를 구한 뒤 상관도가 낮은 종목들로 포트폴리오를 구성하는 것이 좋다. 상관계수는

+1~-1 사이의 값을 갖는데 +1일 경우는 동일한 움직임을 보이고, -1일 경우는 정반대의 움직임을 보인다. 그런데 현실적으로 종목 간의 상관계수를 일일이 파악하는 것은 불가능에 가깝다. 따라서 가급적 성격이 다른 종목들에 나누어 투자하는 것이 좋은데, 국제 분산투자는 이러한 의도에 잘 맞는 투자 방법이다. 각국의 경기 변동이 동일하지 않고, 지역적으로 나뉘어 있어 상관도도 높지 않기 때문에 분산투자에서 얻을 수 있는 장점을 십분 활용할 수 있다.

개별 종목을 선택하지 않고 국제 분산투자를 하려면 국내에 상장되어 있는 선진국과 신흥 시장의 상장지수펀드(ETF) 종목을 매수하는 것도 괜찮다. 선진국 시장과 한국, 중국, 브라질 등 신흥 시장에 분산투자할 수 있다. ETF 시장에는 투자자들의 욕구를 충족시킬 다양한 종목들이 상장되어 있다. 채권, 농산물, 달러, 금은선물과 같이 일반 투자자들이 직접 투자하기가 쉽지 않은 상품에도 투자할 수 있고, 주가가 하락할 때 수익을 낼 수 있는 종목도 있어 유용한 투자 대상이 될 것이다. 일부 종목들은 아직 거래량이 많지 않아서 유동성에 문제가 있다는 것이 약점이 되기도 하는데, 점차 활성화되고 있는 추세라서 이러한 약점들도 조만간 극복할 것으로 보인다.

시장에서 돈을 버는
3가지 방법

시장에서 수익을 내는 방법은 크게 3가지가 있다.

- 시장이 움직이는 방향에 편승한다.
- 시장이 움직이는 범위를 알아맞힌다.
- 시장의 가격 불균형에 대응한다.

대부분의 투자자들이 시장 가격의 위아래 움직임에 편승하여 매매차익을 얻으려고 한다. 시장 가격은 끊임없이 위아래로 움직이면서 흘러가기 때문에 그 흐름을 잘 따라다니면 '매매차익'이라는 수익을 얻을 수 있다. 매수하고 나서 운 좋게 가격이 상승하고 있으면 이익을 얻고, 가격이 떨어지면 손해를 볼 뿐이다. 여기에는 어떤 복

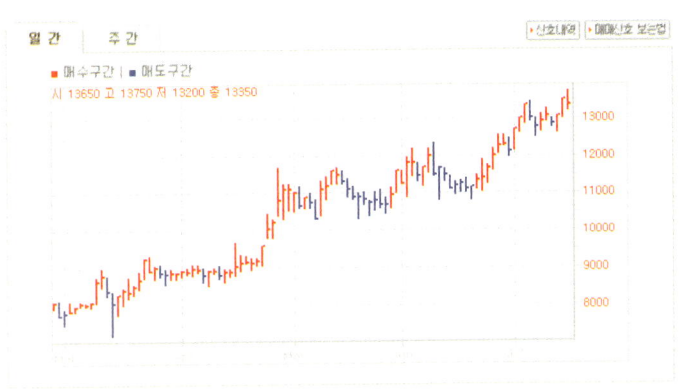

그림 2-4 상승 흐름에 편승하기의 예(무학)

잡한 요소도 들어 있지 않다. 시장이 내 희망과 기대대로 움직이지 않는다는 사실만 인정하면 시장의 방향에 편승하여 수익을 내고자 하는 노력에 어떤 비밀도 숨어 있지 않음을 알 수 있다. 그림 2-4와 같은 흐름의 어느 지점에서 매수하고, 상승 흐름이 훼손되는 지점에서 손절 수준을 정해놓고 그 흐름이 이어지고 있는지를 지켜보면 된다.

시장에서 수익을 내는 방법은 이렇게 방향에 편승하는 방법만 있는 것이 아니다. 시장이 움직이는 범위를 알아맞혀도 수익을 낼 수 있다. 주로 한 달이라는 주어진 기간에 시장이 움직일 수 있는 폭을 예측하여 도달 가능성이 높은 종목은 매수하고, 도달 가능성이 낮은 종목은 매도하여 수익을 내는 것이다. 이 방법은 지금 시점에서의 상승과 하락의 방향을 알아맞히지는 못해도 움직임의 예상 범위를 적절히 구성하면 이길 확률이 높은 전략을 만들어낼 수 있다는 게 특징이다. 주로 옵션 상품을 활용하여 이러한 투자 전략을 실행할 수 있는데, 뛰어난 투자 모델을 만들고자 한다면 반드시 이 전략의 특성을 알고 있어야 한다.

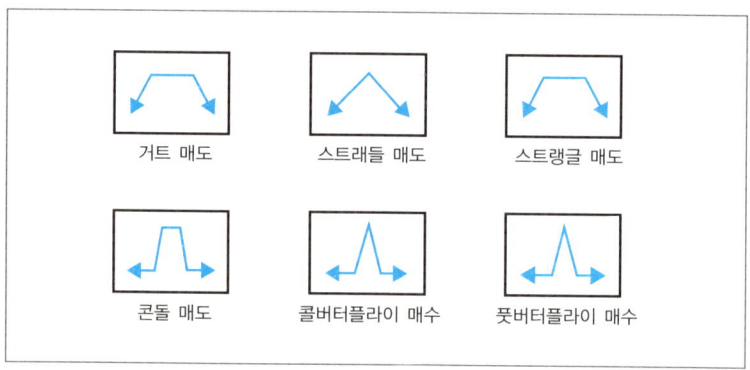

그림 2-5 옵션 범위 포지션

그림 2-5에서 볼 수 있듯이 옵션이 움직이는 범위를 정해 투자할 경우 옵션 매도자는 지수가 일정한 범위 내에서 오락가락하거나 변동 폭이 크지 않을 때, 매수자가 지불한 프리미엄을 수익으로 챙길 수 있다. 넓은 범위의 수익 구간을 갖고 있는 옵션 매도자가 확률적으로 승률이 높다. 하지만 그 범위를 크게 벗어나는 급격한 변동이 발생하면 재앙에 가까운 손실 위험이 있다. 실제 거래에서는 이러한 위험을 회피하기 위해 매수와 매도를 적절히 합성하여 투자를 하게 된다.

매일 거래되는 시장에서는 온갖 이유로 가격 불균형이 발생한다. 주로 주식시장과 거기서 파생된 상품은 실제로 같은 가격에 수렴되어야 하는데, 거래과정에서 일시적인 시장 충격도 있고, 거래자의 시장 전망에 따라 가격 괴리가 생기는 경우도 있다. 같은 상품이 어느 시점에서 동시에 다른 가격으로 형성될 경우, 비싼 것을 팔고 싼 것을 사면 큰 위험 없이 수익을 얻을 수 있다. 이를 시장에서는 '차익 거래'라고 부른다. 이 거래 덕분에 모든 상품이 적정 가격을 유지할 수 있다. 차익 거래는 작은 위험으로 고정된 수익을 얻을 수 있는 좋은 투자 방법이지만, 일반 투자자가 실행하기에는 적합하지 않다. 매매 비용 문제뿐 아니라 시스템적인 환경 문제도 있고, 시장 참여자가 많아질수록 차익 거래 기회를 얻기가 어려워서 수익이 줄어들기 때문이다.

자신의 투자
스타일을 정하라

　　　　우리는 태어나서 삶의 마지막까지 매 순간 누군가와 마주치며 살아간다. 이 우연한 마주침이 어떤 사건을 낳고, 결과를 알 수 없는 소용돌이로 몰아간다. 미리 정해져 있지 않은 인생을 살아간다는 것이 삶의 재미를 더하는 요소임에는 분명하다. 그래서 더 노력하고, 의미 있는 시간들로 채우려 하는 게 아닐까?

　시장에 들어오면 수익을 얻기 위해 경쟁하는 수많은 투자자들과 마주친다. 자신도 시장의 일부가 되어서 어떻게 흘러갈지 모르는 가격의 수레바퀴를 굴린다. 서로가 서로에게 영향을 주고받으며 지금 이 순간에도 최선을 다해 자신의 목표를 달성하기 위해 애쓰고 있다. 무언가 확실한 것이 있다면 그 순간 시장은 성립하지 않을 것이다. 이 불확실한 상황에서 어떻게 하면 최선의 결과를 얻을까?

투자자마다 재무 목표가 다르고, 투자 자금의 성격이 다르다. 노후에 쓰려고 남겨놓은 마지막 투자 자금이라면 높은 수익률을 추구하면서 그에 수반되는 위험을 끌어안아서는 안 된다. 오히려 투자하지 않는 게 더 현명한 선택이라고 할 수 있다. 그런데 이제 막 자금을 모으고 있으며, 어느 정도의 손실을 감당할 수 있다면 수익률을 높일 수 있는 전략을 개발하여 모험을 해보는 것도 필요하다.

과연 무모한 투자는 나쁜 것인가? 시장에서는 무모한 투자도 하나의 과감한 선택이다. 옵션 시장에서는 매수 대금의 전액 손실 위험을 안고 10배, 100배의 수익을 올리려는 투자자들이 있다. 자신의 모든 것을 내던지지 않고는 단기간에 큰 수익을 올릴 수 있는 방법이 없다.

기회가 있는 상품에 감당할 수 있는 규모의 자금을 거는 것은 자신의 계좌를 불릴 수 있는 또 하나의 좋은 선택이다. 투자 원금에서 어느 정도의 손실을 감당할 수 있을지를 정하고, 결심이 섰다면 레버리지가 높은 상품에 투자하는 것이다. 단기간에 큰돈을 번 투자자들은 예외 없이 높은 레버리지를 활용해서 돈을 불렸다. 현실적으로는 많은 투자자들이 그렇게 노력하다가 시장에서 장렬히 전사하기도 하지만, 그러한 선택도 자기 성향에 맞다면 해볼 수 있다고 본다. 중요한 점은 준비되어 있지 않으면 이렇게 높은 수익을 올릴 수 있는 기회가 와도 활용하지 못하게 된다는 것이다.

따라서 자신이 어떤 성향의 투자자인지를 숙고해보아야 한다. 자신의 성향에 맞는 거래 주기와 매매 방법을 정하고, 그에 어울리는 투자 모델을 설계해야 한다. 자기 성향에 맞지 않는 전략은 몸에 맞지 않는 옷을 입고 다니는 것처럼 부자연스럽고, 그런 전략으로는 매매를 오랫동안 끌고 갈 수 없다. 자신의 투자 스타일을 정하는 것은 앞으로의 투자 일생을 결정짓는 중요한 문제다.

단기 투자가 자신에게 맞는지, 장기 투자가 더 어울리는지를 결정하고, 그 결정에 따라 소신껏 거래 전략을 구성하면 된다. 남의 시선을 의식할 필요는 없다. 전체 자금에서 레버리지가 높은 상품에는 어느 정도를 할당할 것인지를 정하고, 그 상품에 맞는 매매 기회를 포착하는 전략을 준비하면 된다. 그러한 손익의 롤러코스터에 자신을 노출시키고 싶지 않으면 보다 안정적인 진폭을 보이는 투자상품을 고르면 된다. 이 모든 것은 스스로 결정해야 한다. 누구도 자신에게 맞는 투자 스타일을 알려주지 않는다.

일반 투자자들은 거래 주기 선택에 있어 매우 유연하다. 돈만 벌면 되지, 장단기를 구분하는 게 뭐 그리 중요하냐고 생각한다. 하지만 그렇지 않다. 시장에서 장기 투자를 하는 일반 투자자들은 자신이 스스로 선택한 것이 아니라 가격이 하락하니까 팔지 못하는 경우가 많다. 이것은 장기 투자가 아니다. 그냥 평가 손실을 인정하기 싫어서 고집을 부리는 것일 뿐이다.

장기 투자의 장단점

장기 투자의 장점은 신중한 종목 선정, 단기적인 가격 등락에 영향을 받지 않고 큰 추세에 편승할 수 있다는 것이다. 적어도 6개월에서 1년 이상의 기간을 보유하게 되니 가까이서 시장을 대할 수 없는 투자자에게 적합한 거래 주기다. 5~10배 이상 상승하는 홈런 종목은 장기 투자에서만 만날 수 있는 즐거움이다. 이를 위해 기본적 분석으로 투자 종목을 선정하고, 주봉이나 월봉을 통해 역사적 저점을 형성하고 상승 흐름으로 바뀐 종목을 찾아야 한다. 실적도 좋아야 하고, 시대정신에도 부합해야 한다. 이때는 손실 허용 한도를 넓게 두어야 일시적인 가격 흔들림에 좌우되지 않는다. 수수료나 세금과 같은 거래비용도 줄일 수 있다. 시스템 설계도 세밀히 할 필요가 없다. 역사적 저점에서 상승 반전된 종목이나, 장기 이동평균선이 상승 흐름을 이어가고 있으면 매수한 뒤 기다리면 된다. 증권사 직원에게 얼마로 떨어지면 청산해달라는 주문만 넣어놓고 가격 움직임을 지켜볼 필요도 없다.

장기 투자의 단점은 이런 시대정신에 부합하는 종목을 찾기 어렵다는 점이다. 지나고 나서 보면 큰 상승 흐름이 이어져온 것을 알 수 있지만, 시세 흐름이 진행되는 초기에 이러한 종목을 발견해서 투자하기가 결코 쉽지 않다. 여러 투자 유망 종목에 분산투자하면 홈런 종목을 만날 가능성이 그래도 커질 텐데, 투자자가 거래 주기를 유지하기는 어렵다. 시장은 끊임없이 수익 기회를 보여주면서 등락을 거듭한다. 수익을 얻고자 노력하는 투자자가 그런 움직임을 묵묵히 지켜보기란 쉽지 않다. 차라리 지켜보질 말아야 한다. 시장 흐름을 지켜보면서도 장기 투자를 할 수 있다면 지금 '하산'하셔도 좋을 듯싶다. 이미 평범한 범부를 넘어 도인의 경지에 도달한 분이다.

올바른 장기 투자는 주가가 시장에서 빠져나오겠다고 사전에 정해놓은 가격 위에서 움직이고 있어 종목을 오랫동안 보유하게 되는 것이다. 이런 관점에서 보면 장기 투자는 모든 투자자의 꿈과도 같다. 투자 기간이 길어질수록 계좌 잔고가 풍성해지기 때문이다. 장기 투자라는 거래 주기를 고집하기보다는 정해놓은 투자 원칙이 장기 투자가 될 수 있도록 투자 설계를 하는 것이 중요하다.

앞으로 1년 이상 보유할 종목을 지금 고른다고 생각해보시라. 손에 잡히는 종목이 있는가? 만일 없다면 절대로 장기 투자를 생각하면 안 된다. 그냥 시장의 흐름에 융통성 있게 대응하겠다고 생각하는 것이 더 낫다. 그런 투자자는 단기 투자자다. 자신은 단기 투자자임을 선언하고 그에 걸맞게 투자 모델을 만들어야 한다. 이렇게 자신이 선호하는 거래 주기를 분명히 해야 막연히 보유함으로써 손실을 크게 키우는 위험을 관리할 수 있다.

단기 투자의 장단점

장기와 단기의 거래 주기 모두 장단점이 있어서 어떤 거래 주기가 더 좋다고 말하는 것은 아무런 의미가 없다. 자기 몸에 편안한 거래 주기를 선택하면 된다. 그런데 단기 투자는 장기 투자와 다르게 몇 가지 큰 결심을 해야 한다.

첫째, 포지션을 당일 청산하는 데이트레이딩을 할 것인지, 아니면 포지션을 하루 넘게 보유하는 스윙트레이딩을 할 것인지를 정해야 한다. 스윙은 짧게는 2~3일, 길게는 1~2주의 기간 동안 포지션을 유지하며 가격의 움직임에 대응하는 매매 방법이다. 포지션을 하루 넘기느냐 아니냐에 따라 사용할 수 있는 거래 전략이 크게 달라진다. 데이트레이딩으로 거래하기로 했다면 주식은 그다지 적합한 투자 대상이 아니다. 주식을 매도할 때 납부하는 증권거래세도 적은 비용이 아닐뿐더러, 변동성이 살아 있는 종목을 고르고, 투자 종목을 집중하기가 그리 만만한 일이 아니기 때문이다. 데이트레이딩이 자신에게 맞다면 선물과 옵션과 같은 파생상품에 집중하는 것이 더 효과적이다. 적은 비용으로 레버리지를 이용할 수 있어 단기에 큰 수익을 얻는 것도 가능하다.

둘째, 투자 모델을 정교하게 설계해야 한다. 단기 투자는 시장과 엇박자가 이어지면 아주 짧은 기간에 큰 손실을 입을 수도 있다. 부담하는 위험 대비 이익 규모도 그리 크지 않은 편이어서 정교한 투자 모델이 아니면 살아남기 어렵다. 단기 투자는 많은 매매를 반복하면서 수익을 누적시켜가는 거래 방법이라 시스템 거래의 진가가 드러나는 거래 주기이기도 하다. 그 많은 매매를 사람이 손으로 직접 한다고 상상해보시라. 한마디로 사람이 할 일은 아니다.

셋째, 거래 주기를 고수해야 한다. 거래하는 도중에 단기 투자를 장기 투자로 바꾸면 안 된다. 특히 손실을 입고 있는 상황에서 거래 주기를 바꾸는 것은 투자를 포기하는 것과 같다. 단기 투자의 장점 중 하나가 손실이 커지는 것을 피할 수 있다는 점인데, 거래 주기를 수시로 바꿔서 원칙을 지키지 않으면 계좌도 지킬 수 없다.

단기 투자는 스릴을 좋아하는 투자자가 선호한다. 하루에도 위아래로 요동치는 시장을 보고 있노라면 이게 무슨 의미가 있겠나 싶은 회의감이 들 때도 있다. 그냥 서로 치고받는 난타전이 매일 반복될 뿐이다. 그래서 감정적으로 크게 동요하게 되고, 쉽게 흥분하고 쉽게 좌절한다. 이런 감정의 롤러코스터는 투자를 망치는 주범이라 할 수 있다. 모든 계획이 중요하지만, 특히 투자 계획 없이 단기 투자에 참여한다는 것은 내 돈을 전문가에게 헌납하는 기부활동과 마찬가지라고 생각해야 한다. 전략이 없으면 망하는 것은 시간문제라는 냉엄한 시장의 현실을 결코 잊어서는 안 된다.

제3장

투자의 출발 –
내마음의 기준선

투자의 출발 –
내 마음의 기준선

자신의 투자 전략이 긍정적 기대를 가지려면 전략을 단순하게 만드는 것이 중요하다. 이를 영어 약자로 'KISS(Keep It Simple, Stupid!)하라!'라고 쓴다. 시시각각 변하는 시장에서 망설임 없이 결정을 내리려면 전략이 단순해야 한다. 전략이 단순하면 어린아이에게도 자신의 투자 전략을 설명할 수 있다. 고생고생해서 전략을 만들었는데, 전략이 복잡하면 시장 흐름에 효과적으로 대응할 수 없다. 복잡한 전략에는 고려해야 할 변수가 많아서 결정을 내리는 데 시간도 많이 걸리는 데다, 변수마다 최종 결론이 다르게 나오기도 한다. 5%의 손실이 발생하면 시장에서 빠져나오려고 준비했는데, 다른 분석에서는 지금 청산하지 않는 편이 좋겠다고 하면 실행을 주저할 수밖에 없다. 이러한 상황을 여러 차례 겪으면 전략을 단순하

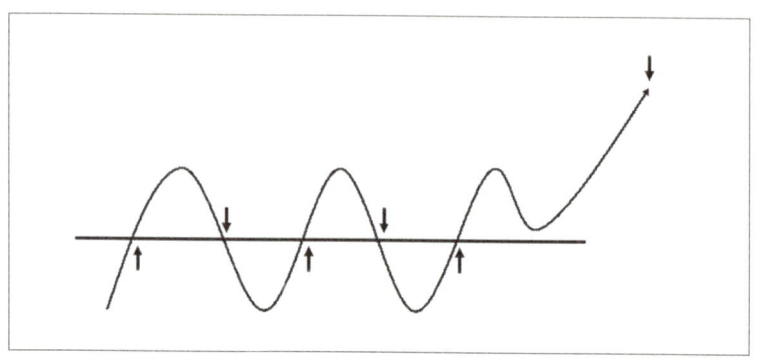

그림 3-1 기준선 매매

게 만든다는 것이 얼마나 중요한지를 실감하게 될 것이다.

지적 탐구 욕구가 큰 투자자는 전략에 무엇인가 복잡한 내용이 있으면 특별한 느낌을 갖는다. 단순한 전략으로는 성공할 수 없다고 믿고, 다른 사람이 따라 할 수 없는 자신만의 비법을 담으려 한다. 그런데 이러한 노력을 시장이 몰라주는 데 문제가 있다. 시장이 자신의 뜻대로 움직이지 않았던 경우는 셀 수 없이 많고, 그때마다 아무도 들어주지 않는 핑계거리를 찾는 헛된 수고를 한다. 자신을 합리화하는 것과 시장 흐름은 아무 관련이 없다. 어떤 투자자가 복잡하고 알아듣기 힘든 이야기를 하면 위축되지 말고 자신의 길을 묵묵히 걸어간다. 시장의 흐름에 쉽게 대응할 수 있는 자신만의 방법을 만들어 누가 뭐라 해도 그것을 준수해나가면 성공할 수 있다.

모든 투자자는 그림 3-1과 같이 움직이는 주가 흐름의 저점에서 매수하고, 고점에서 매도하고 싶어 한다. 지나간 주가 흐름을 다시

그림 3-2 기준선을 활용한 매매-에스엠

돌아보면 차트 위의 저점과 고점이 분명하게 보이므로 매매가 쉬워 보인다. 매매 시점만 잘 맞히면 마치 갈고리로 낙엽을 긁어모으듯이 세상의 돈이 자신의 것이 될 것이라는 착각에 빠지기도 한다. 하지만 현재 진행되는 시장 흐름에서는 지금이 저점인지 고점인지를 도무지 알 수 없다는 사실이 문제다. 저점으로 예상하고 매수했는데 예상과 다르게 크게 하락하여 낭패를 볼 수도 있고, 그 반대의 경우도 비일비재하다.

 이 문제를 해결하는 가장 손쉬운 방법은 '내 마음의 기준선'을 활용하는 것이다. 하나의 기준선을 중심에 두어, 그 위에서 매수하고, 그 아래에서 매도하는 관점으로 시장에 '대응'할 경우 시장이 이후 추세적으로 진행되면 자연스레 그 추세에 편승할 수 있다. 즉 시장 방향을 예측하고 투자히는 것이 아니라, 오늘 종가가 기준선인 2만 원을 넘으면 매수하고, 2만 원 아래에선 매도하는 단순한 방법이다. 이후 운 좋게 상승 흐름이 이어지면 수익을 얻게 된다. 그림 3-2의 그래프는 기준선 위에서 움직이면 빨간색으로, 기준선 아래에서 움직이면 파란색으로 표시했다. 자신이 정한 기준에 따라 어렵지 않게 매수와 매도를 결정할 수 있다. 이러한 대응 방법은 아직 나타나지 않은 미래를 예견하지 않고, 바로 지금 이 순간을 관찰하면서 반응하는 것이다. 시장의 큰 상승 흐름에 편승하는 경우는 자신이 정해 놓은 기준선의 상향 돌파와 하향 돌파를 따라 시장 대응을 꾸준히 지속하다가 겪게 되는 우연한 사건이라고 할 수 있다.

투자에 활용할 수 있는 기준선

내 마음의 기준선을 투자에 활용하기에 앞서 주가가 움직이는 특성을 다시 한 번 떠올려보자. 주가는 오르내림을 끊임없이 반복한다. 계속 상승하던 주가도 어느 시기가 되면 더 이상 상승하지 못하고 하락으로 전환된다. 상승의 저항 영역에 도달하면 그동안 이어오던 상승 흐름이 한풀 꺾이고 매물이 계속 출회되면서 매매 공방이 벌어진다. 저항 영역의 최고가가 저항선 역할을 하게 된다. 이 저항선을 상향 돌파하지 않으면 주가는 더 이상의 상승을 이어가지 못한다.

반대로 하락하던 주가가 매수세의 증가로 더 이상 하락하지 않게 되면 주가의 지지 영역이 만들어진다. 이 영역의 최저점이 주가의 지지선 역할을 하게 된다. 이 지지선을 하향 돌파하지 않으면 주가는 더 이상 하락하지 않는다.

주가는 이렇게 지지선과 저항선 사이에서 등락을 반복하며 움직이다가 어느 시기에 주어진 기간의 저항선을 상향 돌파하거나 지지선을 하향 돌파하면서 새로운 흐름을 만들어간다. 주가 흐름의 이러한 특성을 이용해 자신이 기준으로 삼고 있는 기간의 의미 있는 기준선에 주목하다가 그 기준선을 중심으로 매수와 매도 대응을 한다면 시장의 흐름과 크게 어긋나지 않게 투자할 수 있다.

투자자가 데이트레이딩과 같은 단기 매매를 한다면 오늘 하루의 지지와 저항 가격을 기준선으로 삼을 수 있다. 투자자가 장기 투자를 한다면 긴 기간의 의미 있는 가격을 기준선으로 삼을 수 있다. 기준선은 투자자가 자유롭게 선택하면 된다. 여기에 단 하나의 정답은 존재하지 않는다.

다음은 일반적으로 참고할 수 있는 기준선들이다.

- 신고가: 60일 신고가, 120일 신고가
- 신저가: 60일 신저가, 120일 신저가
- 차트 밀집 지역의 지지선과 저항선
- 이동평균선: 단기, 중기, 장기 이동평균가격
- 피봇 중심 가격: 전일의 고가와 저가와 종가를 더해서 3으로 나눈 가격
- 볼린저 밴드의 상단 · 하단 가격

- 최고가 대비 38%, 50% 조정 가격
- 일목 균형표의 전환선과 기준선
- 투자자 자신이 임의로 설정하여 적용하는 기준가

어떤 가격을 정해도 관계없다. 주가의 움직임을 관찰하다 보면 매수하고 싶은 형태를 발견할 수 있는데, 그때의 특정 가격을 기준선으로 정해 위에서 매수하고, 아래에서 매도한다는 원칙을 꾸준히 적용해나가면 된다. 물론 정해놓은 기준선을 중심으로 주가가 오락가락하면 손실 거래가 계속 반복될 수 있다. 이렇게 운이 없는 경우에 대비하기 위해 실제 거래에서는 한번 매수를 하면 시장의 일시적인 출렁거림을 견딜 수 있는 여유 폭을 두는 것이 좋다. 기준선인 1만 원을 넘으면 매수하고 그 아래에서 매도하려 했는데, 주가가 1만 100원과 9900원 사이를 계속 오르내리고 있다면 매수와 매도를 반복하면서 자신의 인내력을 시험하게 될 것이다. 이렇게 매매하는 것은 좋은 방법이 아니다. 의미 있는 기준선에서 매수했다면 적어도 2~3% 정도의 적당한 여유 폭을 가지고 지켜보면서, 기준선을 넘어선 주가가 안정적으로 움직이고 있는지를 확인할 필요가 있다.

그림 3-3은 삼성전자의 2011년 7월 15일 종가를 중심으로 의미 있는 기준 가격을 위아래로 배치한 도표다. 한눈에 현재의 주가 위치를 확인할 수 있다. 몇 가지 살펴보자.

삼성전자의 현재가는 83만 2000원이다. 52주 최고가는 101만 4000원이다. 52주 최고가 대비 18% 정도 하락한 가격이다. 13주 최

```
                                              07/15 16:00   ◆기업개요  ◆새로고침

        52주 최저가 대비 61.8% 상승  →  1,189,230
                                    1,015,770  ← 52주 최저가 대비 38.2% 상승
                         52주 최고가 →  1,014,000
                                      940,000  ← 13주 최고가
                     볼린저밴드 채널 상단 →  902,450
                                      899,840  ← 120일 이동평균값
                            4주 최고가 →  899,000
                                      874,780  ← 60일 이동평균값
                        피봇 2차 저항값 →  850,000
                                      848,250  ← 20일 이동평균값
                         5일 이동평균값 →  844,200
                                      843,330  ← 3일 고가이동평균 채널 상단
                        피봇 1차 저항값 →  841,000
                                      832,000  ← 현재가
                            피봇 포인트 →  831,000
                                      826,670  ← 3일 저가이동평균 채널 하단
                        피봇 1차 지지값 →  822,000
                                      812,000  ← 피봇 2차 지지값
                            4주 최저가 →  795,000
                                      795,000  ← 13주 최저가
                     볼린저밴드 채널 하단 →  794,050
                                      735,000  ← 52주 최저가
        52주 최고가 대비 38.2% 조정  →  626,650
                                      387,350  ← 52주 최고가 대비 61.8% 조정
```

그림 3-3 삼성전자의 다양한 기준선 가격

고가는 94만 8000원, 4주 최고가는 89만 9000원이다. 짧은 주기의 최고가가 낮아지고 있어서 하락 흐름인 것을 알 수 있다. 또한 현재가 〈 5일 이동평균값 〈 20일 이동평균값 〈 60일 이동평균값이라서 하락 흐름임을 알 수 있다. 다만 4주 최저 가격보다는 올라가 있어 하락 흐름에서 나타나는 되돌림, 즉 반등이 나타나고 있는 중이다.

만일 투자자가 60일 이동평균값을 기준 가격으로 삼고 있다면 아직은 매수할 때가 아니다. 좀 더 기다려서 정해놓은 기준 가격인 87

만 4000원을 상향 돌파할 때 매수하는 것이 원칙을 따르는 매매 방법이다. 실행 가격을 구체적으로 정해놓지 않으면 매매하는 순간에 주저하게 된다. 다양한 분석 방법을 동원해서 얼마에 매수하겠다고 결정했으면 그 가격에 도달했을 때 매수를 실행할 수 있어야 한다. 물론 실패할 수 있다. 그 실패를 감수할 각오 없이는 성공을 향해 한 발짝도 나아갈 수 없다.

기준선으로 매매 신호를 만들자

기준선을 활용한 매매 방법은 자신이 정해놓은 기준 가격 위에서는 매수, 아래에서는 매도 관점으로 시장에 대응하는 것이다. 다음은 필자가 개발한 '기준선을 활용한 매매 신호' 서비스 화면이다. 어떤 기준 가격 위에서는 매수, 그 아래에서는 매도 신호를 발생시키는 단순한 방법이지만 시장 흐름을 직관적으로 볼 수 있다는 장점이 있다.

그림 3-4의 기아차 매매 신호를 통해 기준선을 활용한 매매 신호를 폭넓게 이해해보자. 매매 신호의 기본 개념은 단순하다. 일간 또는 주간의 다음 날 매매 기준 가격을 계산한다. 이 서비스에서는 지수이동평균 가격을 사용했는데, 피봇 값이나 고가 또는 저가의 평균값을 사용할 수도 있다. 이렇게 계산한 기준 가격이 매수와 매도 행

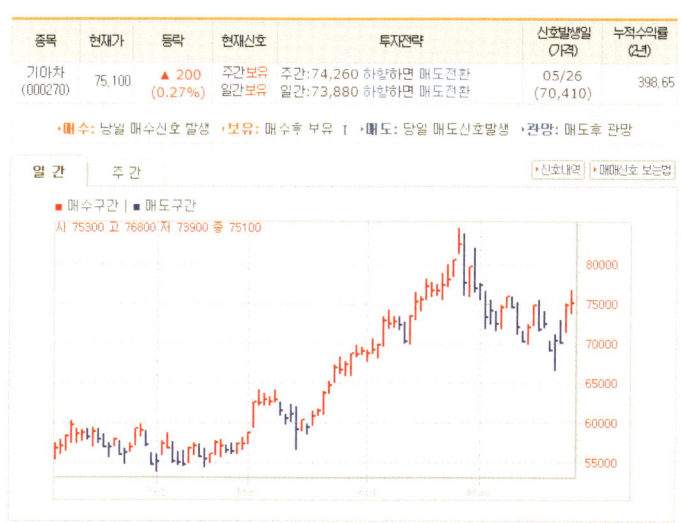

그림 3-4 기준선을 활용한 매매 신호-기아차

동의 지침이 된다. 그날 종가가 기준 가격 위에 있으면 매수하고, 기준 가격 아래에 있으면 매도한다.

구체적으로 살펴보면, 2011년 5월 27일의 기아차의 종가는 7만 5100원이다. 주간과 일간 기준 모두 매수 신호를 유지하고 있다. 주간 기준으로 7만 4260원, 일간 기준으로 7만 3880원을 하향 돌파하면 매도로 신호가 바뀐다. 일간 기준 가격이 주간 기준 가격보다 낮은 상태에 있기 때문에 아직은 하락 흐름에서 나타나는 반등으로 진단한다. 상승이 이어지면 일간 기준 가격이 주간 기준 가격을 상향 돌파한다. 매수 신호가 유지되고 있으면 계속 보유한다. 그다음 날

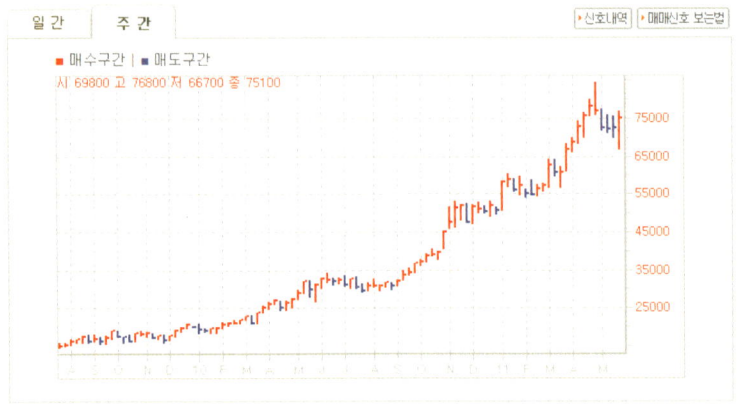

그림 3-5 기아차 주간 매매 신호

에는 새로운 기준 가격으로 대응 방법을 결정한다.

이처럼 기준선을 활용하는 방법은 매수 신호가 발생했을 때 신호대로 매수하고, 그 흐름이 유지되면 계속 보유하는 단순한 방법이다. 추세가 나타날 경우, 추세에 편승할 수 있는 효과적인 방법이다. 앞의 기아차 사례처럼 기준 가격이 위아래로 오르내리는 2월과 같은 상황에선 손실 거래가 불가피하다. 하지만 추세 흐름을 나타낸 3월 중순 이후 한 달 동안 30%가 넘는 수익을 낼 수 있었다.

그림 3-5는 기아차의 주간 기준 매매 신호 서비스 화면이다. 일시적인 조정 이후 곧바로 상승 추세로 복귀하면서 강한 상승 흐름이 이어지고 있다. 이렇게 자신이 만든 기준을 따르면 시장 흐름과 크게 엇박자가 생기지 않는다. 물론 시장이 횡보하면 수익을 얻지 못

한다. 하지만 큰 손실 가능성은 적다고 할 수 있다. 일반적으로 투자자들은 종목을 잘못 매수해서 손실이 크게 발생했다고 생각한다. 하지만 사실은 그렇지 않다. 종목을 잘못 매수해시라기보다는 손실을 방치해서 큰 손실을 입게 된다.

'거북이'들은
　　어떻게 투자했을까?

　　　　1980년대 초반에 지금은 널리 알려진 전설과도 같은 사건이 일어났다. 당시 시카고 선물시장의 왕자로 불렸던 리처드 데니스(Richard Dennis)와 윌리엄 에크하르트(William Eckhardt)는 뛰어난 트레이더가 선천적으로 타고나는 것인지, 후천적인 훈련으로 만들어지는 것인지에 관한 주제로 논쟁을 벌였다. 흥미를 끄는 이 논쟁에서 데니스는 트레이딩 능력은 얼마든지 배울 수 있다는 입장이었다. 데니스는 자신의 주장을 입증하려고 '거북이 교육'이라 부르게 된 유명한 실험을 한다. 일반인을 모집해서 교육한 뒤, 그 성공을 지켜보는 것이다. 단 2주간의 교육 이후에 수련생의 상당수가 놀라운 성과를 올렸다. 리처드 데니스는 자신의 투자 규칙을 신문에 발표해도 누구 하나 따라 하지 않을 것이라고 한다. 핵심은 규칙에 있는 것이 아니라 규칙을 일관성 있게 준수하는 자기 통제력에 있다는 것이다.

교육생들을 통해 알려진 거북이들의 매매 방식은 너무나 간단하다. 다음은 그 한 가지 매매 원칙이다.

- 매수: 오늘의 종가가 20일 전의 가격을 상향 돌파하면 매수
- 매수 청산: 오늘의 종가가 10일 전의 가격을 하향 돌파하면 매수 청산
- 매도: 오늘의 종가가 20일 전의 가격을 하향 돌파하면 매도
- 매도 청산: 오늘의 종가가 10일 전의 가격을 상향 돌파하면 매도 청산

이러한 투자 원칙은 특정 기준선을 상향 돌파하면 매수하고, 하향 돌파하면 매도하는 기준선 매매 방법이다. 자신이 정한 기준선이 돌파되고 나서 큰 추세가 생겨나면 수익이 커지는, 대표적인 '시장의 흐름을 따르는 전략'이다. 상승하는 종목을 비싸게 사서 더 비싸게 팔려 하거나, 하락하는 종목을 싸게 팔고 나중에 더 싸게 사서 수익을 얻는다. 이 전략의 장점과 한계는 분명하다. 시장에 큰 추세 흐름이 생기면 큰 수익이 가능하고, 추세가 없으면 수익이 없다.

돌파에 실패하면 손실을 입게 된다. 큰 추세 흐름을 기다리는 동안에 발생하는 작은 손실을 계속 감수해야 한다. 이러한 전략은 낮은 승률, 평균손실 대비 상대적으로 높은 평균수익의 특징이 있다. 어느 경우에는 승률이 30% 수준에 불과한 경우도 있다. 그래서 이

전략을 적용하려면 어느 종목이나 시장이 강한 흐름을 보일지 알 수 없기에 다양하게 분산투자해야 한다. 강한 흐름이 나타난 종목이나 시장에서 벌어들인 수익으로 별다른 추세가 없는 시장의 손실을 보완해야 하기 때문이다.

투자자가 주가지수선물의 20일 전 가격을 기준으로 그 위에서는 매수하고, 그 아래에서는 매도한다는 원칙을 갖고 있다고 가정해보자. 혹시 모를 불상사를 방지하기 위해 1.5% 손실이 발생하면 청산하겠다는 위험 관리 기준도 추가하여 적용한다.

- 매수: 오늘의 종가가 20일 전의 가격을 상향 돌파하면 매수
- 매도: 오늘의 종가가 20일 전의 가격을 하향 돌파하면 매도
- 위험 관리: 매매 가격에서 1.5% 손실이 발생하면 청산

이러한 원칙으로 투자하면 그림 3-6과 같은 손익곡선을 얻게 된다. 시장 흐름이 기준선을 중심으로 위아래로 오르내리는 횡보 흐름에서는 수익을 내지 못하지만 자신이 매매한 방향대로 크게 움직이는 흐름이 나타나면 동참하여 수익을 낼 수 있음을 알 수 있다. 단순히 20일 전의 가격과 비교해 그 위에서는 매수, 그 아래에서는 매도한다는 전략으로 대응해도 시장의 추세 흐름에 동참할 수 있다는 가능성은 확인한 셈이다.

그림에서 보듯 시장이 뚜렷한 추세 흐름을 보인 1998~2002년과 2007~2009년까지는 수익이 상대적으로 큰 반면 2003~2006년까

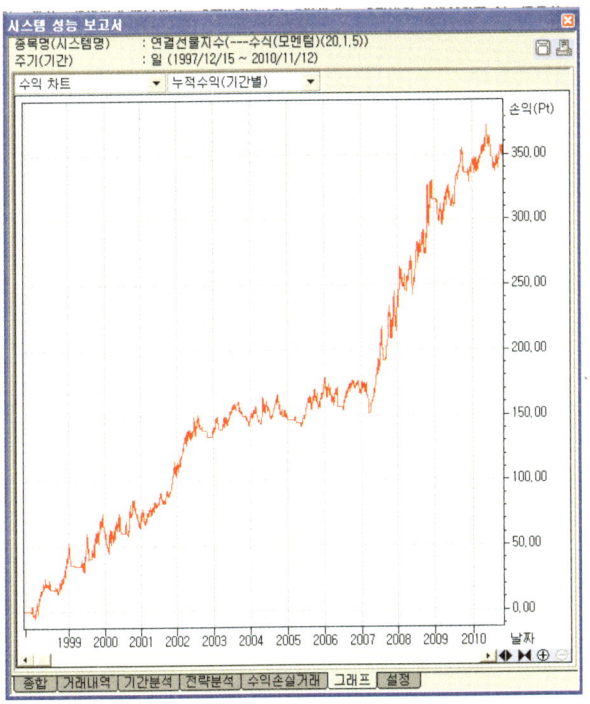

그림 3-6 20일 전 가격을 기준으로 매수와 매도를 실행한 손익곡선

지는 기준선을 중심으로 횡보하는 흐름이어서 수익을 내지 못했다. 이런 시기가 오랫동안 지속되면 추세를 따르는 투자자들이 추세 추종 전략을 포기하고 하나둘 시장을 떠나게 된다. 그리고 이 전략을 이용하는 투자자들이 줄어들수록 시장은 역설적으로 추세의 흐름이 나타난다.

시장에서 성공하려면 시장의 움직임과 크게 엇박자가 나서는 안 된다. 어떤 기준선 위아래에서 매수와 매도로 대응하겠다는 이 단순한 전략을 이용하기만 해도 시장의 흐름에 편승하는 일이 가능해지고, 시장과 불편할 일도 없다. 다만 자신에게 유리한 흐름이 나타날 때까지 기다려야 한다는 어려움이 있다. 속임수 형태에 큰 좌절을 겪기도 한다.

기준선을 설정해놓고 투자하면 대응 방법이 쉽고 매매 신호가 분명하기 때문에 한 번의 거래에서 감수할 위험 수준만 정해놓으면 누구나 적용할 수 있다. 현재의 가격이 지지선 역할을 할 것이라고 예상하면 그 근방에서 큰 고민 없이 매수할 수 있고, 자신의 판단 잘못을 인정할 수 있는 수준도 어렵지 않게 정해놓을 수 있다.

투자는 지지와
저항의 문제

　　　　주식투자는 상대가 있는 게임이고, 총성 없는 전쟁터에 들어가는 것이다. 시장은 매수 세력과 매도 세력이 주식 가격을 움직이며 한판 승부를 펼치는 곳이다. 이 다양한 매매 주체들이 각자의 시장 전망에 따라 거래하면서 지지 영역과 저항 영역을 만들어낸다.

　주식을 매도하는 세력의 힘이 우세할 경우, 주가는 하락할 수밖에 없다. 심지어 매물이 매물을 부르는 현상이 나타나기도 한다. 어느덧 팔고 싶은 사람들이 모두 주식을 팔아서 매물이 많지 않고, 매수 세력이 추가 하락을 막아낼 수 있는 가격대에 도달하면 지지 영역이 형성된다. 이 지점에서 매수 세력이 힘을 모아 매도 압력을 극복하면 주가는 상승 흐름으로 바뀐다. 이렇게 매수 세력이 더 이상의 추가 하락을 저지할 수 있는 가격대를 지지선이라고 부른다. 강

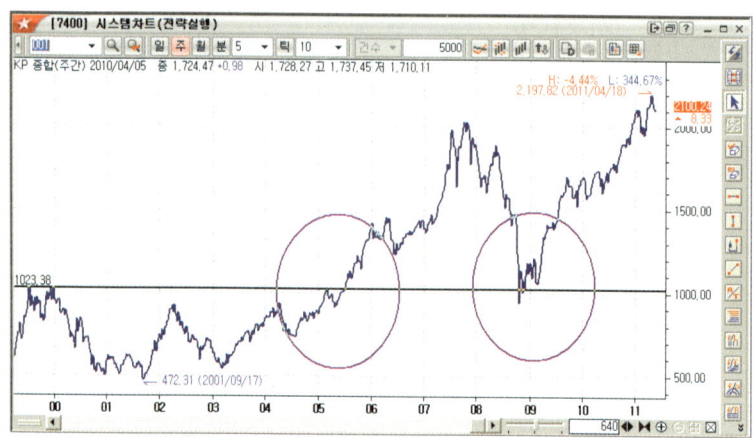

그림 3-7 종합주가지수의 저항과 지지

력한 지지선에서는 급한 매물이 없기 때문에 매수세가 조금만 유입되어도 상승 흐름으로 바뀌게 된다.

상승 흐름이 어느 정도 이어지면 기존의 매수 세력 중에서 이익을 실현하고 싶은 욕구를 갖게 되고, 매물이 늘어나면서 더 이상 상승하기 어려운 가격대, 즉 저항 영역에 도달한다. 저항선 근방의 매매 공방과정에서 매수 세력의 힘이 소진되면 주가는 더 이상 상승하지 못한 채 하락으로 전환되고 이제 상승이 끝났다고 판단한 투자자들이 추가로 매도에 동참하면서 하락이 이어진다. 이렇게 매도 세력이 더 이상의 추가 상승을 저지할 수 있는 가격대를 저항선이라고 부른다. 저항선을 돌파하기 위해서는 지금까지 진행되던 흐름보다 더 많은 에너지가 있어야 한다. 개별 주식의 경우에 평소보다 거래량이 크게 늘면서 매물 소화과정이 빠르게 진행된다.

저항선이 상향 돌파되면 기존에 매도했던 투자자들이 너무 성급히 팔았다는 후회를 하고, 다시 매도했던 가격 수준에서 매수하려 하기 때문에 기존의 저항선이 지지선으로 바뀌게 된다. 그림 3-7에서 볼 수 있듯이 종합주가지수 1000포인트의 저항선이 2005년에 돌파된 다음에는 저항선이 지지선 역할로 바뀐 것을 알 수 있다.

투자를 간단히 요약하면 지지선에서 매수하여 저항선에서 매도하는 것이라고 바꿔서 말할 수 있다. 그리고 지지선으로 예상하고 매수했는데, 그 지지선이 붕괴되면 판단의 잘못을 인정하고 적당한 가격에서 손실을 안고 빠져나온다. 저항선으로 예상하고 매도했는데, 그 저항선이 상향 돌파되면 다시 그 흐름에 동참한다. 투자를 그만둘 때까지 이러한 지지선에서 매수하고, 저항선에서 매도하는 행동을 반복하게 된다.

투자에는 사실 어떤 비밀도 없다. 어떤 신비스러운 비법으로 족집게처럼 흐름을 맞힐 수도 없다. 시장이 흘러가는 데 뚜렷하게 정해진 길이 있는 것도 아니다. 변화무쌍한 시장에 효과적으로 대응하려면 전략이 단순할수록 유리하다. 자신이 지지선이라고 판단할 수 있는 합리적인 근거와 저항선이라고 판단할 수 있는 합리적인 근거를 가지고 대응하면 그뿐이다. 그리고 그 기준선들이 붕괴되면 그쪽으로 편승하면 된다. 물론 그 가격을 정확히 맞히는 것은 애초부터 불가능한 일이고, 그 언저리에서 자신이 믿는 방향대로 소신껏 투자한다.

이런 이유로 시장 경험이 많은 전문가들은 한결같이 '단순한 전략이 더 오랫동안 시장에서 살아남는다'고 조언한다. 시장 흐름은 투자자가 통제할 수 없는 움직임이다. 오직 그 흐름에서 자신만의 기회를 포착하고, 대응하는 방식을 결정할 뿐이다. 자기 성향과 잘 어울리는 방법을 정해 과거의 흐름에서는 어떤 성과가 있었는지 확인해보고, 자신이 감당할 만한 위험 수준이고 성과도 기대할 수 있다면 그 방법을 충실히 따른다.

진입보다 청산이 중요하다

　　　　　　완벽한 거래는 항상 수익을 내는 거래를 뜻하는 것이 아니다. 완벽한 거래는 시장의 기회 흐름에 알맞게 대응하는 것이다. 기회라고 생각하는 순간에 한 치의 망설임도 없이 매매를 실행할 수 있어야 한다. 기술적 분석에 기반을 둔 시스템을 적용하면 이 어려움을 해결할 수 있다. 하지만 자기 재량으로 판단하여 투자하는 경우에는 의지대로 쉽게 매매하지 못한다. 좋은 기회가 왔는데도 실행 능력이 부족해 제대로 거래하지 못하는 투자자들이 의외로 많다. 가장 큰 이유는 완벽한 진입 시점을 찾으려 하기 때문이다. 하지만 아무리 노력해도 완벽한 진입 시점은 찾을 수 없다. 완벽한 진입은 운의 영역이라고 할 수 있다.

　　투자 의사 결정에서 가장 중요한 것은 진입 시점보다 청산 시점을 결정하는 일이다. 투자자들은 저점 근방에서 매수하고 고점 근방에서 매도하려고 한다. 그래서 저점과 고점을 찾아 진입하려 노력하고, 이 시점을 찾는 데 많은 열정을 쏟아 붓는다. 그러나 실제로 저점과 고점에서 진입하는 일은 드물다. 투자자의 눈에는 고점으로 보였던 지점이 계속 상승 흐름이 이어지고 있는 어느 한순간일 가능성도 크고, 반대로 저점은 하락 흐름이 이어지는 중간에 일시적으로 머무는 지점일 가능성도 크다.

모든 거래는 손실 가능성이라는 위험을 끌어안아야 한다. 손실을 다루는 측면에선 도박이 더 마음 편한 부분이 있다. 도박의 결과는 무작위적이기 때문이다. 매주 로또를 1만 원어치 구입했다고 하자. 당첨되지 않았다고 해서 마음이 크게 불편해지지는 않는다. 도박은 도박일 뿐이라는 것을 잘 알고 있고, 결과에 자신이 개입할 여지가 없기 때문이다. 그러나 시장은 도박과 다르다. 투자자들의 미래에 대한 믿음이 현시점에 투영되고, 일정한 흐름이 형성된다. 자신이 선택한 매매이므로 책임이 따른다.

지금 어떤 투자자가 A라는 종목을 매수했다고 가정해보자. 이제 남은 일은 언제 매도할 것인지의 문제만 남는다. 그리고 그 방법은 다음의 4가지뿐이다.

- 손절 청산: 자신이 허용한 최대 손실을 초과하면 손실을 인정하고 청산
- 추적 청산: 최대 수익에서 지정된 금액만큼 수익이 감소하였

을 때 청산
- 목표 청산: 기대하는 목표 수익에 도달했을 때 수익을 확보하고 청산
- 시간 청산: 정해놓은 보유 기간 동안에 기대한 움직임이 나타나지 않으면 청산

이렇게 4가지 청산 방법에 대해 자신의 확고한 입장을 가지고 있으면 언제 매수할 것인지는 청산만큼 중요하지 않다. 완벽한 매수 시점이라고 생각해서 매수했어도 손절하는 경우가 많고, 어설프게 매수했어도 목표 이익을 실현할 수 있는 곳이 시장이다.

투자자들은 자신이 위험을 감수할 줄 안다고 생각한다. 그러나 내면 깊은 곳에서는 항상 수익을 보장받고 싶어 한다. 시장에서 수익을 보장받을 수 없다는 것을 아니까 매매 실행을 주저하고, 계속 더 완벽한 진입 시점을 찾으려 하는 것이다. 매매 실행을 완벽하게 하려면 진입에 앞서 청산에 대해 고민하고, 그 방법을 결정해놓는 것이 필요하다. 그리고 정해진 청산 방법대로 시장에서 빠져나올 수 있도록 연습을 반복하여 습관이 되도록 해야 한다. 아직 청산에 문제가 있으면 강제적으로 실행할 수 있도록 시스템이나 증권사 직원의 도움을 받는다.

시장이 자신에게 유리한 방향으로 진행될 때 계속 포지션을 유지하고, 불리하게 진행될 때는 다시 유리하게 바뀔 것이라고 기대하지 않는 게 좋다. 투자를 실행한 이후에는 손실을 인정할 여유 폭을 가

지고 지켜보는 수밖에 없다. 만일 자신의 손절 가격을 건드리고 다시 방향을 틀어 상승한다면 어쩔 수 없는 일이다. 자신의 운이 거기까지임을 인정하고, 다시 투자를 시작하면 그뿐이다. 용서할 줄 알아야 한다. 자신이 행한 손실 거래에 집착할수록 앞으로도 손실 거래를 반복할 가능성이 커진다. 손절 청산이 쉽지 않다면 돈을 잃는 것이 두렵지 않을 수준의 수량으로 매매 규모를 줄여서 거래하고, 원칙을 따르는 습관이 몸에 배도록 연습한다.

추적 청산은 상승의 목표치를 정하고 싶지는 않고, 이미 확보한 이익이 손실로 바뀌는 것을 피하기 위해 정해놓는 방법이다. 또는 상승 흐름이 훼손된 것을 확인하고 매도하고 싶을 경우에도 사용할 수 있다. 추적 청산은 매매 흐름의 기본을 보여준다. 처음 시장에 진입하면서 손절 수준을 정해놓는다. 다행히 손절을 당하지 않고 가격이 상승하면 투자 원금은 확보할 수 있는 수준으로 청산 가격을 올려놓는다. 가격이 추가로 상승하면 일정한 이익을 확보할 수 있는 수준으로 청산 가격을 이동한다. 이렇게 하다 보면 운이 좋은 경우에는 자신도 모르는 사이에 큰 흐름에 편승하는 것이 가능해진다. 만일 투자 원금과 기본적인 수익을 확보한 상태에서 가격 흐름을 지켜보고 싶으면 일정한 목표 수익에서 분할 청산하는 방법을 사용할 수도 있다.

이익을 실현하든지, 손실을 인정하든지에 관계없이 투자는 청산으로 매매가 종결된다. 그다음 매매는 또다시 새로운 시작일 뿐이다. 청산에 대한 확고한 원칙이 있으면 진입 시점을 찾는 것이 오히려 쉬워질 것이다.

시장에 과연 추세는 존재하는가?

한번쯤 들어보았을 증시 격언이 있다. '추세는 너의 친구다.' '추세를 거스르지 마라.'

시장에서 수익을 얻고자 한다면 시장이 움직이는 방향, 즉 추세(trend)에 편승해야 한다는 말이다. 추세에 편승하라는 말은 그 자체로 문제될 것이 없다. 상승 흐름이 뚜렷하게 나타나면 그 흐름을 따라 매매해서 수익을 얻을 수 있다. 그런데 지금 시장의 흐름이 과연 상승인지 하락인지가 분명치 않다는 점이 문제다. 실제로 시장은 좁은 범위에서 오르내리는 횡보 흐름이 자주 발생한다. 그리고 자신이 참조하는 거래 주기에 따라 투자자마다 추세 판단이 달라질 수 있다.

시장이 연일 갭 상승으로 시작하면서 전일 종가보다 가격이 오르는 상승 흐름이 이어진다고 가정하자. 일간 기준으로는 상승 흐름

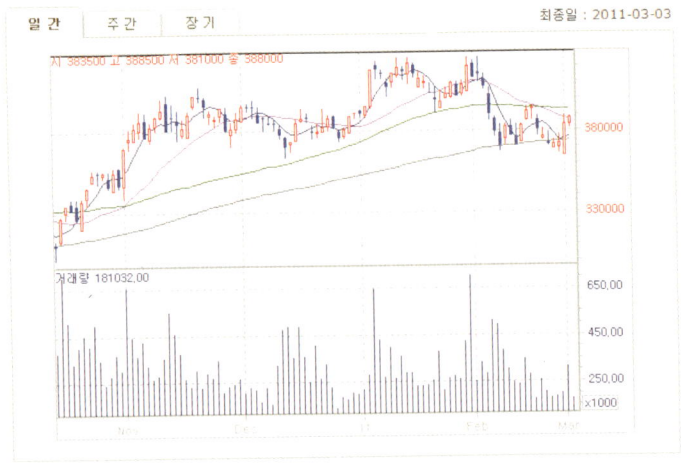

그림 3-8 LG화학 일간 그래프

이 분명하다. 그런데 일봉의 모양이 시가가 높고 종가가 낮은 음봉이 형성될 수 있다. 투자자의 상승 기대가 큰 경우 아침 시가가 높게 나오고 이후 매물이 출회되면서 가격이 하락한다. 다음 날에도 다시 갭 상승하면서 상승 흐름이 계속되지만 전일과 똑같은 양상이 반복된다. 일간 기준으로 투자한다면 일시적인 일중 조정은 감수하고 계속 매수해서 보유해야 할 것이다. 그런데 투자자가 데이트레이딩을 하고 있다면 문제가 달라진다. 음봉이 발생하면 당일 거래는 매도를 해야 수익을 내기 쉽다. 일간 추세는 상승인데, 자신은 매도해야 수익을 내는 모순적인 거래를 하게 되는 것이다. 이처럼 자신이 참조하는 거래 주기에 따라 추세 판단도 달라질 수 있다.

또 추세가 끝나는 시점에 대한 판단이 투자자들마다 다를 수 있다. 어떤 종목을 1만 원에 매수했는데, 현재의 가격이 2만 원이 되었다. 1만 원이 2만 원이 되었으니 그동안 상승 흐름이 이어져온 것이 분명하다. 문제는 현재의 2만 원에서 약간 조정을 받다가 다시 3만 원까지 상승할 가능성도 있고, 상승이 멈추고 하락 반전될 가능성도 있다. 어떻게 해야 할까? 합리적인 투자자라면 적당한 되돌림 움직임을 지켜보다가 상승 흐름이 끝났다고 판단될 때 매도할 것이다. 그런데 어떤 투자자는 최고점 대비 1000원이 하락하면 상승 흐름이 끝난 것으로 판단할 수 있고, 다른 투자자는 최고점 대비 3000원이 하락하면 상승 흐름이 끝났다고 판단할 수 있다. 만일 주가가 2000원 정도의 되돌림 조정 이후에 다시 상승을 이어간다면 되돌림 폭에 여유가 있었던 투자자는 성급하게 매도하지 않아 추가 수익을 얻을 수 있다. 반대로 상승 흐름이 끝난 것이라면 먼저 매도한 투자자가 잘 대응한 셈이 된다. 이러한 판단이 말처럼 쉽지는 않다.

그림 3-8의 LG화학 그래프를 보자. 2010년 말부터 계속 이어오던 상승 흐름이 2011년 2월에 꺾이면서 조정 움직임을 보였다. 2월 말 시점에서는 상승 흐름이 이어질지 꺾일지 알 수가 없다. 이 종목을 보유한 투자자 중에서 조정 움직임을 견딜 만한 여유 폭이 있다면 아직 보유하고 있을 테고 자신의 기준을 하향 돌파했다면 청산했을 것이다.

그림 3-9에서 LG화학의 2월 말 이후 진행 흐름을 살펴보자. 3월 초부터 4월 말까지 강한 상승 흐름이 이어졌다. 이처럼 지나고 나서

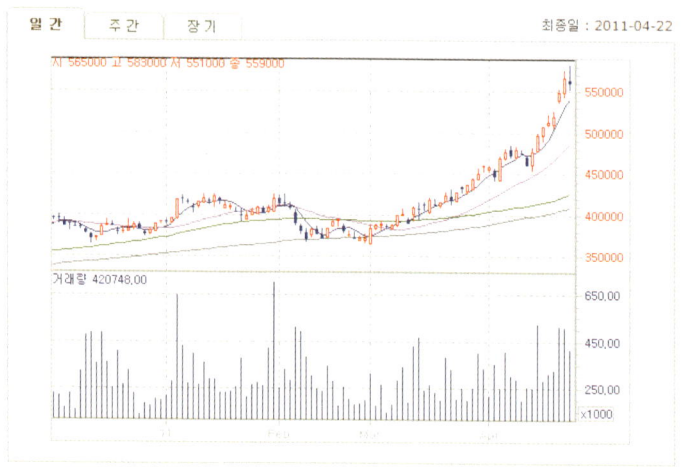

그림 3-9 LG화학 일간 그래프

보면 분명하게 드러나는 움직임도 진행 초기에는 알기 어렵다. 따라서 나름의 기준선을 설정해 매매의 방향을 정하고, 되돌림 폭을 설정하여 시장의 등락을 견뎌내야 한다.

일반 투자자는 자신이 한 번 매도한 종목의 상승이 다시 이어지면 재매수를 쉽게 하지 못한다. 아무래도 자신이 판 가격보다 비싼 값을 주고 다시 주식을 사기가 꺼려질 수 있다. 하지만 냉정하게 생각해보면 다른 투자자들은 내가 사고판 가격에 관심을 갖지 않는다. 새로운 투자자들이 얼마든지 시장에 들어올 수 있다. 주가가 하락할 것이라고 판단해서 매도했는데 하락하지 않는다면 상승 흐름이 이어질 가능성이 크다. 되돌림 여유 폭이 좁은 투자자들은 자신이 매도한 이후에도 언제든 재상승 움직임이 나올 수 있다는 사실을 염두에 두고 종목을 관찰해야 한다.

이처럼 추세 판단은 자신이 참조하는 거래 주기에 따라 달라질 수 있고, 자신이 허용하는 되돌림 폭에 따라서도 달라질 수 있기에 그렇게 쉬운 일이 아니다. 그리고 어느 정도의 되돌림을 허용하는 게 적당한지에 대해서도 정답은 없다. 해당 종목의 움직임의 특성과 확률적 계산을 통해 자신만의 기준을 가져야 할 것이다. 그래서 필자는 추세를 다음과 같이 정의한다. 추세란 '투자자 자신이 받아들일 수 있는 되돌림 범위 이내에서 움직이는 시장의 방향'이다. 저점을 높여가고 있는 주가 흐름은 상승 흐름이다. 문제는 상승하고 있는 종목이 하락 조정을 받을 때 어떤 투자자에게는 2% 하락이 추세의 붕괴일 수도 있고, 어떤 투자자에게는 10% 하락이 추세의 붕괴일 수 있다. 여기에 객관적인 해답은 없다. 그저 자신이 합리적이라고 정한 수준에서 대응해나가면 된다. 추세가 붕괴되었다고 생각했는데 다시 추세로 복귀하면 재매수하겠다는 마음의 준비만 하면 충분하다. 모든 투자가 그렇듯이 매수 이후에 시장 가격이 자신에게 유리한 쪽으로 움직인다면 내게 행운을 준 다른 투자자에게 늘 감사하는 마음을 갖자.

제4장

어린아이의 눈으로 시장을 보라

시장의 구분과
에너지 측정 방법

　　　　　투자는 지지선에서 매수하고, 저항선에서 매도하는 일이라고 했다. 투자에서 성공했다는 말은 바꿔 말해 지지선에서 매수하고, 저항선에서 매도하는 일을 지금까지 잘해왔다는 뜻이다. 그래서 지지선과 저항선을 어떻게 읽어내느냐가 시장 진단의 핵심이 된다. 만일 지지선이라고 판단하여 매수했는데, 지지선이 붕괴되면 어느 정도 수준에서 운이 없었음을 인정하고 빠져나오면 된다. 저항선이라고 판단하여 매도했는데, 저항선을 뚫고 상승 흐름이 이어지면 재매수하면 된다. 이 과정이 성공적인 투자의 모든 것이라고 할 수 있다. 여기엔 어떠한 예외도 없다.

　　지지선과 저항선은 결국 특정 가격에 의미를 부여한 것이다. 어떤 투자자는 1만 원이 지지선 역할을 할 것이란 기대를 갖고 있다.

그는 매수 쪽에 설 것이다. 또 다른 투자자는 1만 원이 저항선 역할을 할 것이란 기대를 갖고 있다. 그는 매도 쪽에 설 것이다. 이 상충되는 두 명의 투자자 중에서 누가 옳은 판단을 한 것일까? 그 해답은 나중에 시장이 알려줄 것이다. 현재 가격이 1만 원 이상에서 움직이고 있으면 매수자가 옳은 판단을 한 것이다.

현재 시장이 상승인가 하락인가를 판단하는 방법은 이처럼 특정한 기준 가격을 놓고 현재가가 위에 있는지 아래에 있는지를 보면 된다. 어떤 종목의 1만 원이라는 가격이 이동평균값일 수도 있고, 과거 매물대일 수도 있는 가격이라고 하자. 만일 현재가가 1만 2000원이라면 그 종목은 상승으로 진단한다. 현재가가 1만 1000원이 되면 상승 흐름 중의 조정 움직임으로 진단한다. 1만 원이 붕괴되면 그 종목은 하락 흐름으로 바뀐 것이다. 기준 가격은 투자자 본인이 중요하게 의미를 부여하는 특정 가격을 정해놓으면 된다.

시장의 상승과 하락을 판단하는 기준이 정해졌으면 이제는 그 상승과 하락의 강도를 측정해야 한다. 이를 위해 필자는 시장을 4가지 성격으로 구분한다.

- 강한 상승 시장
- 약한 상승 시장
- 강한 하락 시장
- 약한 하락 시장

상승과 하락은 현재가가 기준 가격의 위아래 중 어느 쪽에 있는지에 따라 정하고, 그 기준 가격에서 멀리 나아가는 움직임에 따라 강한 흐름과 약한 흐름으로 구분한다. 수익을 내기에 적합한 움직임을 보이는 종목을 고르려면 강한 상승 시장에서 강한 상승 흐름을 보여주는 종목을 골라야 할 것이다. 어떻게 하면 그런 종목을 손쉽게 고를 수 있을까? 강한 흐름과 약한 흐름을 구분하는 객관적인 기준은 무엇일까? 이 질문에 대한 해답을 찾기에 앞서 간단한 산수 문제를 해결해보자.

투자의 세계에서는 모든 판단에 숫자를 사용한다. 현재가는 1만 원, 5일 이동평균값은 8000원, 현재가와 이동평균값의 차이 금액인 이격은 2000원, 저점대비 61.8% 상승 등 모든 것이 숫자로 표현된다. 그래서 숫자를 다루는 데 익숙한 분들이 투자 세계에 더 잘 적응하는 편이다. 이 숫자를 다루는 데 핵심적인 부분이 평균과 표준편차를 이해하는 것이다.

평균은 일반적으로 모든 개별 주가를 더한 뒤 총 개수로 나누어 구한다. 이를 산술평균 또는 단순평균이라고 한다. 5일 종가 이동평균은 최근 5일 동안의 종가를 모두 더한 뒤 5로 나누면 구할 수 있다. 최근의 주가에 가중치를 부여한 지수이동평균, 가중이동평균을 구할 수도 있다. 이렇게 구한 평균값은 해당 기간에 매매가 이루어진 중심 가격을 보여준다. 현재가가 평균값보다 높으면 그 기간 동안 매수한 투자자는 평균적으로 수익을 내고 있다는 뜻이다. 현재가와 평균값을 비교하는 것만으로도 많은 시사점을 얻을 수 있다.

표준편차는 현재가와 평균 사이의 차이가 어떤지를 알 수 있게 해준다. 개별 주가와 평균 사이의 차이를 편차라고 하는데, 이 편차들의 평균값이 표준편차다. 표준편차가 크다는 말은 개별 주가와 평균 사이의 차이가 크다는 뜻이다. 그래서 표준편차는 주가의 변동성 측정, 추세의 강도 측정에 많이 사용한다. 평균이 현재 주가 흐름의 대표 가격을 보여준다면, 표준편차는 평균에서 위아래로 얼마나 많이 변동하고 있는지를 보여준다.

이 평균과 표준편차를 이용해 시장의 성격을 객관적으로 판단할 수 있다. 시장의 성격을 판단하는 방법을 시장 흐름의 강도를 측정한다고도 표현한다. 이를 위해 가장 많이 사용되는 방법은 다음 5가지가 있다.

- 이동평균 이격평균
- 모멘텀 측정
- 볼린저 밴드 폭
- ADX 지표
- ATR 기복성 지표

이 방법의 공통된 부분은 현재 가격이 평균과 같은 기준 가격에서 멀리 도망가는 움직임이 나타날 때 강한 움직임이 나타나는 것으로 진단한다는 점이다. 각각에 대해 구체적으로 살펴보자.

이동평균 이격평균

이동평균은 주어진 기간의 중심 가격이다. 관심을 갖고 있는 거래 주기에 따라 단기 이동평균은 5개, 10개의 종가를 평균하여 구할 수 있고, 중장기 이동평균은 60개, 120개의 종가를 평균하여 구할 수 있다.

이동평균은 주가의 흐름을 직관적으로 보여주기 때문에 많은 투자자들이 즐겨 사용하고 있는 지표다. 이동평균을 다룰 때 살펴볼 부분이 크게 4가지가 있다.

- 현재가와 이동평균선의 위치 관계
- 이동평균선 흐름의 방향
- 여러 종류의 이동평균선의 위치와 흐름
- 현재가와 이동평균선 간의 차이(이격)

첫째, 현재가와 이동평균선의 위치 관계를 살펴본다. 현재가가 이동평균선 위에 있으면 상승, 아래에 있으면 하락으로 진단한다. 이때 이동평균선은 지지와 저항 역할을 한다.

둘째, 이동평균선 흐름의 방향을 살펴본다. 이동평균선이 상승하고 있으면 상승, 하락하고 있으면 하락으로 진단한다. 이동평균은 중심 가격이기 때문에 중심 가격의 오르내림에 따라 전체 흐름이 상승인지 하락인지를 판단할 수 있다.

셋째, 여러 종류의 이동평균선의 위치와 흐름을 살펴본다. 단기

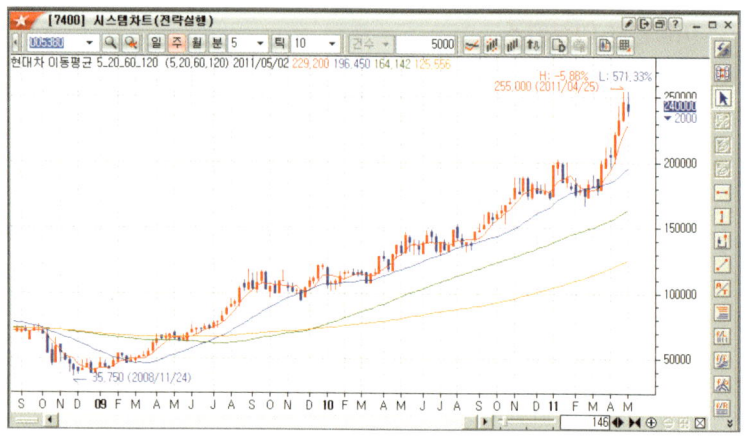

그림 4-1 이동평균선 정배열 이후의 주가 흐름-현대차

이동평균선과 장기 이동평균선을 이용해서 이동평균의 교차, 이동평균 간의 배열 상태를 통해 상승과 하락을 진단한다. 예를 들어 5일〉20일〉60일〉120일 순서로 이동평균선이 배열되어 있다면 이를 '정배열'이라 부르고, 상승 추세를 형성하고 있다고 진단한다. 그림 4-1은 정배열 상태에서 진행되는 주가 흐름의 사례다.

넷째, 현재가와 이동평균선 간의 차이다. 이를 이격도라고 부르는데 이격도가 점점 커지고 있으면 추세의 강도가 커지고 있다는 의미다. 그리고 이격이 지나치게 커지면 평균 가격으로 되돌아가려는 움직임도 나타날 수 있다. 이처럼 이동평균의 이격평균을 구해서 이격평균값이 상승 중이면 추세의 강도가 커지고 있는 것으로 진단하고, 그 이격이 지나치게 커지면 과열되었다고 본다.

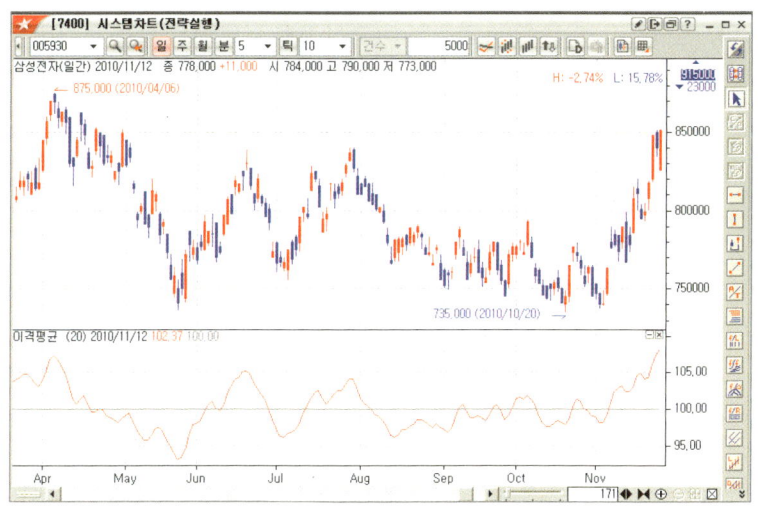

그림 4-2 이동평균과의 이격평균-삼성전자

　그림 4-2는 삼성전자의 일간 차트로서 20일 이동평균과의 이격평균을 그린 것이다. 기준선 100을 상향하면서 기준선 위에서 이격이 커지고 있으면 강한 상승 흐름으로 진단한다. 그리고 기준선 100을 하향하면서 아래로 이격이 커지고 있으면 강한 하락 흐름으로 진단한다. 이격이 중심에서 극단적으로 멀어져 있으면 중심으로 되돌아가려는 조정 움직임이 나타날 수 있다. 이격도가 어느 정도 수준일 때 크게 벌어졌다고 볼 수 있을지는 개별 종목의 특성에 따라 제각각 다른데, 일반적으로 20일 이동평균을 기준으로 대형주는 평균에서 5~10%, 중소형주는 10~15% 수준이면 이격도가 크다고 본다. 이때는 중심으로 돌아가는 조정 움직임이 나타날 가능성이 크

다. 현재가가 중심 평균 가격인 기준선 100 근방에서 작은 움직임을 보이면 현재 주가는 약한 움직임을 보이고 있는 것이다.

모멘텀 측정

모멘텀(momentum)은 우리말로 탄력성, 운동량이라고 부를 수 있는데 일반적으로 '모멘텀이 강하다, 약하다'는 말을 자주 쓰기에 여기서는 그 용어대로 사용하겠다. 모멘텀도 이동평균의 이격평균을 해석하는 방식과 다르지 않다. 다만, 모멘텀에서 기준 가격으로 삼는 주가는 이동평균이 아닌 N일 전 주가다. 20일 모멘텀이라고 하면 현재가에서 20일 전 주가를 차감하면 된다.

모멘텀 = 현재가 − N일 전 주가

모멘텀이 양의 값을 가진다는 것은 현재가가 N일 전 주가보다 높다는 뜻이고, 그럴 경우 상승으로 진단한다. 그리고 모멘텀 값이 커지고 있으면 상승 탄력이 더 커지고 있다고 본다. 모멘텀 지표를 통해 주가 움직임의 탄력성이 커지고 있는지를 직관적으로 볼 수 있다. 모멘텀이 상승하고 현재 주가도 상승하고 있으면 주가의 상승 강도가 강화되고 있음을 뜻한다. 그러므로 탄력성이 좋은 종목에 투자하고 싶다면 모멘텀이 약할 때는 주가 흐름을 지켜보고 있다가 모멘텀이 상승할 때 투자하는 것이 좋다.

모멘텀 지표를 이용할 경우 기준선을 상향 돌파할 때 매수하고,

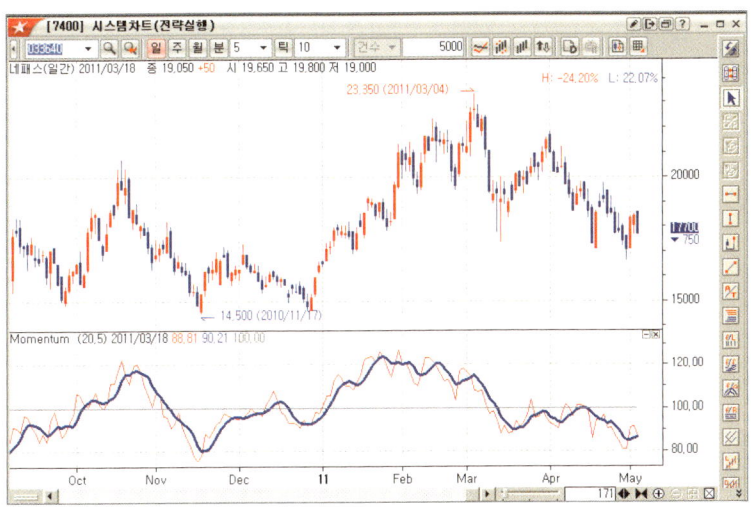

그림 4-3 모멘텀 지표-네패스

모멘텀 지표가 상승 중일 때는 계속 보유한다. 모멘텀 지표가 하락하고 있으면 적당한 시기에 분할 매도하여 시장을 빠져나온다. 그림 4-3은 네패스의 모멘텀 지표다. 2011년 2월 이후의 흐름을 보면 주가는 상승하고 있는데, 모멘텀 지표는 하락하는 것을 볼 수 있다. 이후 주가 상승이 조금 더 이어지다가 하락 반전한다.

이처럼 주가는 상승하고 있는데 모멘텀이 하락하면 얼마 지나지 않아 주가가 하락으로 바뀔 가능성이 높다. 주가는 움직이는 방향으로 계속 움직이려는 경향이 있는데, 모멘텀이 약화되고 있다는 것은 상승 탄력성이 둔화되고 있다는 뜻이다. 상승 흐름이 탄력적으로 이어지지 못한다는 것은 그만큼 매물 저항을 받고 있다는 뜻이다. 따라서 모멘텀이 다시 상승하는 계기를 찾지 못한다면 해당 주가는 하락으로 방향을 틀게 된다. 이를 주가와 지표 사이에서 괴리가 발생했다고 한다. 이런 괴리가 발생한 이후에는 지표의 방향대로 주가의 흐름이 바뀌는 경우가 자주 발생하기 때문에 주가의 흐름을 예측하는 선행 지표로 활용하기도 한다.

볼린저 밴드 폭

볼린저 밴드는 평균과 표준편차를 하나의 차트에서 볼 수 있는 유용한 지표다. 일반적으로 20일 이동평균선을 구한 뒤, 그 위아래로 표준편차의 2배를 더하고 빼서 밴드를 만든다.

- 볼린저 밴드 중심 가격 = N일 이동평균
- 볼린저 상단 밴드 = N일 이동평균 + 표준편차 N배수
- 볼린저 하단 밴드 = N일 이동평균 − 표준편차 N배수

구체적인 계산 사례는 다음과 같다. 20일 평균값이 2만 원이고, 표준편차가 2000원이라면 볼린저 상단 밴드는 2만 4000원(20,000 + 2,000×2)이 되고, 하단 밴드는 1만 6000원(20,000−2,000×2)이 된다. 이런 원리로 차트에 그리면 그림 4−4와 같다.

볼린저 밴드는 이동평균 분석처럼 평균값을 먼저 구하기 때문에 해당 주가의 중심 가격이 상승인지 하락인지를 직관적으로 살펴볼 수 있다. 그런 다음 개별 주가와 평균 사이의 편차 값을 구해서 그

그림 4-4 볼린저 밴드 폭

편차 폭만큼 상단 밴드와 하단 밴드를 그리게 되는데, 편차가 크면 클수록 상단과 하단 밴드의 폭도 커진다. 상단 밴드와 하단 밴드의 차이를 볼린저 밴드 폭이라고 부른다.

볼린저 밴드 폭 = 상단 밴드 - 하단 밴드

밴드 폭이 커지면 주가가 강한 추세 움직임을 보이고 있다고 진단한다. 반대로 밴드 폭이 작아지면 주가는 약한 비추세 움직임을 보이고 있다고 진단한다. 만일 주가가 볼린저 밴드의 중심 가격 위에 위치하고 있는데, 밴드 폭이 커진다면 강한 상승 흐름이 나타나고 있는 것이다. 반대의 경우는 강한 하락 흐름이다. 따라서 이동평균의 중심선을 기준으로 상승과 하락의 방향에 대한 입장을 정하고, 밴드 폭이 상승하면 그 흐름의 방향대로 동참하고, 밴드 폭이 하락하면 포지션을 청산한 뒤 관망하는 것이 좋다.

옵션은 변동성이 커지고 있을 때 매수하는 것이 유리하기 때문에 밴드 폭이 상승할 때 매수하고, 밴드 폭이 하락할 때는 관망하는 것이 좋다. 시장은 추세와 비추세 흐름이 반복된다. 이런 상황을 반영하여 볼린저 밴드 폭은 상승과 하락의 흐름이 주기적으로 반복된다.

볼린저 밴드는 표준편차를 이용한다. 표준편차의 특성상 약 95%의 주가 흐름이 평균에서 표준편차 2배의 범위 안에서 움직인다. 그리고 약 70%의 주가 흐름이 평균에서 표준편차 1배의 범위 안에서 움직인다. 이를 이용해 새로운 진입 전략을 만들어낼 수도 있다. 표준편차의 1배 범위 안에서 주가 흐름이 70% 나타난다는 것은 바꿔 말해 30%의 주가 흐름은 표준편차 1배의 범위를 벗어난다는 뜻이다. 그래서 시장이 1배의 표준편차 범위를 벗어나는 강한 변동성을 보일 때 투자하는 전략을 택할 수 있다. 그리고 2배의 표준편차 범위를 벗어날 경우에는 그 범위 이내로 들어올 확률이 높기 때문에 청산하는 전략을 선택할 수 있다. 그림 4-5는 1배의 표준편차 범위를 벗어날 때 그쪽 방향으로 투자하고, 밴드 폭이 하락하거나, 주가가 반대 밴드의 범위를 벗어날 때 청산하는 전략 사례다.

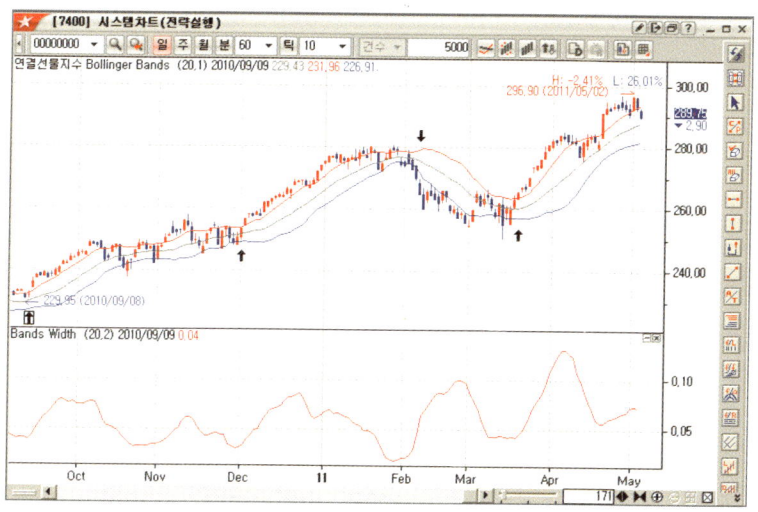

그림 4-5 볼린저 밴드를 벗어날 때의 진입과 청산

평균방향이동 지표

평균방향이동 지표는 일반적으로 ADX(Average Directional Movement) 지표라고 부른다. ADX 지표는 시장의 흘러가는 방향을 알려주지는 않는다. 시장이 추세적으로 움직이고 있는지 아닌지를 판단하는 데 도움을 주는 지표다. 이 지표의 구성 원리는 주가가 상승 흐름일 경우에 금일의 고가는 전일의 고가보다 높아야 하고, 주가가 하락 흐름일 경우에는 금일의 저가가 전일의 저가보다 낮아야 한다는 점에 착안하여 상승 흐름일 때는 +DI에, 하락 흐름일 때는 -DI에 값을 누적시킨다. 그리고 그 폭이 커지는지 작아지는지를 계산하면 ADX 지표가 된다. +DI는 상승 폭의 비율, -DI는 하락 폭의 비율

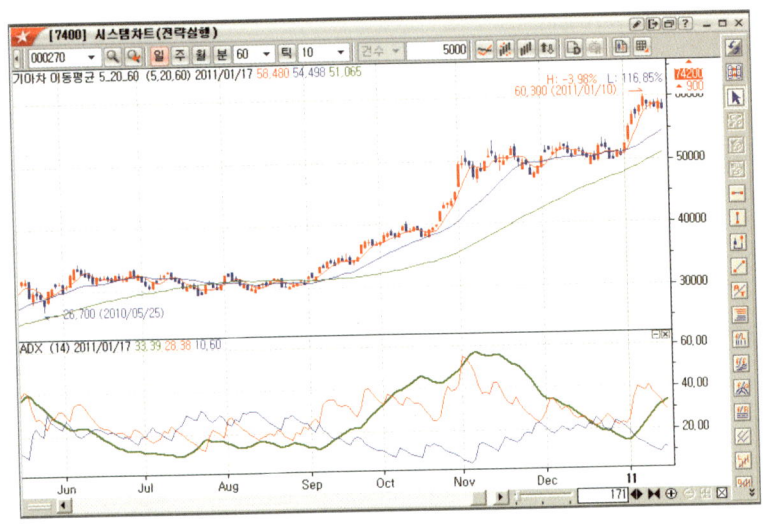

그림 4-6 기아차 ADX 지표

이 되는데, 이 폭이 커지고 있다면 현재 진행되는 주가의 흐름이 그 방향대로 강한 추세를 형성하고 있다고 보는 것이다.

ADX 지표는 시스템 거래자들이 추세를 따르는 거래에서 필터로 많이 사용한다. ADX 값이 일정한 수준, 예를 들어 30을 넘어서서 상승하고 있으면 추세가 진행된다고 판단하여 그 흐름에 편승한다.

그림 4-6의 기아차 움직임을 보면 9월까지는 좁은 범위에서 횡보하며 등락을 거듭하는 약한 흐름을 보이다 9월 초에 상승 반전하면서 11월 중반까지 큰 폭의 상승 흐름이 나타난 것을 알 수 있다. 9월 초까지 ADX의 값은 20 이하에 머물며 하락하고 있어서 가격이 비추세적으로 움직이고 있음을 보여준다. 9월 중순부터 ADX 값이

상승하면서 주가가 추세적으로 움직이고 있다는 것을 알려주고 있다. 이후 ADX 값은 두 달 동안 지속적으로 상승하면서 주가의 강한 흐름을 반영한다.

주가 변동성 측정

ATR(Average True Range) 지표는 주가의 변동성을 측정하기 위한 지표다. 지표의 계산은 고가와 저가, 전봉 종가와 고가, 전봉 종가와 저가의 폭이 각각 얼마인지를 구한 뒤 가장 큰 값을 채택한다.

① 오늘 고가 - 오늘 저가
② 오늘 고가 - 전일 종가의 절댓값
③ 전일 종가 - 오늘 저가의 절댓값
④ 참 변동 폭 = ①, ②, ③의 최댓값

이렇게 계산된 참 변동 폭(true range)을 평균한 것이 ATR 지표다.

현재가가 1만 원인 A, B 두 주식이 있다고 하자. ATR 값을 보니 A주식은 500원, B주식은 1000원이라면 당연히 B주식의 변동성, 즉 주가의 고저 움직임 폭이 훨씬 크다는 것을 알 수 있다. ATR 값이 큰 종목은 위험과 기회가 동시에 존재한다. 단기 매매를 하려면 종목이 어느 정도는 진폭을 가지고 움직여야 수익을 얻을 수 있는 기회를 쉽게 발견할 수 있기 때문에 ATR 값이 큰 종목을 고른다.

그림 4-7 LG화학 ATR 지표

그림 4-7은 LG화학의 14일 ATR 지표다. 사례에서 볼 수 있는 것처럼 14일간의 참 변동 폭을 평균한 ATR 지표가 상승하면서 주가의 변동 폭이 커지는 흐름을 반영하고 있다. 잔잔한 파도의 출렁거림이 이어지다가 어떤 큰 파도가 밀려오는 것과 같은 에너지의 힘을 느낄 수 있다.

주가 변동성을 측정하는 ATR 지표는 종목 선정, 위험 관리, 포지션 규모 결정에 많이 활용된다. 진폭이 크지 않고 안정적으로 움직이는 종목을 선호하면 ATR 지표 값이 낮은 종목을 고르고, 진폭이 큰 종목을 선호하면 ATR 지표 값이 높은 종목을 고르면 된다. 일반적으로 ATR 지표 값이 상승하고 있을 때는 시장 가격이 추세적으로 움직이는 경향이 있는 점을 활용하여 주가가 움직이는 방향대로 편승하는 것도 좋다.

위험 관리 측면에서는 일반적인 진폭을 크게 벗어나는 하락 움직임이 나타날 경우, 청산하고 빠져나오는 기준을 세울 수 있다. 예를 들어 최근 고점 대비 ATR 값의 2배 하락이 나타날 경우에는 청산하겠다는 방식으로 주가 변동성 지표를 활용할 수 있다.

주가 변동성을 측정하면 매매 규모를 결정하는 데도 도움이 된다. 일반적으로 진폭이 크면 위험도 함께 커지기 때문에 ATR 지표 값이 높으면 매매 규모를 보수적으로 설정한다. ATR 지표 값이 높으면 손절 가격까지 쉽게 도달할 수 있으므로 손절 가격 범위를 넓히고, 대신 수량은 적게 진입해서 일시적인 가격 급등락에 휘둘리지 않도록 준비하는 것이 좋다.

시장에 대응하는
2가지 방법

　　　　　시장 대응 방법은 크게 '시장의 흐름을 따르는 방법'과 '시장의 흐름에 맞서는 방법'이 있다. 오르고 있으니까 매수하겠다고 하면 시장의 흐름을 따르는 것이고, 너무 많이 올랐으니까 매도하겠다고 하면 시장의 흐름에 맞서는 것이다. 큰 수익은 시장의 큰 흐름을 따를 때 가능하다. 그러나 시장의 흐름에 맞서는 투자가 성공하면 반전 시점에 일찍 대응할 수 있다는 장점도 있다. 실제로 시장에서는 이 2가지 대응 방법이 충돌하며 현재가를 만들어간다.
　　현재가의 중요성에 대해서는 이 책에서 여러 번 강조했다. 시장 가격은 현재 거래에 참여한 투자자들이 일시적으로 합의한 가격이다. 이를 무시하고는 아무것도 할 수 없다. 투자자는 현재가를 피해 갈 수 없다. 받아들이거나 무시하거나 그 결정은 투자자가 선택할 몫이다. 현재가가 움직이는 방향이 시장이 움직이는 방향이다. 시장이 움직이는 방향에 편승한다는 것은 현재가가 움직이는 방향에 편승하는 것과 같은 말이다.

시장의 흐름을 따르는 매매는 오르고 있으니까 매수하고, 내리고 있으니까 매도하는 것이다. 지금 시장이 오르고 있는지 내리고 있는지를 판단할 기준만 가지고 있으면 된다. 일반적으로 이동평균선이나 특정 저항선의 돌파에서 흐름에 편승할 수 있는 객관적인 기준을 세운다.

그런데 잘나가고 있던 상승 흐름이 바뀐 것을 확인하고 청산하려고 하면 그동안 투자자를 들뜨게 했던 장부상의 이익이 많이 감소하게 된다. 심지어는 평가이익이 평가손실로 바뀌는 끔찍한 경험도 해야 한다. 어떤 때에는 흐름에 편승하자마자 되돌림에 당하고, 손절하고 나면 다시 흐름이 나타나곤 해서 투자자의 인내심이 어느 정도나 되는지 자주 시험에 들게 한다. 흐름에 따르는 것이 말처럼 쉽지 않은 이유다.

이에 반해 흐름에 맞서는 것은 오히려 그럴듯하다. 심리적으로 편안한 느낌을 갖는다. 떨어졌으니까 매수하고, 올랐으니까 매도한다. 이 매매가 성공하면 마치 시장의 모든 투자자들에게 보란 듯이 자신의 용기 있는 행동을 자랑하고 싶어진다. '상투'를 잡은 다른 투자자에게 약간은 미안해하면서 말이다. 무언가 제대로 매매하고 있다는 자부심을 느끼게 된다.

시장의 흐름에 맞서기 위해서는 과매수(overbought)와 과매도

(oversold)를 이해해야 한다. 과매수는 한마디로 너무 많이 매수했다는 뜻이다. 즉 매수세가 많이 몰려서 지금까지는 상승 흐름을 이어왔지만 매수하고 싶은 투자자들은 모두 매수했기 때문에 이후에 추가로 매수세가 유입되기 어려운 상황이라는 것이다. 매수세가 이어지지 않는다면 주가는 결국 하락할 것이다. 과매도는 그 반대의 상황이다.

과매수 상태를 진단하기 위해서는 주가의 상승 흐름 중에 나타난 상투 거래량을 분석하거나, 주어진 기간의 고점에서 하락 반전되는 상황에 주목한다. 특히 긴 주기의 기간 분석과 짧은 주기의 기간 분석에서 모두 고점에서 하락으로 방향을 틀면 상승세가 이어지기 어렵다고 판단할 수 있다. 또한 주가는 상승하는데 모멘텀이 하락하고 있으면 시장의 상승 에너지가 약화되는 것이어서 이후 주가가 하락 반전될 것이라고 본다.

대부분의 일반 투자자들이 흐름을 따르기보다는 흐름에 맞서는 용기 있는 매매를 한다. 그런데 결과적으론 시장에서 돈을 벌지 못한다. 가격이 올라서 매도했는데 더 오르면 떨어질 때까지 아무것도 못한다. 그리고 배만 아프다. 가격이 떨어져서 매수했는데 더 떨어지면 계속 매수하다가 결국에는 돈도 떨어진다.

시장의 흐름에 맞서는 매매는 거래할 때 기분만 좋고, 자신이 잘하고 있다는 착각에 쉽게 빠지게 된다. 떨어질 때 매수해서 오르면 매도하려 했는데, 뜻대로 되기만 하면 얼마나 좋겠는가? 그렇게 부지런히 매매해도 이상하게 계좌에는 돈이 쌓이질 않는다. 움직이는 진폭이 아무래도 시장의 흐름을 따르는 매매보다는 작다. 또 어쩔 수 없이 매매를 자주 하게 되고, 매매비용도 많이 발생한다.

만일 지금 흐름에 맞서는 매매를 하고 있다면 늘 마음의 준비를 하고 있어야 한다. 반전이 나타나지 않으면 그 흐름이 지속되는 것이니 그 흐름에 편승하기로 마음을 바꿀 수 있어야 한다. 이것만 잘하면 시장에서 고수라 불리는 유연하고 유능한 투자자가 될 수 있다. 기계적인 시스템으로 거래한다면 진입과 청산, 재진입의 규칙을 만들어놓으면 된다.

끊임없이 상승할 것 같던 주가도 어느 시기에는 상승을 멈추고 하락 반전하게 된다. 미리 반전을 예견하고 그동안 보유하고 있던 포지션을 청산할 수 있으면, 나중에 하락을 확인하고 청산하는 것보다 더 좋은 가격에 시장에서 빠져나올 수 있다. 하지만 그 시기를 정확히 알 수 있는 투자자는 아무도 없다. 심리적으로 꺼려지더라도 상승 흐름이 이어지고 있으면 그 방향으로 계속 따라가는 것이 확률적 승산이 더 높다. 벌 수 있을 때 큰 수익이 가능한 전략을 고수하는 것이 빈번한 매매도 피하고, 평균손익비도 좋아지는 결과를 낳는다.

어린아이의 눈으로 시장을 보라

　　시장에서 수익을 내려면 시장의 흐름을 따라야 하고, 시장의 흐름을 따르기 위해서는 시장의 흐름을 파악하는 방법을 알고 있어야 한다. '시장과 맞서지 마라.' '시장을 섣불리 예측하려 들지 마라.' '시장에 관해서는 어떠한 견해도 갖지 마라.' 이러한 격언들은 시장의 흐름에 순응하는 매매를 해야 성공한다는 점을 강조하고 있다. 그런데 많은 투자자가 시장의 흐름을 따르지 못한다. 왜 그럴까? 한마디로 시장의 흐름을 있는 그대로 바라보는 방법을 배우지 못해서 그렇다. 시장의 흐름을 따르는 매매는 시장의 움직임에 '복종'하는 것이다.

　　복종한다는 것은 어떻게 하는 것인가? 바로 다섯 살 어린아이의 눈으로 시장을 바라보는 것이다. 오를 것 같아서 매수하는 것이 아니라, 오르고 있으니까 매수하는 것이다. 내릴 것 같으니까 매도하는 것이 아니라, 내리고 있으니까 매도하는 것이다.

여기서 간단한 퀴즈를 내겠다. 생각을 1초 이상 하지 말고 답을 적어보시라.

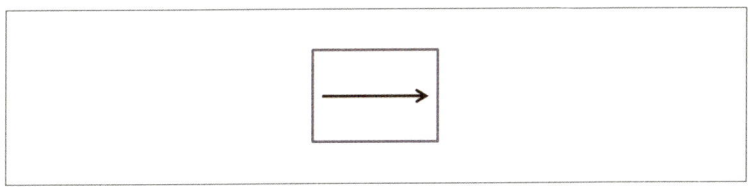

그림 4-8

1. 그림 4-8과 같은 모양의 시장 흐름은 어떤 흐름인가?
   1) 상승 흐름
   2) 하락 흐름
   3) 횡보 흐름

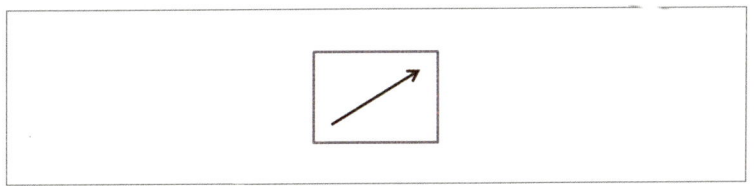

그림 4-9

2. 그림 4-9와 같은 모양의 시장 흐름은 어떤 흐름인가?
   1) 상승 흐름
   2) 하락 흐름
   3) 횡보 흐름

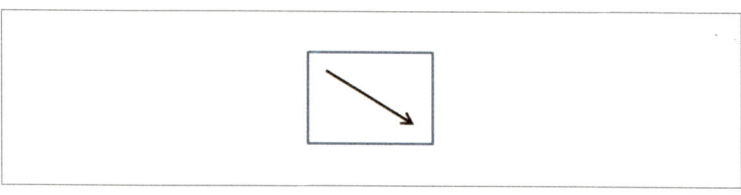

그림 4-10

3. 그림 4-10과 같은 모양의 시장 흐름은 어떤 흐름인가?
   1) 상승 흐름
   2) 하락 흐름
   3) 횡보 흐름

시장 흐름에 복종하면 투자자는 실패하지 않는다. 지식이 많으면 생각이 많아지고, 지금 이 순간의 흐름을 있는 그대로 지켜보지 못한다. 그냥 눈에 보이는 대로 따라 하면 되는데 이 단순한 행동을 하지 못하는 투자자들이 너무 많다. 시장의 현재 흐름과는 동떨어진 자신만의 상상의 나래를 펼친다. 시장에서의 진실은 오로지 '시장 가격' 하나다. 이 시장 가격이 오르면 매수만 생각하고, 내리면 매도만 생각한다.

모든 투자자가 심리적으로 주식을 싸게 사고 싶어 한다. 이러한 태도에 대해 전설적인 투자자 중 한 사람인 래리 윌리엄스(Larry Williams)는 이렇게 이야기한다.

"싸다는 것, 비싸다는 것. 이 모든 것을 잊어버려라. 그것은 스크린에 나타나는 숫자에 불과하다. 어떤 사람이 내게 질문한다. 현재 주식 가격이 하락하고 있는데, 당신은 어느 시점에 매수할 것인가? 나의 대답은 당연히 이렇다. 매수? 매수? 주식 가격이 하락하고 있는데? 나는 오히려 매도할 것이며, 하락이 계속 이어지면 계속 매도할 것이다. 언제까지? 가격이 0원이 될 때까지라도 매도할 것이다.

반대로 주식 가격이 상승하고 있다면 어떻게 할 것인가? 나의 대답은 당연히 이렇다. 주식 가격이 상승하고 있으면 매수할 것이고, 계속 매수만 할 것이다. 언제까지? 주식 가격이 달나라까지 올라가더라도 매수할 것이다."

많은 투자자들이 주가가 오를 때는 상투 시점을 찾고, 하락할 때는 바닥 시점을 찾기에 바쁘다. 래리 윌리엄스가 이렇게 극단적으로 흐름을 따를 것을 강조하는 이유는 그러한 매매 행태에 경종을 울리기 위해서다. 주가가 상승하고 있으면 너무 비싸 보여서 그 흐름에 동참하지 못한다. 그러다가 하락 흐름으로 바뀌고 나서야 매수에 가담하여 손실을 입는 투자자들이 의외로 많다. 주식은 상승 흐름일 때 매수해야 한다.

물론 주식이 상승하고 있어서 매수했는데 그 지점이 꼭짓점이라면 손해를 볼 수밖에 없다. 당연히 그렇다. 그러한 손해는 일상적인 비용 지출로 '즐겁게' 받아들여야 한다. 적은 손실로 시장에서 빠져나와 다시 상승하는 종목을 매수하면 된다. 심리적으로 이번에도 꼭 짓점에서 매수하는 것이 아닌가 하는 두려움이 생겨 한 푼이라도 싸게 사려고 한다. 그러한 두려움을 극복해야 한다. 실제 시장은 그렇게 움직이지 않는다.

시장의 흐름을 따르는 방법

　　시장의 흐름을 쉽게 파악하는 방법은 주가 그래프의 중심을 따라 화살표를 그려보는 것이다. 화살표가 우상향하면 상승, 우하향하면 하락 흐름이다. 화살표가 옆으로 그려지면 횡보하고 있는 것이다. 그림 4-11은 현대중공업의 일간 차트다. 화살표 그리기를 해보자. 2010년 6월의 저점에서 2010년 10월의 고점까지 화살표를 그리면 우상향하는 것이 분명하다. 각종 이동평균선도 정배열을 형성하고, 상승 흐름을 이어가고 있다. 현재의 가격을 받아들이고 매수하는 투자자들이 존재하는 동안에는 상승 흐름이 계속 유지될 것이다. 이 종목을 매수하는 데 한 가지 마음에 걸리는 부분은 저점에서 2배 이상 가격이 상승했다는 사실이다. 여러분은 어떤 결정을 할 것인가?

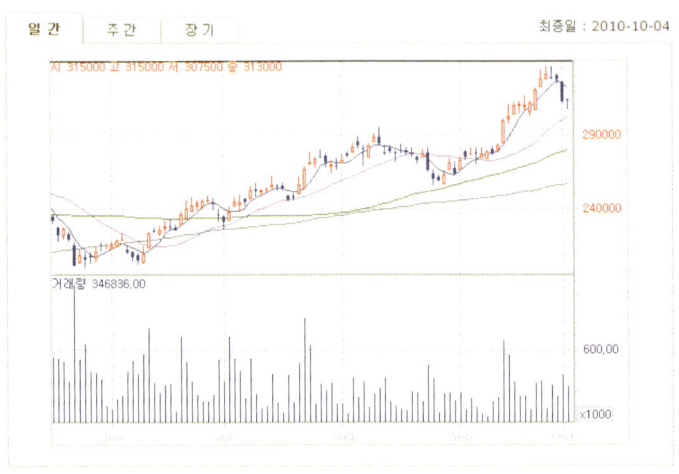

그림 4-11 현대중공업 일간 그래프(2010. 5~2010. 9)

일반 투자자는 이렇게 상승 흐름에 있는 종목을 쉽게 매수하지 못한다. 가격이 떨어진 종목을 매수해야 주식을 싸게 사는 것이라고 생각한다. 가격이 오르고 있는 종목은 비싸게 느낀다. 그리고 자신이 그렇게 느끼고 있으면 다른 사람도 그럴 것이라고 착각한다. 하지만 진실은 정반대다. 오르고 있으면 대부분의 투자자들이 수익을 내고 있기 때문에 매도를 서두르지 않는다. 매수세가 조금만 형성되어도 주가가 쉽게 오른다. 한마디로 주가의 상승을 억누를 저항 영역이 아직 존재하지 않는 상태인 것이다.

- 첫 상한가를 따라가라.

- 신고가에 매수하라.
- 기간 돌파 종목을 따라가라.
- 정배열 형성 초기에 편승하라.
- 시세는 시세에 물어보아라.

이것이 시장 흐름을 따르는 최선의 투자 전략이다. 시장 흐름에 결코 맞서지 않는다. 싸게 사서 비싸게 팔겠다는 생각은 잊고, 비싸게 사서 더 비싸게 팔겠다고 생각한다. 이를 즐겁게 받아들일 수 있으면 투자가 힘들거나 까다롭지 않다. 바닥을 예측하고, 고점을 예측하고, 패턴을 예측하고, 정보를 찾으러 이곳저곳 돌아다닐 필요가 없다. 주식을 싸게 사려고 하는 것은 두려움과 욕심 때문이다. 이상하게도 시장은 피하려고 하면 그 일을 겪게 된다. 주식을 싸게 사면 자신이 매수한 가격보다 더 낮아지는 일을 많이 경험한다. 주식을 비싸게 사면 이 주식을 매수하는 다른 투자자의 노력을 쉽게 느낀다. 실제로는 한 번도 만난 적이 없어도 상승 흐름을 만들어가는 매수 주체들과 함께 호흡하는 것이 어떤 느낌인지를 알게 된다.

그림 4-12는 그림 4-11 이후에 보여준 현대중공업의 주가 흐름이다. 2010년 10월부터 상승 흐름이 이어져 2011년 1월까지 50%가 넘는 상승 흐름이 나타났고, 계속 상승 흐름이 이어지고 있다.

투자에 성공하려면 다음에 열거한 5가지 원칙을 지켜야 한다.

- 시장이 움직이고 있는 방향을 읽어낸다. 화살표를 그리거나

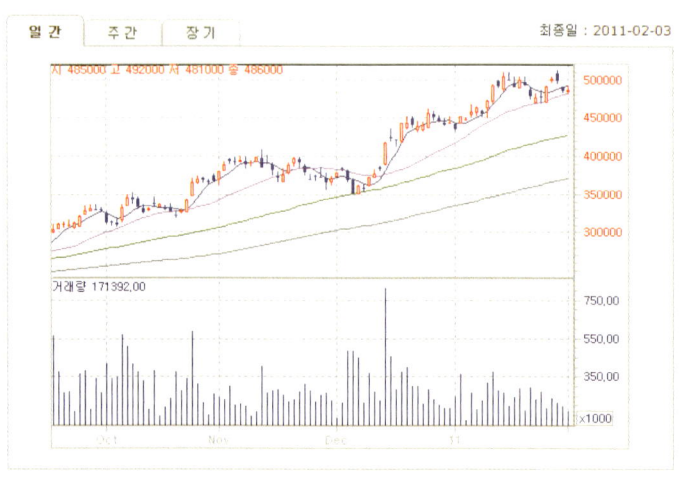

그림 4-12 현대중공업 일간 그래프(2010. 10~2011. 1)

이동평균선을 관찰한다.
- 화살표 방향대로 편승한다. 우상향이면 매수, 우하향이면 매도, 횡보하면 관망한다.
- 손실이 발생하면 적당한 수준에서 짧게 자르고, 수익이 발생하면 끝까지 유지한다.
- 최초의 투자에서 수익이 발생하면 추가로 매수한다.
- 미리 정해놓은 가격을 하향 돌파하지 않는 동안에는 매수를 계속 유지한다.

앞의 사례에서 우상향하는 화살표를 보았으니 우하향하는 화살

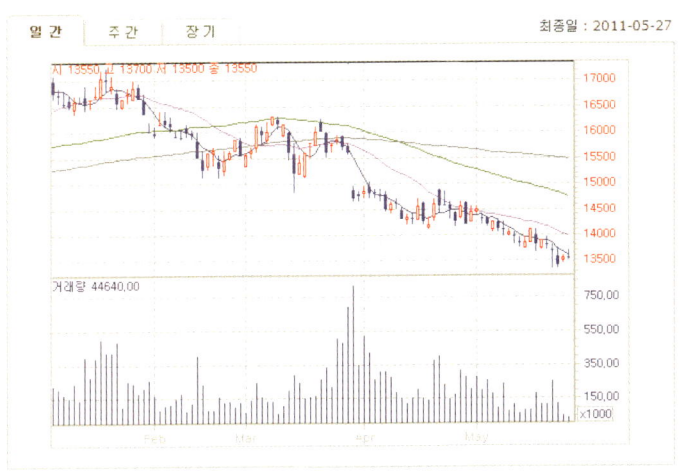

그림 4-13 대신증권 일간 그래프

표를 살펴보자.

그림 4-13의 종목과 같은 움직임에서는 매수한 투자자들이 계속 손실을 보게 된다. 주가가 조금만 반등해도 팔고 빠져나오고 싶은 마음을 갖게 된다. 상승할 때마다 매물이 출회된다. 흐름을 따르는 투자자라면 이 종목은 지지 영역이 확실해지고, 상승 흐름으로 전환되었을 경우에 매수해야 한다. 현재의 하락 흐름이 어느 수준까지 흘러내릴지 알 수 없기 때문에 싸게 사려는 마음을 자제하고, 상승 흐름이 나타날 때까지 계속 지켜봐야 한다.

이제 시장의 흐름을 따르는 방법을 구체적으로 살펴보자.

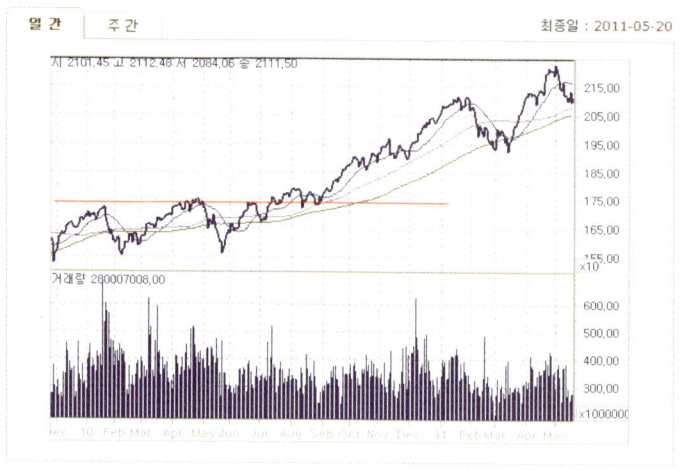

그림 4-14 돌파

돌파

돌파(breakout)는 정해놓은 구간의 기존 최고가를 오늘 종가가 상향 돌파하거나, 기존 최저가를 오늘 종가가 하향 돌파하는 가격의 움직임을 말한다. 돌파는 새로운 움직임의 시작이다. 돌파 없이는 기존의 지지와 저항 영역에 변화가 생기지 않는다. 특히 장기간 유지되어오던 지지선과 저항선이 돌파된다는 것은 그 기간 동안 힘이 비축된 만큼 새로운 움직임의 강도도 강하다. 그림 4-14를 보면 종합주가지수가 1750대의 저항선에서 두 번의 돌파 시도가 있었지만 성공하지 못하다가 2010년 8월에 돌파에 성공하면서 새로운 상승 흐름이 나타나는 것을 볼 수 있다.

돌파하는 흐름이 항상 새로운 움직임으로 전개되는 것은 아니다. 일시적으로 돌파가 발생했다가 다시 기존의 박스권으로 되돌아오는 경우도 자주 발생한다. 이 경우, 속임수 모양에 당했다는 말을 한다. 그래서 투자자는 혹시 단기 고점에 매수하는 것이 아닌가 하는 두려움에 돌파에 쉽게 편승하지 못한다. 하지만 과거 큰 시세를 냈던 종목들의 흐름을 되돌려보면 직전 고점의 돌파 없이 큰 상승 흐름이 나타날 수 없다는 것을 알 수 있다.

돌파를 이용한 전략의 장점은 다음과 같다.

- 돌파 시점을 명확히 알 수 있다.
- 돌파 이후 강한 추세가 형성되면 큰 수익이 가능하다.
- 돌파 실패를 확인하고 시장에서 빠져나올 수 있다.
- 다시 돌파가 나타날 때까지 매매를 쉴 수 있다.

돌파 시스템의 단점은 시장이 박스권을 오랫동안 유지할 경우, 수익을 얻을 기회를 포착할 수 없다는 점이다. 수익은 시장이 주는 것이라서 어쩔 수 없는 측면도 있지만 실제로 돌파 이후의 강한 흐름을 기대하는 투자자들은 실망이 클 수 있다. 이러한 단점을 감안해 다양한 전략들의 포트폴리오 안에 돌파 전략이 포함되도록 해야 한다.

돌파 전략의 특징은 낮은 승률과 높은 평균손익 비율을 들 수 있다. 돌파는 자주 발생하는 것이 아니어서 돌파가 나타날 때까지 기

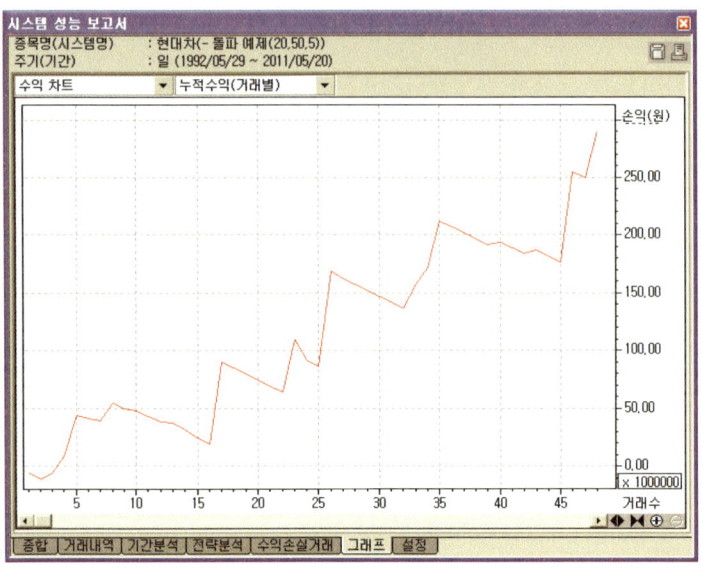

그림 4-15 돌파 시스템을 적용한 손익곡선

다리는 것이 지루하다. 한번 나타난 돌파가 속임수였으면 손절하고 다시 오랫동안 기다려야 한다. 그런데 어느 시기에 나타난 돌파가 강한 추세적 흐름으로 진행될지 알 수 없기 때문에 매번의 돌파 신호에 참여하려고 노력해야 한다. 돌파 전략을 시스템에 구현했을 경우에는 어느 종목이 강할지 알 수 없기 때문에 가급적 다양한 종목에 분산하여 적용할 필요가 있다.

그림 4-15는 현대차의 일간 차트에 돌파 시스템을 적용한 손익 그래프다. 검증 기간은 1992년부터 2011년 5월까지이며, 매매 조건은

다음과 같다.

- 매수 조건: 오늘 종가가 20일 기간의 직전 최고가를 상향 돌파할 때 매수
- 매도 조건: 오늘 종가가 50일 기간의 직전 최저가를 하향 돌파할 때 매도
- 손절 조건: 매수 가격에서 5% 하락할 경우

손익곡선의 흐름을 보면 알 수 있지만 돌파 이후에 추세가 나타나면 수익을 얻을 수 있고, 돌파가 실패하면 손절하게 되면서 지그재그 모양의 손익곡선이 나타난다. 추세가 나타날 때까지 기다리는 동안 적은 손실이 누적되면서 계좌 손익이 줄어들지만 길게 보면 손익곡선은 우상향하는 모습을 보여준다. 다른 종목들도 비슷한 손익곡선 흐름을 나타낸다.

이동평균선의 교차
시장의 흐름을 따르는 방법으로, 단기 이동평균선과 장기 이동평균선의 교차를 이용한 전략을 많이 활용하고 있다. 이동평균선을 이용할 때는 다음과 같은 가정을 한다.

- 시장의 흐름은 단기간에 바뀌지 않는다. 한번 흐름의 방향이 정해지면 그 방향으로 계속 움직이는 경향이 있다.

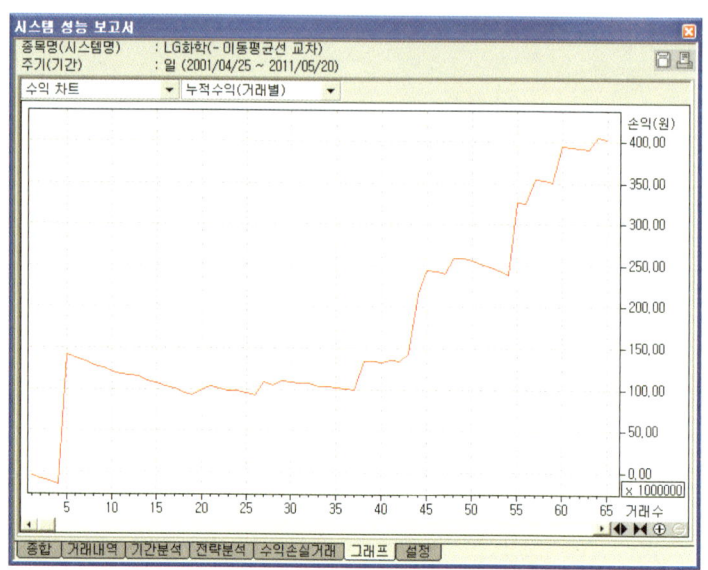

그림 4-16 LG화학 이동평균선 교차 전략

- 종가가 이동평균선 위에 있을 때는 상승, 아래에 있을 때는 하락 흐름이다.
- 종가가 이동평균선을 돌파했을 때 추세의 변화가 발생한다.

그러나 실제로 이동평균선의 교차를 적용할 때 시장이 좁은 구간에서 등락이 반복될 경우에는 손실 거래가 자주 발생하기 때문에 그렇게 마음 편히 지켜볼 수 있는 전략은 되지 못한다. 전략의 성격이 원래 그런 것이라고 마음의 준비를 하고 있어야 한다.

이동평균선의 교차를 이용한 전략은 간단하게 만들 수 있다. 그림 4-16은 LG화학을 사례로 이동평균선 교차 전략을 적용한 것이다. 매매 조건은 다음과 같다.

- 매수 조건: 오늘 종가가 60일 이동평균선을 상향 돌파할 때 매수
- 매도 조건: 오늘 종가가 60일 이동평균선을 하향 돌파할 때 매도
- 손절 조건: 매수 가격에서 5% 하락할 경우

그림 4-16의 손익곡선은 LG화학의 종가가 60일 이동평균선을 상향 돌파할 때 매수하고, 그 반대일 경우에 청산하는 전략의 손익 그래프다. 상승 흐름이 이어지면 수익을 얻는 전형적인 모습을 볼 수 있다. 이처럼 이동평균선 교차를 이용한 시스템은 추세가 나타날 경우에 그 신호를 놓치는 일은 없다는 장점이 있다. 시장의 흐름 전환을 분명하게 보여준다. 또한 상승 전환을 확인하기 전까지는 매매에 참여하지 않기 때문에 '휴식도 투자'라는 기다림의 미덕을 가질 수 있다. 하지만 진입 이후에도 시장이 뚜렷한 추세의 움직임을 보이지 않을 경우에는 진입과 손절 청산을 반복하게 되면서 지루한 기다림의 시간이 되어버린다.

이동평균선 교차 전략은 일봉을 기준으로 할 때는 종목과 시장에 관계없이 수익의 흐름을 보여준다. 그런데 짧은 주기에 적용할 때는 잦은 손실 거래가 발생해서 수익의 흐름이 나타나지 않는다. 즉 한

번 교차가 이루어진 이후 다음 교차가 나타날 때까지 어느 정도 수익 진폭을 보여주어야 효과적인데, 짧은 주기에서는 진폭이 작아 수익을 내지 못한다. 일반적으로 승률은 30~40%이고, 평균손익비는 2배 이상 나온다. 이동평균선 교차 전략에서는 큰 수익이 발생할 수 있는 움직임에 진입하지 못하는 것이 최악의 상황이라고 할 수 있다. 가급적 필터를 넣지 말고 추세 전환이 이루어졌을 때 시장의 움직임에 참여할 수 있도록 단순하게 구성하는 것이 더 효과적이다.

이동평균의 수렴과 확산

시장 흐름을 따르는 이동평균선 교차 전략의 가장 큰 단점은 매매 신호가 늦게 발생하는 후행성이 있다는 것이다. 이 단점을 개선하기 위해 만든 지표가 이동평균의 수렴과 확산 지표인 MACD(Moving Average Convergence & Divergence) 지표다. 단기 이동평균선과 장기 이동평균선은 이격이 좁혀졌다가 벌어지는 일이 반복된다. 이 점에 착안해 이격도가 좁혀졌다가 벌어질 때 그 방향대로 투자하면 후행성을 극복할 수 있다고 보았다. MACD 지표를 만든 제럴드 아펠(Gerald Appel)은 12일과 26일의 지수이동평균값을 사용했는데, 단순이동평균값을 사용해도 성과에는 별 차이가 없다.

MACD 지표 값은 다음과 같이 구한다.

- MACD = 단기 지수이동평균 − 중기 지수이동평균
- 신호선 = MACD의 지수이동평균값

그림 4-17 MACD 지표를 활용한 매매

MACD가 0보다 크다는 것은 단기 이동평균 〉 장기 이동평균인 정배열 상태를 의미한다. 만일 MACD가 음수에서 양수로 바뀌었다면 이동평균 교차가 발생한 것이다.

그림 4-17에서 볼 수 있듯이 MACD가 0선을 돌파하는 것보다는 MACD가 신호선과 교차하는 것이 더 빠르게 나타난다. MACD는 이격이 좁아지기 시작하면 먼저 신호를 발생하기 때문에 이동평균선의 후행성을 개선시켜주는 효과가 있다.

그런데 MACD 전략을 시스템에 만들어 여러 종목에 적용해본 결과, 단순한 이동평균 교차 전략보다 특별히 우위의 강점을 찾지는 못했다. 조금 일찍 시장의 반전을 읽어낼 수도 있는 MACD의 장점

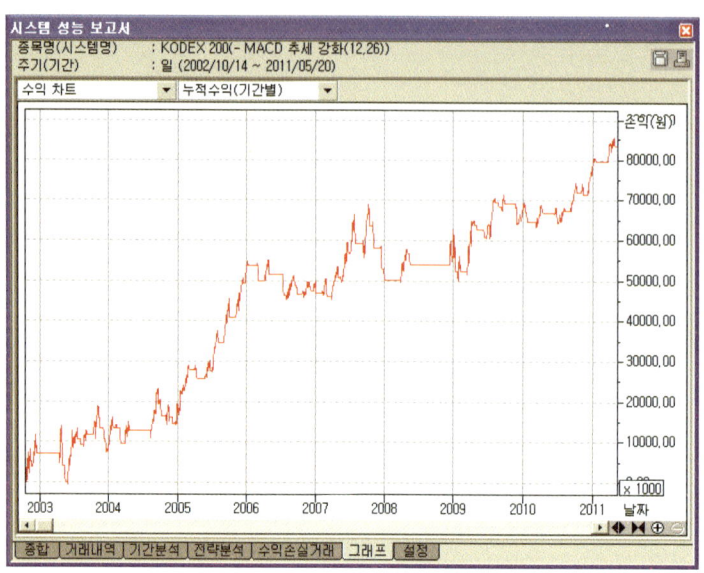

그림 4-18 코덱스200에 MACD를 이용한 손익곡선

이 오히려 성급한 대응이 되어 손실 거래를 발생시키는 단점이 되는 경우도 많았다. 그러나 청산 방법에는 나름대로 강점이 있는 것으로 나타났다.

　MACD 지표 값이 양수를 유지하고 있는 상황에서 신호선의 상향 돌파가 발생하거나 MACD 지표 값이 음수를 유지하고 있는 상황에서 신호선의 하향 돌파가 발생할 때 그 방향으로 흐름이 강화되는 모습이 자주 목격되었다.

　구체적인 매매 조건은 다음과 같다.

- 매수 조건
    ① MACD 값이 0선을 상향 돌파할 때 매수
    ② MACD 값이 양수인 상황에서 신호선을 상향 돌파할 때 매수
- 매도 조건: MACD 값이 신호선을 하향 돌파할 때 매도
- 손절 조건: 매수 가격에서 5% 하락할 경우

그림 4-18은 MACD 추세 강화 전략을 코덱스200에 적용한 손익 그래프다. 실전에서 사용하기에 충분한 손익 흐름을 보여주고 있다. 특히 2008년도의 금융 위기에는 신호를 발생시키지 않았기 때문에 위험을 회피하는 데 큰 도움이 되었음을 알 수 있다.

시장의 흐름에 맞서는 방법

　　　　　지금부터 시장의 흐름에 맞서는 방법을 살펴보자. 가장 효과적인 방법은 정해진 구간의 최고점에서 매도하고, 최저점에서 매수하는 방법이다. 어떤 구간을 정해놓으면 그 구간 내에서 최고점과 최저점을 구할 수 있다. 주가 흐름을 가정할 때 현재가가 그 구간의 최고점 부근에 도달하면 하락을 예상하여 매도할 수 있고, 그 구간의 최저점 부근에 도달하면 상승을 예상하여 매수할 수 있다. 이런 의도로 만든 지표들을 시장진동 지표 또는 오실레이터(Oscillator)라고 부른다.

　스토캐스틱, 윌리엄 %R, RSI, MACD 오실레이터 지표 등은 모두 정해진 구간의 최고점과 최저점 사이에서 현재 가격이 어느 지점에 위치하고 있는지를 계산한다.

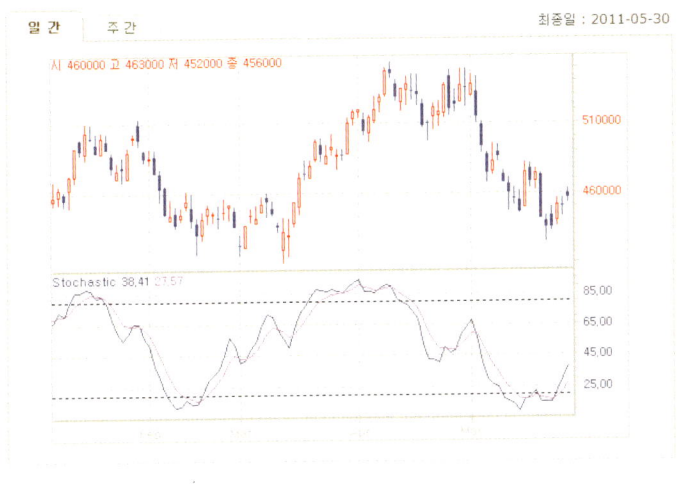

그림 4-19 현대중공업 스토캐스틱 지표

　이 지표를 이용할 때는 구간의 최저점 근방에서 반등이 나타나면 매수하고, 구간의 최고점 근방에서 하락하면 매도한다. 시장이 정해진 박스권에서 등락하고 있을 때에는 이들 지표들이 매매하기 좋은 신호를 제공한다. 그림 4-19는 현대중공업의 주가 흐름을 스토캐스틱 지표로 본 것이다. 박스권에서 움직일 때는 지표의 바닥권에서 매수하고, 지표의 천장권에서 매도하는 대응이 효과적임을 알 수 있다.

　시장진동 지표를 이용할 때 앞에서 살펴본 주가와 지표의 괴리를 자주 볼 수 있다. 모멘텀이나 MACD 오실레이터와 같은 기술적 지표들을 보면 주가는 상승하고 있는데 지표는 하락하거나, 주가는 하

그림 4-20 주가 흐름과 지표 흐름의 괴리

락하고 있는데 지표는 상승하는 괴리 현상이 자주 나타난다. 이런 주가와 지표의 괴리를 '다이버전스(divergence)'라고 부르는데 향후 주가 흐름을 선행적으로 예측할 때 많이 참고한다. 현재 주가가 상승하는데 지표는 하락하고 있으면 그동안 이어오던 상승 탄력이 둔화되고 있다는 뜻이다. 이 경우에는 조만간 지표가 가리키는 방향으로 주가가 반전될 것으로 예측한다.

그림 4-20은 선물에 적용한 MACD 오실레이터 지표다. 2011년 2월에 선물 가격은 하락하고 있지만 지표는 상승하고 있다. 이후 3월 들어 4월까지 큰 폭의 상승 흐름이 나타났다. 4월에는 상승 흐름이 이어지고 있지만 지표 값을 보면 하락하고 있음을 알 수 있다. 5월 들

어서는 더 이상의 상승 흐름이 이어지지 못하고 하락 반전한다.

  시장의 흐름에 맞서는 방법은 싸게 사서 비싸게 팔고 싶은 투자자의 기본적인 성향과 잘 들어맞는 대응 방법이다. 어느 정도 하락하면 이제 상승이 나타날 것이라 기대하고 매매할 수 있다. 그런데 실제로 시장은 기대하는 수준보다 더 극단적으로 움직이는 경향이 있어서 시장의 흐름에 맞서는 방법이 섣부른 매매가 될 위험도 크다. 시장의 흐름에 맞설 때는 단기적 관점으로 대응하는 것이 좋다.

모든 지표를 결합하면 어떨까?

기술적 분석가를 괴롭히는 문제 중 하나가 현재 시장이 추세적으로 움직이는 것인지, 아니면 박스권에서 등락을 반복하는 것인지를 판단하는 일이다. 시장이 추세적으로 움직이면 시장의 흐름을 따르는 지표에 의존할 수 있고, 시장이 좁은 범위에서 등락하고 있으면 시장의 흐름에 맞서는 지표에 의존할 수 있다. 시장 흐름을 판단하는 기준을 만들기 위해 한 가지 응용할 수 있는 방법을 고안해보았다.

① 추세 판단 지표를 통해 현재 시장의 추세 여부를 판단한다.
② 추세가 존재한다고 판단하면 시장의 흐름을 따르는 지표에 가중치를 부여한다.

◾ 추세 판단 지표	
ADX	NO
볼린저밴드폭	NO
이동평균 이격평균	NO
ATR 변동성	YES
	추세존재판단 : 14%

◾ 추세 추종 지표	
일간 MK 매매신호	매수
주간 MK 매매신호	매수
단기이평분석	약한 매수
종합이평분석	약한 매수
MACD	매도
DMI	매도
파라볼릭	매수
CCI	매수
	추세지표 매수의견 : 67%

◾ 시장 진동 지표	
Stochastic	매수
모멘텀	매수
MACD Oscillator	매수
RSI	매수
윌리엄 %R	매수
Price ROC	매수
	시장 진동지표 매수의견 : 100%

◾ 채널/기타 지표	
채널 HiLow	매수
돌파(BreakOut)	중립
Binary Wave	매수
	채널/기타 지표 매수의견 : 60%

그림 4-21 다양한 기술적 지표 종합

③ 추세가 없으면 시장의 흐름에 맞서는 지표에 가중치를 부여한다.

④ 채널 지표와 같은 보조 도구로 시장을 진단한다.

그림 4-21은 다양한 기술적 지표를 종합하여 한눈에 볼 수 있도록 나타낸 것이다. 선물시장의 2011년 5월 31일자의 기술적 지표들

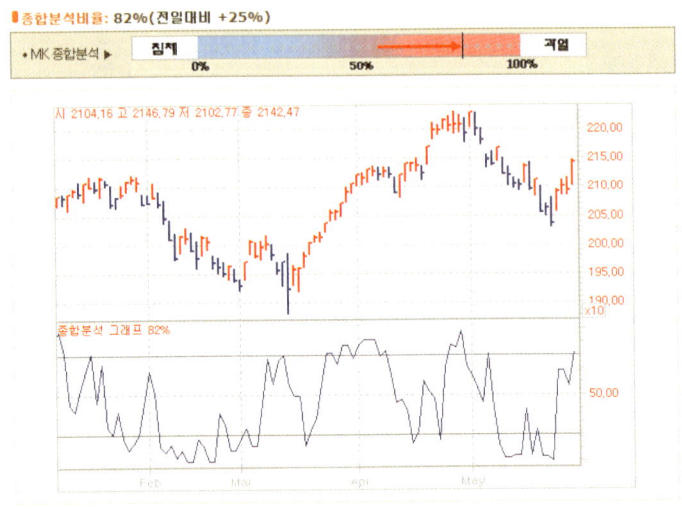

그림 4-22 지표 종합 분석

의 신호 상태다.

먼저 추세 판단 지표를 보면 ATR 변동성 지표를 제외하고는 아직 시장이 추세적으로 진행된다고 보지 않는다. 따라서 시장은 아직 추세로 움직이지 않는다고 해석한다. 이에 따라 추세 지표보다는 진동 지표 신호에 더 주목한다. 시장진동 지표는 모두 매수 의견을 내고 있다. 따라서 추세적이지는 않지만 강한 반등 흐름이 진행되고 있음을 알 수 있다.

그림 4-22는 위의 지표를 종합하여 시장진동 지표를 만든 것이다. 과열권과 침체권을 오가면서 오실레이터 지표가 보여주는 특성을 그대로 보여주고 있다. 이 지표는 추세가 형성되었을 때는 추세

지표를 반영하여 포지션을 더 길게 가져가려는 의도를 반영하고, 추세가 형성되지 못했을 때는 과열과 침체권에서 역추세 매매를 하려는 의도를 반영한 것이다. 직관적으로 지표의 움직임을 살펴볼 수 있어 도움이 된다. 단점은 여러 지표를 종합한다는 아이디어에도 불구하고 시스템으로 구성하기가 복잡해서 실제로 성과에는 좋지 않은 영향을 준다는 것이다. 하지만 기술적 지표로 시장 흐름을 파악하고 싶은 투자자라면 검토해볼 만한 아이디어가 될 수 있다.

파생상품을 알면
시장이 보인다

우리나라 파생상품 시장은 꼬리가 몸통을 흔든다는 말이 나올 정도로 막강한 영향력을 행사하고 있다. 옵션은 11년 연속 거래량 기준으로 세계 1위, ELW는 세계 2위, 선물은 세계 6위를 기록할 만큼 활성화되어 있다. 그만큼 많은 투자자들이 파생상품 시장에서 거래하고 있다는 뜻이다. 이제는 파생상품을 모르고는 주식투자도 쉽지 않게 되었다.

파생상품의 매매 동향을 분석하면 시장의 흐름을 읽을 수 있는 유용한 정보를 얻을 수 있을뿐더러, 위험과 기대 수익을 조화롭게 구성한 투자 전략을 구사할 수 있다. 파생상품에 관해서는 입문 서적들이 나와 있으니 그쪽을 참고하면 좋을 것이다. 이 책에서는 그 상품을 이용해 시장의 흐름을 예측하고, 전략적인 거래를 할 수 있는 투자 방법을 안내하겠다.

주식시장은 싸게 사서 비싸게 파는 매매 방식이 수익을 얻을 수 있는 유일한 방법이다. 주식을 빌려서 공매도할 수도 있지만 주된 투자 방식은 상승 흐름에 편승하는 것이다. 그래서 성공 확률을 높이려면 대세 상승기에 투자하고, 그렇지 않은 시기에는 쉬는 것이 지혜로운 선택이 된다. 주식시장의 격언 중에 '쉬는 것도 투자'라는 말도 있지 않은가.

이제는 파생상품 덕분에 다양한 투자 모델을 구축하여 시장의 상승과 하락 흐름에 관계없이 원하는 수익을 얻는 일이 가능해졌다. 일반 투자자들은 파생상품을 어렵게 생각하고 한편으로 무서워한다. 아마 대박과 깡통에 관한 뉴스가 파생상품인 선물과 옵션을 다루면서 많이 생산되는 것이 원인인 듯싶다. 사실을 얘기하면 선물과 옵션은 주식과 비교해서 그다지 위험한 상품은 아니다. 투자상품을 위험하게 만드는 것은 과도한 레버리지를 활용하는 투자자의 선택이다. 예를 들어 주식을 매수할 때 자신이 가지고 있는 투자 자금의 범위 안에서 매수하면 주가가 1% 상승했을 때, 내 계좌의 수익도 1% 불어난다. 그런데 미수와 신용을 활용해서 투자 자금보다 2.5배의 주식을 매수하면 내 계좌의 손익 변동이 그만큼 커지게 된다. 과도한 투자가 위험을 키우는 것이다.

주가지수선물은 기초 자산인 코스피200이 움직이는 방향을 맞히면 수익을 낼 수 있는 투자상품이다. 거래소 200개 종목의 1990년 1월 3일의 시가총액을 기준지수 100으로 하여 지수를 산출한다. 시가총액이 늘면 코스피200 지수가 올라가고, 시가총액이 줄면 코스피200 지수가 내려간다. 현재 지수가 300포인트라면, 시가총액이 기준 시점보다 3배 커진 것이다.

주가지수선물은 기초 자산인 코스피200의 만기일에 형성되는 종가로 모든 포지션을 정산한다. 선물을 200포인트에 매수했는데, 만기일에 코스피200 지수가 210포인트로 끝나면 10포인트(210-200)의 이익을 얻는 구조로 되어 있다. 1포인트에 50만 원 단위로 거래되기 때문에 10포인트의 수익을 얻었으면 이를 금액으로 환산했을 때 500만 원이 된다. 만기일은 1년에 네 번(3, 6, 9, 12월 두 번째 목요일)이며, 남아 있는 매수와 매도 포지션을 만기일 코스피200 종가로 정산하고 거래를 종료한다.

선물시장의 이론가 산정 등 복잡한 주제들이 있지만 한번 익숙해지면 선물은 그다지 이해하기 어려운 상품이 아니다. 한마디로 '지수 방향 맞히기 게임'을 하는 것이다. 만기일의 지수가 얼마가 될지 정확히 알 수 있는 투자자는 없다. 그래서 현재의 지수가 상승하면 선물 가격은 오르고, 현재의 지수가 하락하면 선물 가격은 내린다.

선물 1계약을 300포인트에 매수하는 것은 지수를 구성하는 상장종목 200개를 시가총액 비율대로 1억 5000만 원어치 매수하는 것과 같다. 1포인트의 거래 단위가 50만 원이기 때문에 300포인트×50만 원=1.5억 원이 된다. 1.5억 원으로 선물을 1계약 매수했을 경우에 지수가 1% 상승하면 포지션 손익도 1% 상승한다. 지수는 개별 종목보다 움직임이 완만하기 때문에 1억 5000만 원으로 선물을 1계약 매수하는 것은 개별 종목에 투자하는 것과 비교할 때 위험이 크지 않다.

그런데 제도적으로는 매수 대금의 15%에 해당하는 증거금만 납부하고도 선물을 1계약 매수할 수 있게 되어 있다. 이 말은 1.5억 원어치 주식을 2000만 원 남짓한 투자 자금으로 매수할 수 있다는 얘기다. 이렇게 되면 지수가 1% 변동해도 포지션 손익은 6% 넘게 변동한다. 지수가 10%만 불리하게 움직여도 투자자는 60% 넘는 손실을 입을 수 있다. 반대로 지수가 자신에게 유리한 방향으로 움직이면 큰 수익을 얻을 수 있다. 선물은 이제 증거금 제도로 인해 화끈한 투자상품이 되어버린 것이다. 선물 투자의 위험은 상품의 문제라기보다는 낮은 증거금으로 인해 높아진 레버리지를 조절하는 문제라고 할 수 있다.

선물은 이런 레버리지 효과가 있어 한번 이 상품의 맛을 알게 되면 주식 투자가 시시하게 느껴질 만큼 중독성이 있다. 시장의 상승과 하락 흐름을 잘 따라다니면 수익을 얻을 수 있다. 선물은 현물시장보다 먼저 움직이는 흐름을 보여주기 때문에 주식시장을 예측하는 데도 도움이 된다. 이는 베이시스 흐름으로 나타난다.

베이시스를 활용한 시장 흐름 진단

　　주가지수선물은 만기일에 현물지수와 같아지게 된다. 자신이 매수한 선물 가격보다 코스피200 지수가 상승했으면 수익을 얻고, 하락했으면 손실을 본다. 선물시장에 참여하는 투자자들은 적은 증거금과 높은 레버리지를 활용하여 활발하게 투기 거래를 하고 있다. 물론 주식의 가치 하락을 방어하기 위한 헤지 수단으로 선물을 매도하는 투자자도 있고, 선물과 현물의 괴리에 개입하여 무위험 수익을 얻는 차익 거래자들도 있다. 그러나 주요 매매 주체들은 주가지수의 방향에 베팅하는 투기 거래자들이다. 이처럼 선물시장이 활발하게 거래되다 보니 현물시장의 움직임을 예측할 수 있는 선도적인 정보를 제공한다.

　　앞으로의 시장 전망에 따라 선물 가격은 현물지수보다 높을 수도 있고, 낮을 수도 있다. 지수가 큰 폭으로 상승할 것이라고 전망하면 먼저 적극적인 매수 주체들이 선물을 매수한다. 선물은 적은 금액으로도 큰 물량을 확보할 수 있다는 장점이 있고, 주식시장보다 먼저 반응하는 경향이 있다는 것을 잘 알기 때문이다. 이런 투자자들의 움직임은 베이시스(basis)를 통해 한눈에 알아볼 수 있다.

베이시스 = 선물 가격 − 현물지수

베이시스가 0보다 큰 양수의 값을 갖게 되면 선물 가격이 현물지수보다 높다는 뜻이다. 이처럼 선물 가격이 현물지수보다 높은 상태를 콘탱고(Contango)라고 부른다. 함께 탱고를 추면서 놀고 싶은 기분이라고 할까? 향후 시장 전망을 긍정적으로 보는 투자자들이 적극적으로 선물을 매수하기 때문에 현물지수보다 가격이 높다.

반면 베이시스가 0보다 작은 음수의 값을 갖게 되면 선물 가격이 현물지수보다 낮다는 뜻이다. 이처럼 선물 가격이 현물지수보다 낮은 상태를 백워데이션(Backwardation)이라고 부른다. 향후 시장 전망을 비관적으로 보는 투자자들이 적극적으로 선물을 매도하기 때문에 현물지수보다 가격이 낮다.

선물 가격이 현물지수보다 높으면 비싼 선물을 매도하고, 값싼 현물을 매수하는 차익 거래자가 등장한다. 선물 만기일에는 두 상품 간의 가격 괴리가 사라지기 때문에 차익 거래가 성공하면 무위험 수익을 얻을 수 있다. 따라서 콘탱고 상태에서는 선물 매도 + 현물 매수와 같은 프로그램 매매가 유입되면서 주식시장의 상승세에 긍정적인 역할을 한다.

그림 4-23은 선물 가격과 현물지수의 베이시스를 그래프로 그려본 것이다. 베이시스 지표는 0 값을 중심으로 0보다 크면 콘탱고 상태, 0보다 작으면 백워데이션 상태를 뜻한다. 베이시스의 현재 상태가 어떤지를 살펴보는 것도 중요하지만 베이시스의 흐름이 어떻게 흘러가는지를 보는 것이 더 중요하다. 2010년 1월 중순까지 콘탱고를 유지하던 베이시스가 급격히 나빠지면서 2월 중순까지 백워데이션 상태를 보인다. 시장도 상승 흐름을 멈추고 단기에 급락하는 움직임이 나타났다.

이후 출렁거리던 시장은 3월에 접어들면서 상승 흐름으로 전환되었다. 베이시스도 콘탱고로 전환되어 상승을 뒷받침하고 있다. 4월 말까지 시장은 상승하고 있지만 크게 벌어졌던 베이시스가 조금씩 좁혀지다가 5월 들어 급격히 악화되면서 시장이 급락하는 모습이 나타난다. 6월 이후는 재차 베이시스가 콘탱고로 바뀌면서 시장이 상승하는 모습이다.

선물 거래를 하지 않고 주식투자만 하고 있다 해도 선물과 현물의 베이시스가 어떻게 변화하고 있는지를 관심 있게 보아야 한다. 베이시스 지표가 상승하고 있으면 향후 시장 전망을 좋게 보는 투자자들이 늘고 있는 것이므로 투자하기에도 좋은 환경이 형성된다. 따라서 주식투자의 성공 확률을 높이려면 베이시스 지표가 상승하고 있거나 콘탱고 상태에 있을 때만 투자하는 방법도 고려해볼 만

그림 4-23 베이시스 차트

하다. 아무 때나 시장에 뛰어든다고 시장에서 수익을 낼 수 있는 것이 아니다. 대세 상승기에도 일반 투자자들의 수익률이 형편없는데 시장이 하락하고 있는 시기라면 성공할 확률이 낮기 때문에 주의해야 한다.

주가지수
옵션 개요

　　　　선물은 코스피200 지수의 방향을 맞히는 투자 게임 상품이고, 옵션은 코스피200 '지수의 도달 가능성'을 놓고 벌이는 투자 게임 상품이다.

　선물은 지수가 움직이는 방향을 잘 따라다니면 수익을 얻을 수 있는 상품이어서 알고 나면 그리 복잡하지 않다. 그런데 옵션은 지수가 움직이는 방향뿐만 아니라 지수가 도달할 가능성을 놓고 거래하기 때문에 선물보다는 구조가 복잡한 상품이다. 즉 지수가 상승한다는 방향을 알아맞히고도 어디까지 상승할 것인지를 예측하는 데 실패하면 돈을 잃는다.

　옵션은 알면 알수록 투자자를 끌어들이는 매력적인 상품이다. 옵션 상품 덕분에 다양한 금융공학 기법을 활용하여 수준 높은 투자

KP200 종합 276.32 ▼ 1.03 (0.37%) 변동성 18.70% 시장BS -0.02 KOSPI200 11년 06월

종합시세표 | 종합민감도 | 콜시세표 | 풋시세표 | 콜민감도 | 풋민감도

콜옵션						행사가 (지수환산)	풋옵션					
미결제	거래량	매수	매도	대비	현재가		현재가	대비	매도	매수	거래량	미결제
139,995 (+17,576)	738,743	0.10 (1,622)	0.11 (2,249)	▼ 0.02 (15.38%)	0.11	292.5 (2,216.39)	16.30	0.00 (0.00%)	16.65 (5)	16.25 (9)	43	5,160 (-18)
194,978 (-6,423)	1,082,675	0.19 (2,250)	0.20 (1,533)	▼ 0.05 (20.83%)	0.19	290.0 (2,197.44)	13.95	▲ 0.95 (7.31%)	13.95 (1)	13.90 (9)	713	8,584 (-131)
214,550 (+42,270)	1,530,668	0.38 (281)	0.39 (673)	▼ 0.11 (22.45%)	0.38	287.5 (2,178.50)	11.75	▲ 0.80 (7.31%)	11.75 (2)	11.60 (40)	993	5,712 (+161)
205,798 (+24,075)	2,224,633	0.73 (134)	0.74 (242)	▼ 0.17 (18.89%)	0.73	285.0 (2,159.56)	9.65	▲ 1.05 (12.21%)	9.65 (5)	9.50 (9)	2,549	12,046 (+142)
105,435 (+3,233)	1,263,100	1.34 (10)	1.35 (260)	▼ 0.27 (16.67%)	1.35	282.5 (2,140.61)	7.65	▲ 0.70 (10.07%)	7.80 (30)	7.65 (2)	8,346	20,766 (-134)
146,508 (+33,342)	1,125,291	2.03 (47)	2.04 (87)	▼ 0.55 (21.32%)	2.03	280.0 (2,121.67)	6.00	▲ 0.75 (14.29%)	6.05 (3)	6.00 (44)	47,879	44,677 (+2,832)
73,517 (+25,956)	355,740	3.20 (127)	3.25 (157)	▼ 0.30 (8.45%)	3.25	277.5 (2,102.73)	4.70	▲ 0.80 (20.51%)	4.70 (140)	4.65 (19)	120,819	39,706 (+2,980)
56,466 (+7,768)	104,931	4.45 (15)	4.55 (97)	▼ 0.35 (7.22%)	4.50	275.0 (2,083.78)	3.30	▲ 0.35 (11.86%)	3.35 (41)	3.30 (139)	263,498	63,579 (+7,627)
28,386 (+1,859)	33,225	5.95 (40)	6.00 (3)	▼ 0.75 (11.19%)	5.95	272.5 (2,064.84)	2.35	▲ 0.25 (11.90%)	2.35 (76)	2.34 (41)	1,190,616	78,068 (+9,414)
24,564 (+370)	8,541	7.70 (13)	7.80 (1)	▼ 0.85 (9.94%)	7.70	270.0 (2,045.90)	1.60	▲ 0.10 (6.67%)	1.61 (149)	1.60 (150)	1,465,657	144,587 (+9,174)
6,094 (+44)	1,809	9.65 (36)	9.80 (47)	▼ 1.00 (9.26%)	9.80	267.5 (2,026.95)	1.14	▲ 0.17 (17.53%)	1.15 (91)	1.14 (64)	1,357,315	113,997 (+12,342)
6,228 (-370)	3,323	11.75 (27)	11.90 (50)	▼ 0.90 (7.11%)	11.75	265.0 (2,008.01)	0.72	▲ 0.14 (24.14%)	0.73 (244)	0.72 (428)	1,669,940	176,901 (+9,719)
1,562 (-41)	338	13.95 (30)	14.20 (8)	▼ 0.45 (3.07%)	14.20	262.5 (1,989.07)	0.44	▲ 0.04 (10.00%)	0.45 (360)	0.44 (382)	999,497	197,649 (-31,572)

그림 4-24 옵션 시세표(2011. 5. 30)

모델을 설계하는 일이 가능해졌다. 직접 옵션을 거래하지 않아도 옵션 시장을 통해 주식시장의 흐름에 효과적으로 대응할 수 있는 유용한 정보를 많이 얻을 수 있다.

옵션 매수자는 행사 권리를 갖기 위해 매도자에게 프리미엄을 지불한다. 이 프리미엄이 옵션 가격이다. 옵션이 행사될 가능성이 높아지면 매수자는 매도자에게 좀 더 비싼 프리미엄을 지불해야 한다. 그것이 옵션 시장에서는 옵션 가격의 상승으로 나타난다.

옵션 상품에는 콜옵션과 풋옵션이 있다. 콜옵션 매수자는 자신이 매수한 행사가에 지수를 살 권리를 가진다. 그림 4-24의 시세표를 참고해서 보자. 행사가 280의 콜옵션을 매수한 투자자는 지수가 아무리 올라도 만기일이 되면 지수를 280에 살 수 있다. 만기일에 지

수가 290으로 마감된다면, 행사가 280의 콜옵션 매수자는 290의 지수를 280에 매수할 수 있기 때문에 10포인트(290-280)의 수익을 얻을 수 있다. 옵션은 1포인트의 거래 단위가 10만 원이기 때문에 이 투자자는 100만 원(10포인트×100,000원)의 수익을 얻게 된다. 이처럼 콜옵션을 매수했을 때는 지수가 상승할수록 좋다.

반면 풋옵션 매수자는 자신이 매수한 행사가로 지수를 팔 권리를 가진다. 시세표를 보면 행사가 275의 풋옵션을 매수한 투자자는 지수가 아무리 떨어져도 만기일이 되면 지수를 275에 팔 수 있다. 만일 만기일에 지수가 262로 마감된다면, 행사가 275의 풋옵션 매수자는 262의 지수를 275에 매도할 수 있기 때문에 13포인트(275-262)의 수익을 얻을 수 있다. 금액으로 환산하면 130만 원이 된다. 이처럼 풋옵션을 매수했을 때는 지수가 하락할수록 좋다.

그림 4-25는 옵션 시장의 거래 구조를 간단히 나타낸 것이다. 옵션 프리미엄, 즉 옵션 가격은 매수자가 매도자에게 권리 확보를 위해 지불하는 비용이다. 매도자는 지수가 행사가까지 도달하지 않을

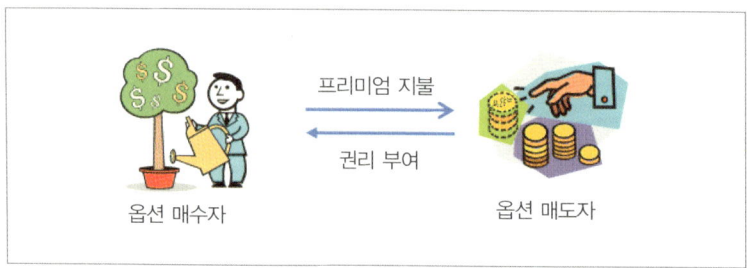

그림 4-25 옵션 시장 거래 구조

것이라는 기대로 프리미엄을 받고 매수자에게 권리를 부여한다.

　모든 옵션의 가격은 '도달 가능성'의 시각에서 보면 쉽게 이해된다. 도달 가능성이 높아지면 옵션 가격이 오른다. 콜옵션은 지수가 상승하면 행사가에 도달할 가능성이 높아지기 때문에 가격이 상승한다. 반면에 풋옵션은 지수가 하락하면 오른다.

　시장의 상승을 기대하고 있는 투자자들은 콜옵션을 매수하거나 풋옵션을 매도한다. 시장의 하락을 기대하고 있는 투자자들은 풋옵션을 매수하거나 콜옵션을 매도한다. 시장의 변동 폭이 커지면 지수가 행사가에 도달할 가능성이 커지기 때문에 옵션 매수자가 유리하다. 시장의 변동 폭이 작아지면 조용한 시장이라서 지수가 행사가에 도달할 가능성이 줄어들기 때문에 옵션 매수자는 불리하다. 옵션 매수자가 불리한 상황은 반대로 옵션 매도자에게 유리한 상황이다.

　만기일까지 시간이 많이 남아 있을수록 콜옵션과 풋옵션 모두 프리미엄이 높다. 시장의 변동성이 확대되어도 콜옵션과 풋옵션 모두 프리미엄이 높다. 이러한 옵션 가격 형성의 비밀은 '도달 가능성'이다.

개인 옵션 매매 지표를 이용한 시장 예측

현재 옵션 시장은 세계 1위의 유동성을 자랑하고 있다. 그만큼 많은 투자자들이 이 시장에 참여하여 경쟁하고 있다. 따라서 옵션 시장의 매매 동향을 분석하면 시장의 흐름을 판단하는 유용한 지표를 만들어낼 수 있다. 필자는 '개인 옵션 매매 지표'를 고안하여 현재까지 잘 활용하고 있다. 이 지표는 시장에 존재하는 다양한 매매 주체의 충돌을 있는 그대로 읽음으로써 성공 확률이 높은 방향으로 진입할 수 있도록 분명한 신호를 보낸다.

시장에는 다양한 매매 세력이 존재한다. 일반 투자자 중에는 자금 여력이 큰 투자자도 있고, 소액 투자자도 있다. 외국인과 기관투자가와 같은 조직적인 매매 주체도 있다. 시장 참여자의 수로 보면 일반 투자자들이 훨씬 많다. 그런데 일반 투자자들은 잘 알려진 대로 성공 확률이 높지 않다. 특히 옵션 시장에서는 일반 투자자의 소수만 성공을 거두고 대부분은 살아남지 못한다. 아무래도 매매 시스템, 지식과 훈련, 전략 개발, 자금 운용 측면에서 외국인과 기관투자가를 따라잡기에 역부족이다.

개인 옵션 매매 지표는 이러한 시장의 현실을 그대로 반영하는 지표다. 지표의 작성 방법은 간단하다. 개인 풋옵션 매수 대금에서 개인 콜옵션 매수 대금을 차감한다. 옵션 매수 대금은 일반 투자자가 매수하고 매도한 대금을 차감한 순매수 금액이다.

개인 옵션 매매 지표 = 개인 풋옵션 순매수 대금 - 개인 콜옵션 순매수 대금

일반 투자자들은 모래알처럼 흩어져 있다. 서로 간에도 매매 공방을 주고받으며 경쟁한다. 어제의 동지가 오늘은 적이 되고, 그가 누구인지도 모른다. 옵션 시장에서 일반 투자자들이 콜옵션을 많이 매수한다는 것은 시장의 상승을 희망한다는 뜻이다. 반대로 풋옵션을 많이 매수한다는 것은 시장의 하락을 희망한다는 뜻이다. 시장이 일반 투자자들의 기대대로 움직인다면 벌써 많은 사람들이 부자가 되었을 것이다. 그러나 현실은 정반대다.

개인들이 옵션을 매수하면 그들에게 옵션을 매도하는 매매 주체는 누구일까? 빙고! 바로 외국인과 기관투자가들이다. 그들은 옵션을 매수하고 싶은 개인들이 옵션을 살 수 있도록 옵션을 매도한다.

다른 말로는 옵션을 발행한다고 한다. 이제 시장의 현실로 눈을 돌려보자.

개인들이 콜옵션을 많이 매수하면서 시장이 상승하기를 원하지만 시장은 기대와 다르게 상승하기 어렵다. 외국인과 기관투자가들이 콜옵션을 많이 매도한 상태라서 시장의 상승을 원하지 않기 때문이다. 반대로 개인들이 풋옵션을 많이 매수하면서 시장이 하락하기를 원하지만 시장은 기대와 다르게 하락하기 어렵다. 외국인과 기관투자가들이 풋옵션을 많이 매도한 상태라서 시장의 하락을 원하지 않기 때문이다. 이렇게 옵션 매수자와 매도자는 자신에게 유리한 방향으로 시장이 움직여주길 바라면서 상승을 이끌거나 상승을 저지하는 역할을 한다.

일반 투자자 중에는 풋옵션을 매수하는 사람도 있고, 콜옵션을 매수하는 사람도 있다. 또 어떤 투자자는 옵션을 매도하기도 할 것이다. 하지만 시장 전체적으로 합산하면 일반 투자자의 옵션 포지션 금액은 풋옵션 매수가 많거나 콜옵션 매수가 많거나 둘 중 하나다. 시장 전체의 관점에서 일반 투자자가 손실을 보게 되면 그 수익은 외국인과 기관의 몫이 된다. 이는 카지노의 원리와 비슷하다. 카지노에서도 일부 도박꾼은 잭팟을 터뜨리며 큰돈을 벌지만 전체적으로는 카지노가 돈을 버는 것과 마찬가지 원리다.

개인 옵션 매매 지표가 양의 값을 보이는 것은 시장 전체적으로 볼 때 개인들이 풋옵션을 많이 매수하거나 콜옵션을 많이 매도하여 시장의 하락을 기대한다는 뜻이다. 즉 개인들은 시장의 하락을 원하

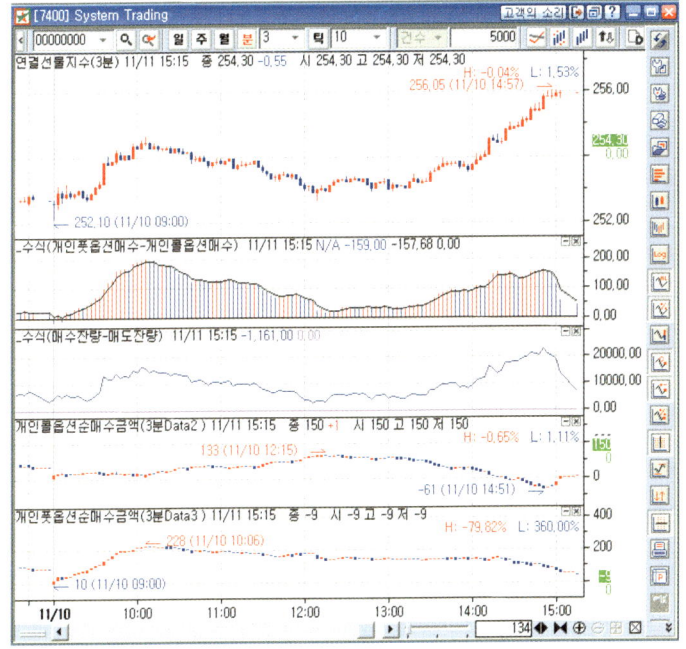

그림 4-26 개인 옵션 매매 지표

는데 실제 시장은 그렇게 움직이지 않는다.

그림 4-26은 선물시장에 개인 옵션 매매 지표를 적용한 그래프다. 제일 위 칸에 있는 그래프는 선물 3분봉의 일중 움직임을 보여준다. 오전 10시까지 상승하다가 오후 1시까지 되돌리는 움직임이 나타나면서 조정을 받고 재차 상승하며 고가로 마감하는 모습이다.

두 번째 칸에 있는 지표가 '개인 옵션 매매 지표'다. 세 번째 칸에 있는 지표는 '호가 잔량' 지표다. 장이 열리면서 개인 옵션 매매 지표의 값이 0선을 돌파하여 상승하고 있다. 시장 전체적으로 개인들이 풋옵션을 많이 매수하고 있음을 알 수 있다. 실제 선물 가격은 하락을 바라는 개인들의 기대와 다르게 상승하고 있다. 개인들이 풋옵션을 사면 살수록 시장은 더 높이 오르고 있는 모습이다.

오전 10시부터는 아무래도 풋옵션 매수가 잘못이라고 판단한 듯 개인들이 풋옵션을 줄이고 콜옵션 매수를 늘린다. 상승에 동참하기 위해 개인들이 콜옵션 매수를 늘리자 '개인 옵션 매매 지표'는 하락하고, 선물 가격도 하락하고 있다. 오후 1시부터는 개인들이 시장은 역시 하락한다고 보고 다시 풋옵션 매수를 늘리자 선물 가격은 반대로 강한 상승 흐름을 이어간다.

실제로 외국인과 기관이 풋옵션을 많이 매도해서 개인들이 풋옵션을 많이 매수하게 되었는지는 알 수 없다. 닭이 먼저냐 달걀이 먼저냐의 문제일 수도 있다. 그렇지만 개인투자자가 풋옵션 매수를 많이 하면 시장의 하락을 바라는 개인들의 희망과는 다르게 실제 시장은 상승하고, 개인투자자가 콜옵션 매수를 많이 하면 시장은 하락한다. 개인투자자의 매매 상대방인 외국인과 기관이 개인들과 반대로 매매하면서 자신의 의지대로 시장 흐름을 주도하기 때문이다.

그림 4-27은 개인들이 콜옵션 매수를 많이 하는 사례다. 시장의 상승을 기대하며 하루 종일 콜옵션을 매수했지만, 실제 시장은 그 기대를 저버리고 하락 흐름을 보여주고 있다.

개인 옵션 매매 지표를 보면 현재 개인투자자들이 콜옵션과 풋옵션 중 어느 쪽에 더 많이 투자하고 있는지를 한눈에 알 수 있다. 그

그림 4-27 개인 옵션 매매 지표

리고 그 개인투자자들이 움직이기를 희망하는 시장의 방향과 반대로 투자할 때 성공 확률이 더 높다는 것도 알 수 있다. 시장의 구조는 냉정하게 보면 수많은 비전문가들이 소수의 전문가 계좌로 자금을 자동이체시키는 것이라 해도 과언이 아니다. 이처럼 시장을 매매 세력이 충돌하면서 조직적이고 전문적인 투자자에게로 수익이 옮겨가는 구조로 파악하면 시장의 진실한 모습에 대해 좀 더 빠르게 감각을 키울 수 있다. 성공하려면 전문투자자처럼 행동해야 하고 힘

있는 매매 세력과 같은 편이 되어야 한다.

지표가 양의 값을 가지면 개인 풋옵션 매수→개인 하락 기대감 증가→시장은 반대로 상승하는 모습을 보인다. 지표가 음의 값을 가지면 개인 콜옵션 매수→개인 상승 기대감 증가→시장은 하락하는 모습을 보인다. 이 지표는 데이트레이딩으로 거래하는 투자자에게 더 유용하고, 장중에도 포지션이 바뀌기 때문에 움직임을 세밀히 살펴서 민첩하게 거래할 수 있는 투자자들에게 큰 도움이 될 것이다. 이 지표를 이용할 때는 양의 값과 음의 값 그 자체보다는 지표의 흐름을 더 중점적으로 보는 것이 좋다. 지표가 상승 중일 때는 개인들이 풋옵션 매수를 늘리고 있고, 지표가 하락 중일 때는 개인들이 콜옵션 매수를 늘리고 있는 것이다. 실제 시장은 개인들이 기대하는 방향과 반대로 움직일 가능성이 크다.

이처럼 개인과 반대로 투자하는 방식이 나름대로 유용성은 있지만 실제 거래가 진행될 때는 장중에도 포지션의 흐름이 바뀌는 일이 자주 발생하여 지표 적용이 말처럼 쉬운 것은 아니다. 매매 주체들이 오전에는 콜옵션을 많이 매수하다가 오후에는 풋옵션을 많이 매수하는 등 변덕을 부리기도 한다. 그리고 시장은 그러한 움직임을 반영하면서 요동치기도 한다. 지표 하나로 이런 움직임에 세밀히 대응하기는 어렵다. 그래서 방향에 대한 선입견을 갖지 말고 대체적으로 그러하다는 관점에서 유연하게 이 지표를 활용할 것을 권한다. 절대적이고 완벽하게 시장을 예측할 수 있도록 도와주는 지표는 없다. 시장을 분석하는 기술적 지표를 선택할 때 이 지표가 시장의 주된 흐름을 잘 보여주는지를 살펴보고, 어느 정도 도움이 되는 정보만 얻을 수 있어도 유용성은 충분하다. 개인 옵션 매매 지표는 이런 점에서 참고할 가치가 있다.

옵션 미결제 약정이
방향을 알려준다

옵션은 도달 가능성이 높으면 매수하고, 도달 가능성이 낮으면 매도하면 된다. 개인투자자 입장에서는 옵션의 프리미엄인 현재가를 그대로 받아들이고 거래하면 된다. 결국 옵션 가격은 시장의 변동성을 반영하지만, 이 가격이 높은지 낮은지를 가지고 아무리 고민해봤자 거래에 도움이 되지는 않는다. 오히려 대다수의 시장 참여자들이 현재의 옵션 가격을 인정하고 거래하고 있으면 그 가격을 적정 가격으로 받아들이고, 수익을 어떻게 낼 것인지를 고민하는 게 현명하다.

시장의 상승이 예상될 때는 콜옵션을 매수하거나 풋옵션을 매도한다. 하락이 예상될 때는 풋옵션을 매수하거나 콜옵션을 매도한다. 주식이나 선물처럼 옵션도 하나의 종목으로 보고 그 움직임을 따라 거래하는 것이라서 일반적인 거래와 다를 바 없다. 한 가지 차이가 있다면 방향에 맞게 옵션을 매수했으면 수익률이 다른 투자상품과 다르게 기하급수적으로 높아질 수 있다. 이를 옵션의 감마 효과라고 부른다. 행사가 260의 옵션 1계약을 1만 원에 매수했는데, 지수가 270포인트로 마감하여 결과적으로 행사되었다면 이 투자자는 10포인트(지수−행사가)의 수익을 얻게 된다. 금액으로는 1포인트에 10만 원이니까 100만 원의 수익이 발생한 셈이다. 매수 금액 1만 원 기준으로 100배의 수익을 거두게 된다. 이러한 수익률은 기초 자산이 불과 4% 남짓 상승했다는 점을 감안하면 놀라운 성과라고 할 수 있다. 가끔씩 신문 지상에 500배 수익이 발생했다는 기사들은 이런 옵션 가격의 움직임 특성 때문에 생기는 일이다. 그리고 이러한 성과를 낼 수 있다는 것이 방향성 옵션 투자의 백미라고 할 수 있다.

문제는 이렇게 기분 좋게 행사할 수 있는 기회가 자주 발생하지 않는다는 점이다. 특히 개인투자자들이 많이 매수하고 있는 옵션 종목은 만기에 가서는 결국 행사되지 못하게 되어 옵션 매수자가 옵션 매수 대금 전액을 날리는 일이 더 자주 일어난다. 행사 가능성이 낮은 옵션은 기관과 외국인 등의 전문투자자들이 주로 매도한다. 개인투자자들은 높은 수익률에 대한 기대와 매도 증거금의 제약으로 인해 주로 옵션을 매수하는 경향이 있다.

옵션 매수자와 매도자가 만나 서로 계약을 체결하고 포지션을 보유하고 있으면 미결제 약정으로 남아 있게 된다. 미결제 약정은 아직 청산되지 않고 남아 있는 계약의 수량이다. 신규 매수 1계약과 신규 매도 1계약이 만나면 미결제 약정은 1계약이 된다. 미결제 약정이 증가한다는 것은 신규 매수와 신규 매도가 늘어난다는 뜻인데, 대부분의 신규 매도는 전문투자자가 매도 발행을 통해 물량을 매수자에게 넘기는 과정이다. 따라서 미결제 약정이 늘어난다는 것은 전문투자자들이 도달 가능성이 낮다고 여겨 매도 물량을 늘리는 것이라고 보아도 크게 틀리지 않다. 이처럼 미결제 약정이 크게 증가하는 종목은 잘 행사되지 않는다.

만기를 얼마 남겨두지 않은 시점에서 미결제 약정이 증가하는 옵션 종목은 전문투자자들이 그 행사가까지 도달할 가능성이 낮다고 여겨 옵션 발행 물량을 늘리는 것이다. 이런 경우에는 시장이 미결제 약정이 늘고 있는 방향으로 진행될 가능성이 낮다고 여겨 대응하는 것이 좋다. 반대로 미결제 약정이 감소하는 옵션 종목은 시장이 그 방향으로 움직일 것으로 예상하고 전문투자자들이 매도했던 옵션을 환매하기 때문에 미결제 약정이 줄어든다. 즉 행사될 가능성에 대비해 시장에서 철수하고 있는 종목이다. 이처럼 미결제 약정이 줄고 있으면 그 방향으로 시장이 움직일 가능성이 높다고 여겨, 이에 대응하는 것이 현명하다.

예를 들어 콜옵션 행사가 280종목의 미결제 약정이 줄어들고 있고, 풋옵션 행사가 275종목의 미결제 약정이 늘어나고 있다고 하자. 전문투자가들은 시장의 상승 가능성에 대비해 그동안 매도했던 콜옵션을 환매하면서 빠져나오고, 대신 풋옵션을 신규 매도한다는 뜻이다. 따라서 시장의 흐름이 상승으로 진행된다 여기고 대응하면 크게 어긋나지 않을 것이다.

아래 표는 만기일 전일의 옵션 시장 흐름에서 가져왔다. 오전의 옵션 가격 현황이다.

콜옵션		행사가	풋옵션	
미결제 약정	현재가		현재가	미결제 약정
276,931 (+62,483)	0.28	280.0	4.35	106,470 (−516)
178,957 (+38,845)	0.90	277.5	2.46	125,893 (+4,646)
119,029 (+19,802)	2.10	275.0	1.17	217,614 (+28,967)

장을 마감할 때는 지수가 상승하면서 옵션 가격이 다음과 같이 변동했다.

콜옵션		행사가	풋옵션	
미결제 약정	현재가		현재가	미결제 약정
178,568 (−35,880)	1.80	280.0	1.15	126,042 (+19,056)
113,211 (−26,901)	3.55	277.5	0.46	160,114 (+38,867)
96,717 (−2,510)	5.75	275.0	0.15	229,483 (+40,836)

이 표를 보면 지수 상승에 대응하여 옵션을 매도했던 발행자들이 콜옵션에서 철수하고, 풋옵션을 매도하고 있음을 알 수 있다. 미결

제 약정이 크게 줄어드는 쪽으로 시장 흐름이 이어진다. 다음 날 시장은 상승 출발한다.

일반적으로 기술적 지표들은 이미 진행된 시장을 뒤따라가면서 지표를 만들기 때문에 약간은 후행성이 있다. 반면에 미결제 약정이나 개인 옵션 매매 지표는 일반 기술적 지표들과 달리 시장의 현재 매매 동향에서 그대로 산출한 것이라서 현재의 시장 상황을 즉각 반영한다. 이 지표를 다른 기술적 지표들과 함께 이용하면 시장 예측력을 더 높일 수 있다. 예를 들어 이동평균 분석을 통해 상승 흐름으로 진단한 상태에서 미결제 약정이나 개인 옵션 매매 지표가 상승 신호를 보내면 더 신뢰할 수 있는 시장 판단이 될 것이다.

제5장

투자의
성공법칙

자동매매의
중요성

　　　　　　투자에 성공하려면 확률적 우위의 투자 전략을 가지고 있어야 한다는 점을 반복해서 강조하고 있다. 그만큼 중요하다. 투자 전략을 만드는 일은 우선 매매 아이디어를 정리하는 데서 출발한다. 그리고 검증 작업을 통해 통계적으로 승산 있는 전략인지를 확인한다. 투자의 세계에서 시행착오를 반복하면서 전략을 다듬고 세밀히 보완하는 작업은 끊임없이 계속되는 일이다. 이러한 준비 없이는 성공하기 어렵다는 현실을 냉정하게 받아들여야 한다.

　대부분의 일반 투자자들은 신뢰할 만한 매매 전략이 없는 상태에서 그때그때의 느낌이나 주어진 정보에 반응하면서 투자한다. 이런 방식으로는 일관성을 유지하기가 쉽지 않다. 지금까지는 잘해왔지만 앞으로도 잘할 수 있을지를 예견할 수 없다. 하물며 지금까지도 수익을 내고 있지 못했다면 앞으로도 이런 상황이 나아지리라 기대하기 어렵다.

일반적으로 투자자는 매매가 주는 심리적 충격을 과소평가한다. 마구잡이로 거래하는 투자자는 말할 것도 없고, 자신만의 투자 전략을 만들어 원칙적으로 거래하는 투자자들도 시장에서 손실을 입는 일이 자주 일어난다. 그 손실이 클수록 충격의 강도도 크고, 고통도 깊어진다. 겉으로는 극복한 것처럼 보여도 내면 깊숙이 상처가 아로새겨져 있다. 잠재의식 속에 거래에 대한 두려움이 생기고, 두려움 때문에 몸을 움직이지 못하는 상황이 발생한다. 한 번 이상의 큰 충격과 상처를 경험한 이후에는 좋은 전략을 만들어 시장에 참여하려 해도 그 전략대로 따르지 못하고 주저하게 된다. 이런 일이 반복되면 좌절한 나머지, 자신은 시장과 맞지 않다고 생각하면서 결국 시장을 떠나는 것이다.

로버트 크라우즈(Robert Krausz)는 투자자들의 거래 방법을 개선하는 데 최면요법을 이용하고 있다. 그가 《타이밍의 승부사》에서 진행한 인터뷰 내용을 보면 잠재의식이 투자에 미치는 부정적인 영향을 이해할 수 있다.

"나는 사람이 할 수 있는 가장 파괴적인 일이 과거의 실수를 자책하는 것임을 알았다. 그것을 하지 말았어야 한다는 부정적인 메시지가 마음속에 뿌리박고 행동을 변화시키는 데 어렵게 한다. 잠재의식에 남아 있는 고통스러운 경험은 몇 년이 지나 거래를 시작하려 할 때도 투자자를 동결 상황에 처하게 한다. 최면요법을 통해 발견한 가장 놀라운 점은 우리가 얼마나 스스로를 속일 수 있는가다. 정말 중요한 것은 현실이 아니라 현실에 대한 개인적인 인식 체계다. 훌륭한 거래 방법을 개발했더라도 잠재의식 속에선 자신을 잘못하는 투자자라고 생각할 수 있다. 이러한 자신감 부족과 손실에 대한 두려움이 실패하는 투자자의 기본적인 특징이다."

투자자가 어떤 깨달음을 얻어 손익곡선이 우상향하는 매매 전략을 준비했다고 가정해보자. 이제야 비로소 성공의 문턱에 한 발 가까이 다가간 것이다. 그런데 자기 성향에 맞는 투자 전략을 힘들게 만들어놓고도 막상 실행하는 과정에서 이를 따르지 않으면 애써서 전략을 만든 의미가 없다. 최종적으로 자신의 전략에 따라 매매를 실행할 수 있어야 하는데 전략대로 실행한다는 것이 실제 거래에선 말처럼 쉽지 않다. 이처럼 전략을 준비했다고 투자의 모든 문제가 해결되는 것이 아니다.

예를 들어 나는 5%의 손실이 발생하면 추가 손실 가능성을 없애기 위해 청산하겠다는 계획을 세웠다고 하자. 시장이 움직이는 방향을 알 수 없어 나름대로 합리적인 위험 관리 기준을 만들어놓은 것이다. 그런데 막상 가격이 정해놓은 손실 확정 수준까지 하락하면 온갖 핑계거리가 떠오른다. '손절 가격을 너무 바투 설정했나?' '이번에는 다를 거야!' '이 주식은 확실한데……' 머뭇거리는 사이에 손절 가격 이하로 가격이 떨어지면 이제 어쩔 수 없다고 포기한다. 다행히 반등이 나와서 손실을 복구할 수 있으면 좋으련만, 투자자가 기댈 데라고는 하늘의 은총밖에 없다.

자신이 만들어놓은 원칙을 지키는 데는 컴퓨터 자동매매가 매우 효과적이다. 컴퓨터가 매매를 자동으로 진행한다는 것을 상상해보시라. 요즘 대부분의 HTS에는 예약 주문 기능이 포함되어 있다. 어느 가격에 도달했을 때, 매수 또는 매도하라고 설정해놓으면 그 가격에서 어김없이 주문이 실행된다. 그렇기 때문에 매매를 할 때마다 이번 선택이 옳을지 틀릴지를 고민할 필요가 없고, 매매가 잘못되더라도 미리 정해놓은 위험 관리 규칙에 따라 손실이 더 이상 커지지 않도록 자동적으로 시장에서 빠져나온다. 좋은 매매 시스템을 갖고 있으면 투자가 지금보다 훨씬 쉽고, 성과도 좋을 것이라는 점은 틀림없는 사실이다.

빠르게 움직이는 시세를 따라다니기 힘들거나 매매 원칙을 지키는 데 어려움이 있으면 매매를 자동화할 필요가 있다. 특정 주문 처리뿐 아니라 진입과 청산, 거래 규모 결정까지 모든 것을 자동화한 것이 시스템트레이딩이다. 시스템이 있다는 사실은 자신의 투자 일생을 늘 함께할 든든한 동반자가 생겼다는 말과 같다. 일시적으로 시장에서 성공할 수 있지만 그런 행운이 언제나 찾아오는 것은 아니다. 일반 투자자가 시장에서 오랫동안 생존할 수 있는 유일한 방법은 투자 전략을 준비하고, 이를 자동으로 매매하는 시스템을 갖는 것이 최선이다.

물론 컴퓨터를 이용한 자동매매도 수익을 보장하지는 않는다. 어떤 때는 수익을 내기 어려워 보이는 지점에서 바보 같은 진입을 하고, 연속 손실이 발생하기도 해서 투자자를 괴롭히기도 한다. 이럴 때는 꼭 자동매매를 해야만 하는지 회의가 생길 수 있다. 하지만 자기 재량으로 매매하는 것과 비교할 때 시장과 심리적으로 불편한 관계를 맺게 될 가능성이 낮다. 매매할 때마다 스트레스를 받고, 심리적으로 불안감을 느끼는 투자자라면 이를 효과적으로 극복할 수 있는 컴퓨터 자동매매를 적극적으로 활용해보자.

시스템트레이딩이란 무엇인가?

시장에 예약 주문을 미리 내는 것처럼 모든 매매 규칙을 미리 컴퓨터에 입력해놓고 조건이 맞으면 자동으로 거래하는 매매 방식을 시스템트레이딩(System Trading)이라고 부른다. 시스템트레이딩은 시시각각으로 변하는 투자자의 감정을 배제하고, 정해놓은 규칙에 따라 기계적으로 매매하는 거래 방법이기 때문에 기계적 거래(Mechanical Trading) 또는 알고리즘 거래(Algorism Trading)라고도 부른다.

투자자는 시장이 움직이고 흘러가는 매 순간 성공과 실패의 결과를 알 수 없는 불확실한 상황에서 거래를 한다. 미래가 불확실하다는 사실은 거래에 뛰어드는 투자자에게 심리적으로 커다란 부담이 된다. 투자자들은 시장에 진입한 이후에 이익이 발생하면, 혹시 지금 챙겨놓지 않으면 이익이 어디론가 사라지는 것은 아닐까 하는 조바심이 있다. 또 손실이 발생하면 본능적으로 이를 인정하기 싫어하는 거부감도 있다. 이러한 감정적 편견들이 거래에 많은 영향을 줌으로써 투자를 어렵게 한다.

감정을 적절히 통제하기 위해서는 심리적 훈련을 받을 필요가 있는데 아무리 훈련을 받아도 실제 거래 환경에 들어가면 본능적으로 시장 분위기에 휩쓸리기 쉽다. 어떤 투자자는 일정한 금액의 옵션을 매수하기로 거래 규칙을 세워놓고도 실거래에서 많은 수량을 매수하여 투자 대금을 대부분 날리기도 한다. 우리 인간은 마음을 다스리는 일이 중요하다는 조언을 수없이 들어도 시장의 휘둘림에 상처를 입게 되면 그 조언을 새까맣게 잊어버리는 고질병을 안고 있는 듯싶다. 이런 심리적인 문제를 자기 의지로 어떻게 해결해보려는 것 자체가 무모한 시도라는 느낌도 받는다.

시스템트레이딩은 과거 일정 기간의 시장 가격 자료에 매매 규칙을 적용해보고 신뢰성 높은 평가 결과를 얻으면, 이 규칙을 컴퓨터에 입력해놓고 컴퓨터 시스템에서 발생하는 매매 신호에 전적으로 따르는 거래를 하는 것이다. 시스템트레이딩은 확률적 승산이 높은 거래 전략을 개발하여 체계적으로 적용하는 것이라서 '합리적인 매매로 장기간의 수익을 추구'하려는 투자 목표에 잘 들어맞는다. 자신이 구축한 시스템에 대한 신뢰가 깊을수록 매매에 대한 자신감도 커지게 되고 더 효율적으로 투자를 계속하는 선순환 구조가 형성된다. 시스템트레이딩을 하는 가장 중요한 이유는 통계적 우위의 전략을 이용해서 파산 가능성은 낮은 대신, 수익 가능성은 높은 거래를 꾸준히 하기 위해서라고 할 수 있다.

자신의 투자 원칙을 시스템으로 만들어 자동매매를 하기 위해서는 기본적으로 필요한 도구를 갖춰야 한다. 다음 사항들을 준비하면 충분하다.

- 컴퓨터와 인터넷 네트워크
- 자동매매 소프트웨어 프로그램
- 과거 데이터
- 실시간 데이터
- 개발 지원 네트워크

인터넷 연결이 가능한 컴퓨터를 준비해야 하는 것은 추가로 다른 설명이 필요 없을 듯싶다. 지금도 HTS로 수많은 거래들이 이루어지고 있어서 이미 대부분의 투자자들이 기본 장비는 가지고 있을 것이다. 컴퓨터 성능과 관련해서는 CPU와 메모리 용량이 넉넉한 것이 좋은데, 최근에 출시되는 일반 사양의 컴퓨터라면 자동매매를 실행하기에 충분하다.

준비한 컴퓨터에 자동매매가 가능한 소프트웨어가 설치되어 있어야 한다. 외국 제품으로는 트레이드스테이션과 멀티차트 등의 프로그램이 있고, 국내 제품으로는 예스스탁에서 만든 프로그램이 가장 널리 사용되고 있다. 최근 여러 증권사에서 자동매매 기능을

HTS에 탑재하고 있는데 아무래도 현시점에서는 10년 이상의 운영 경험이 있고, 시스템 제작 지원이 가능한 예스스탁의 프로그램을 이용하는 것이 최선의 선택이다.

과거 데이터는 자신의 전략을 검증해보기 위해서, 실시간 데이터는 현재 거래되고 있는 시장에 참여하기 위해서 필요하다. 필요한 데이터는 예스스탁의 시스템트레이딩 프로그램을 공급하고 있는 리딩투자증권, 우리투자증권, 하이투자증권을 통해 얻을 수 있다. 주식시장의 과거 데이터는 모든 분봉 기준으로는 10년 이상, 일봉 기준으로는 20년 이상의 데이터를 제공받을 수 있다. 거래를 위한 실시간 데이터는 각 증권사에서 제공한다.

컴퓨터와 소프트웨어를 설치하고, 증권사에 계좌를 개설했다면 기본적인 준비는 끝이다. 이제부터는 프로그램 사용법을 익혀야 하는데, 증권사에서 매달 무료로 진행하는 교육을 수강하는 것이 좋다. 교육을 듣고, 예스스탁의 홈페이지(www.yesstock.com)에서 수식 작성 사례 등을 학습하면 된다.

프로그램에 별다른 지식이 없는 투자자라도 3개월 정도 연습하면 자신의 시스템을 만들 수 있다. 시스템 거래의 어려운 점은 시스템을 작성하는 방법을 모르는 데 있지 않고, 확률적 승신이 있는 매매 아이디어를 찾는 데 있다. 그리고 찾아낸 매매 전략이 자신의 투자성향과도 잘 어울려야 한다.

시스템 거래를 처음 시작하는 분들은 시행착오를 겪을 수밖에 없다. 시행착오를 줄이고 어느 정도 익숙해질 때까지는 경험 많은 전문가의 안내를 받을 필요가 있다. 과거 성과보고서가 아무리 뛰어나도 미래의 수익을 보장하는 것은 아니기 때문에 세심한 주의가 필요하다. 자신의 매매 아이디어를 시스템 언어로 만드는 데 곤란을 겪고 있다면 필자가 도움을 드릴 수 있다.

일반적인 시스템 개발 절차

시스템을 만들기 위해서는 다음에 안내하는 일반적인 개발 과정을 따른다. 최종적으로 확정된 시스템은 시스템을 전혀 모르는 일반인도 매매 신호에 따라 거래하는 데 어려움이 없어야 한다.

- 자료 수집 – 자신이 거래할 시장을 선택하여 과거 데이터 수집
- 전략 작성 – 매매 아이디어 수집, 구체적이고 체계적으로 작성
- 전략 검증 – 과거 데이터에 전략을 적용하여 확률적 승산 확인
- 전략 적용 – 자동으로 거래 실행
- 거래 평가 – 통계적 흐름이 유지되고, 계획대로 신호가 발생하는지 확인

자료 수집

자신이 거래할 시장 혹은 종목을 선택하고, 과거 데이터를 모은다. 시장의 유동성과 변동성을 고려해 거래할 시장 혹은 종목을 결정하고, 일간 단위로 거래할 것인지 분봉을 이용할 것인지를 결정한다. 리딩투자증권은 예스스탁과 협력하여 과거 20년간의 현물 전 종목과 선물시장 개장일부터의 모든 자료를 제공한다. 특히 2000년부터 현재까지 1분봉을 포함하여 모든 분봉 자료가 포함되어 있다.

전략 작성

매매 아이디어는 끊임없이 움직이는 시장의 흐름에서 어떤 순간을 기회로 포착하는 자신만의 방식이다. 아이디어를 전략으로 만들기 위해서는 구체적이고 체계적으로 작성해야 한다. 예를 들어 '주가가 조금 올랐을 때 매수한다'와 같은 아이디어로는 어떤 전략도 만들 수 없다. 주가가 최저점 대비 5% 상승했을 때 매수한다는 식으로 구체적으로 작성해야 한다. 진입 전략뿐 아니라 청산 방법, 매매 수량도 함께 결정한다. 전략은 크게 시장의 흐름을 따르는 전략과 시장의 흐름에 맞서는 전략으로 나눌 수 있다. 그리고 당일 청산할 것인지 포지션을 유지할 것인지에 따라 데이트레이딩과 포지션트레이딩으로 구분한다.

전략 검증

자신이 작성한 전략을 과거 자료에 적용했을 때 어느 정도의 확률적 승산과 위험이 있었는지를 확인해보는 과정이다. 다른 말로 '백테스트(Back Test)'라 부르기도 한다. 이 과정은 시스템을 만드는 데 있어 핵심적인 작업이다. 과거 검증을 거쳤는데 우하향하는 전략이라면 미래에도 수익을 얻기가 쉽지 않다고 판단할 수 있다.

'최적화(optimization)'는 자신의 전략이 가장 효율적으로 작동할 수 있는 변수를 찾아내는 과정이다. 예를 들어 주가가 5일 이동평균선을 돌파할 때 매수하는 것이 좋은지, 60일 이동평균선을 돌파할 때 매수하는 것이 좋은지를 결정하는 작업이다.

이렇게 확정된 전략이 실제 매매에서도 효율적으로 작동하는지를 검증하는 과정이 '전진 분석(Walk-Forward Testing)'이다. 전진 분석은 시스템을 검증할 때 포함하지 않았던 기간의 가격 데이터로 시스템의 성과와 확률적 승산이 지속적으로 유지되는지를 평가하는 것이다. 전진 분석까지 통과하면 이제 시스템은 실전 적용이 가능해진다.

전략 적용

이렇게 만들어진 시스템을 실전에 투입하여 자동으로 거래를 실행시키는 과정이다. 시스템이 계획대로 신호를 잘 발생시키고 있는지, 매매 체결도 원활히 되고 있는지를 살펴본다. 그리고 매매 체결이 전략 테스트의 결과와 비슷하게 진행되고 있는지도 수시로 점검한다. 체결 오차가 크게 발생하거나, 기대했던 확률적 범위를 한참 벗어날 경우에는 그 원인을 분석해 시스템 개선에 반영해야 한다.

거래 평가

평가는 지금 진행되는 거래가 전략대로 흘러가는지를 살펴보는 과정이다. 적용하고 있는 전략의 승률과 최대 손실 폭이 검증한 통계적 승산의 범위 내에서 유지되고 있으면 문제없이 거래가 진행되는 것이다. 그러한 범위를 벗어나는 움직임이 나타나면 어느 수준에서 시스템 가동을 중지하고 전략을 다시 검증할 것인지를 미리 정해놓아야 한다. 예상했던 최대 손실 폭의 1.5배의 자산 감소가 발생하거나 투자 원금의 20% 손실이 발생하면 시스템 가동을 멈추고 그 원인을 분석하겠다는 방식으로 시스템 관리 규칙을 만들어놓는다.

시스템트레이딩은 자신이 신뢰하는 시스템으로 하는 것이다. 꾸준히 손익곡선이 우상향해야 할 뿐 아니라 최악의 상황을 가정한 위험 관리 전략이 포함되어 있어야 매매의 두려움에서 벗어날 수 있다. 충분히 긴 기간의 데이터로 검증한 전략들을 포트폴리오를 구성하여 자동 거래를 할 수 있으면 더 나은 성과를 낼 수 있다.

실전 거래가 시작되면 시스템 일지를 매일 작성하고 느낀 점을 기록하는 것이 좋다. 이러한 기록 자료들은 이후 시스템을 개선하는 데 큰 도움이 된다. 시스템에서 발생하는 매매 신호가 그럴듯하고 만족스러운지, 통계적인 승산은 유지되는지를 주기적으로 확인해야 한다. 자신의 성향에 맞는 거래 전략이어야 오랫동안 함께할 수 있다. 시스템트레이딩도 다른 투자처럼 자신의 성향에 맞는 스타일의 전략을 선택해서 실행하고 끊임없이 관리하는 과정이다.

시스템을 만들어보자

　　　　　홍길동이라는 투자자가 있다. 홍길동은 주식시장에서 성공하기를 간절히 열망한다. 그동안 투자 대가들의 종목 선정 원칙과 기술적 분석을 공부해서 나름대로는 좋은 종목을, 좋은 매매 시점에 거래하려고 노력해왔다. 하지만 아직까지는 투자 성과의 부침이 심하고 매매가 안정되지 못하다. 매매는 편안한 마음으로 하는 게 중요한데, 원칙을 세우고 이를 따를 때 훨씬 마음이 편안하다는 것을 알게 되었다. 이제 더 나은 매매를 위해 투자 원칙을 시스템으로 만들어 이를 따르기로 결심했다. 아직 시스템을 만드는 데 익숙하지 않아서 이 분야의 전문가인 친구 최민수를 만나 상담을 한다.

　다음은 길동이 친구 민수를 만나서 나눈 대화 내용이다.

길동 민수야, 오랜만이지? 반갑다. 전화로 먼저 얘기했지만, 네 도움을 받아서 이번에는 제대로 매매하고 싶어.

민수 그래, 잘 생각했다. 내가 뭘 도와줄 수 있을지 아직은 모르겠지만 친구 좋다는 게 뭐니? 내가 도움이 된다면 기꺼이 도와줄게. 나중에 수익 많이 내면 밥 한번 사라!

길동 그거야 두말하면 잔소리지. 밥 한 번으로 되겠냐? 바쁠 테니까 우선 내 고민부터 얘기해볼게.

민수 그래, 무슨 고민이 있으신가?

길동 투자를 하면서 벌기도 해보고, 잃기도 해보고 하니 그동안 내가 해온 게 다 한여름 밤의 꿈 같기도 하고 그래. 가장 큰 고민은 투자할 때마다 내 판단이 맞는지 틀린지 알 수 없다 보니 너무 망설이게 되고, 어떤 때는 이렇게 자신 없는 내가 미워지기도 해.

민수 글쎄, 그 심정은 이해되긴 하는데, 그 고민은 모든 투자자들이 다 하고 있는 거 아닐까? 길동이 너만 하는 특별한 고민은 아닐 듯싶은데.

길동 그래서 수익을 낼 수 있는 매매 원칙을 만들어놓고 이를 따라서 매매하면 좀 편할 것 같은데, 어떻게 생각해?

민수 그거야 좋은 생각이지. 그런데 수익을 낼 수 있는 매매 원칙을 만든다는 게 말처럼 쉬운 일은 아니라서 말이야. 너는 어떻게 매매하고 싶은데?

길동 응, 조금 오를 것 같은 주식을 발견해서, 미리 살 수 있게 해주는 원칙이면 좋겠어.

민수 헉, 너무 좋은 생각이다. 그런 원칙이 있으면 나도 좀 알고 싶다. 그래, 어떤 주식이 좀 오를 것 같은데?

길동 그러게, 그래서 고민이야.

민수 이렇게 얘기하다간 밤을 새워도 결론을 내지 못할 것 같다. 내가 그래도 이 분야에서는 경험이 있으니 몇 가지 물어볼게.

길동 그래, 그게 좋겠다. 사실 내가 좀 오락가락해.

민수 시장에서 돈 벌 수 있는 기회를 찾으려 하는 게 우리 목표지? 우선 어떤 상품에 투자하고 싶은지를 결정해야 해. 주식, 선물, 옵션, FX, 원자재 등 거래할 수 있는 투자상품이 많거든.

길동 나야 당연히 주식이지. 다른 쪽은 내가 잘 모르기도 하고, 잘 못하면 깡통 된다는 얘기를 자주 들어서.

민수 하하, 상품에 무슨 문제가 있겠냐? 누군가 깡통이 되면 누군가는 대박을 내겠지. 거래하는 사람들이 상품의 위험을 잘 알고 매매 규모를 잘 조절해야 하는데 그게 쉬운 일은 아니니까 조심할 필요는 있어.

길동 주식 중에서 실적도 괜찮고 지금 탄력적으로 모양 좋게 움직이는 종목을 매수하고 싶어.

민수 응, 실적이야 ROE 순위를 매기거나 증권사에서 주천하는 실적 호전 종목군을 참고하면 어느 정도 정보를 얻을 수 있을 거야. 그런데 탄력적으로 모양 좋게 움직인다는 말은 너무 막연하네.

길동 왜 주가 그래프를 보면 주가가 밀집해 있다가 탄력을 받아서 강하게 치고 올라가는 종목들 있잖아? 그런 종목을 매수하고 싶어.

민수 그래도 네가 그동안 헛경험을 하지는 않았구나. 어떻게 매매해야 수익을 낼 수 있는지는 아는 것 같다. 그러면 문제는 그런 종목을 발견하고 자동으로 매매할 수 있도록 원칙을 정하는 거네.

길동 맞았어! 내가 원하는 게 바로 그거야. 시장에서 종목들을 살펴보면 모양 좋은 종목들을 발견하게 되거든. 그런데 막상 매수 주문이 잘 안 나가는 걸 보면 내가 아직 확실한 매매 원칙을 갖고 있는 게 아닌 것 같아. 이왕이면 매매 신호가 분명하게 발생해서 내 결심대로 쉽게 매매할 수 있으면 좋겠어.

민수 그렇구나. 요즘은 컴퓨터로 종목을 찾고, 매매 신호대로 거래할 수 있으니 세상이 얼마나 좋아졌니? 문제는 길동이 너의 생각을 컴퓨터가 알아들을 수 있도록 바꾸는 거네.

길동 그래서 너를 보자고 한 거잖아. 솔직히 나는 어떻게 해야 할지 잘 모르겠어.

민수 지금부터 차근차근 찾아보자. 우선 어느 정도의 주기를 기준으로 매매 판단을 할 것인지부터 정해야 해. 주식을 데이트레이딩으로 하려면 거래세 부담도 있어서 쉽지 않을 것 같은데.

길동 나야 하루 종일 시장을 쳐다볼 수 있는 입장이 아니니까 그날그날의 종가를 가지고 판단하는 게 좋을 것 같아.

민수 아, 그러면 길동이 너는 일봉 기준으로 매매하면 되겠다.

길동 문제는 주가가 밀집해 있다가 탄력을 받아서 강하게 치고 올라가는 종목을 어떻게 표현할 수 있지?

민수 응, 그건 여러 가지 방법이 있을 것 같다. 우선 탄력을 받아서 강하게 치고 올라가는 종목에 주목해보자. 그 조건에 맞으려면 그날 종가는 우선 양봉이어야 할 것 같아. 시가보다 종가가 커야겠지.

길동 당연하지! 그것도 양봉이 깔끔해야 될 것 같아. 괜스레 양봉은 양봉인데, 위에서 매물 저항을 받아 길게 위꼬리를 달고 있으면 탈락이야.

민수 OK! 한 가지는 해결됐다. 그날의 종가는 양봉이어야 하고, 위꼬리도 길지 않아야 한다. 이걸 식으로 표현하면 Open 〈 Close and High 〈 Close×1.01 이렇게 쓰면 될 것 같네. 양봉이고, 고점이 종가보다 1%를 넘지 않으니까 당일 종가가 거의 고점 부근에서 끝난 모양이다.

길동 탄력을 받아서 강하게 치고 올라가는 것은 어떻게 찾지?

민수 이러면 어떨까? 아무래도 신고가를 내는 종목이 탄력 있는 종목이 아닐까?

길동 신고가 종목이 매수세가 강한 종목이라는 것은 알겠는데, 너무 늦게 매수하는 것은 아닌지 걱정도 된다.

민수 그러면 신고가를 내는 종목인데, 최근 10일간은 15% 이내에서 움직이다가 10일간의 고가를 상향 돌파하는 종목을 매수한다고 하면 어떨까?

길동 응, 그럴듯하다. 최근 10일간 큰 움직임이 없었다가 그 고점을 뚫고 올라가면 사볼 만할 것 같아.

민수 OK! 그건 컴퓨터가 매매할 수 있도록 작성하는 게 가능해. 우선 10일 동안의 고가를 오늘 뚫고 올라가는 것은 Highest(H[1],

10)〈Close라고 표현하면 최근 10일간의 직전 고가를 오늘 종가가 뚫고 올라간 거야. 다음에 Highest(H[1], 10)〈= Lowest(L[1], 10)×1.15라고 하면 최근 10일간 주가가 15% 이내에서 움직이는 걸 뜻해.

길동 그래, 이제 됐다. 생각보다 쉽게 해결했네. 이제 나의 매수 원칙은 주가가 최근 10일간 15% 이내에서 움직이다가 10일 동안의 직전 고가를 상향 돌파할 때 매수한다가 되겠네.

민수 아니, 그렇게 빨리 이해하다니. 그동안 생각을 많이 했었구나.

길동 됐어. 이젠 그 원칙대로 매매해야지. 얼른 컴퓨터에 집어넣어줘. 낼부터 매매하게.

민수 잠깐, 매수는 그렇다 치고, 매도는 어떻게 할 거야?

길동 아, 거기까지는 미처 생각 못했네. 매도도 중요한데, 어떻게 하는 게 좋겠니?

민수 그러게. 정답이 있는 게 아니니까 최종 결정은 길동이 네가 해야 해. 나는 일반적인 방법밖에는 알려줄 수 없겠는걸.

길동 그 일반적인 방법이란 게 어떤 거야?

민수 기존의 포지션을 청산하는 방법으로 고려해야 할 게 3가지가 있어. 첫째는 예상대로 움직이지 않을 때 어느 정도 손실을 인정하고 빠져나올 것인지를 정해야 해. 시장이 괴팍스럽게 움직일 때가 있기 때문에 손실을 너무 키우면 안 되는 거 알지? 그렇다고 손실 여유 폭을 너무 작게 잡으면 제대로 움직이기 전에 손절매하다가 헛물 켤 수도 있어.

길동 응, 그건 당연히 대비해야 될 것 같아. 나는 8% 손실을 보면 청산할래.

민수 둘째는 이익을 내고 청산하는 방법인데, 목표 수익에 도달했을 때 청산하는 방법이 있고, 최고 수익 대비 어느 정도 하락이 나타나면 청산하는 방법이 있어.

길동 나는 달리는 말에 올라탄 것이니까 갈 데까지 가보고 싶어. 목표 수익 같은 건 정해놓고 싶지 않다.

민수 응, 그것도 선택이야. 셋째는 어떤 지표의 신호에 따라 청산하거나 일정한 시간이 경과했는데도 가격이 예상대로 움직이지 않으면 청산하는 방법이야.

길동 아, 그렇구나. 하긴 매수했는데 크게 벌지도 못하고, 크게 손해도 안 보고 주가가 제자리에서 맴맴 하고 있으면 지루하고 답답할 것 같아. 다른 종목들 쳐다보고 있으면 상대적인 박탈감도 느낄 수 있겠다. 매수하고 나서 5일 안에 5% 이상 상승하지 않으면 그냥 빠져나올래. 그리고 5일 이동평균선이 20일 이동평균선을 하향 돌파하면 빠져나오는 게 좋겠어.

민수 그래, 이제 진입과 청산 규칙을 정했으니 시장에서 원칙대로 매매할 수 있게 됐다. 마지막 남은 일은 한 종목에 투자 자금을 얼마씩 할당할 것인지를 정해야 해.

길동 아, 그 문제가 남아 있었구나. 어떻게 하는 게 좋을까? 총 투자 금액은 5000만 원을 투입하려고 하는데.

민수 그러면 종목당 1000만 원씩 다섯 종목을 포트폴리오로 만들어서 매매하면 어떨까? 매매 신호가 발생하지 않으면 그냥 현금으로 갖고 있게 될 것이고, 매매 신호가 모두 발생하면 5000만 원어치 주식을 갖게 되겠네. 만일 한 종목에서 손절매를 할 경우 한 종목 투자 금액 1000만 원의 8%이니까 80만 원의 손실을 입게 될 것이고, 그 정도면 전체 투자 금액 5000만 원 기준으로 1.6%의 손실이니까 큰 상처를 입지는 않을 것 같다.

길동 응, 민수야, 너랑 얘기하니까 마치 내가 기관투자가가 된 것 같다. 전문가가 된 기분이야.

민수 아니야. 원칙 거래를 하기로 결심하는 게 더 대단한 일이야. 이제 방법을 정했으니 그 방법이 제대로 작동하는지 과거 데이터로 검증해보고, 확정을 짓자.

길동 그래, 고마워. 역시 넌 내 친구다!

위의 가상 대화에서도 알 수 있듯이 투자 전략을 만드는 핵심적인 방법은 막연하고 모호하게 가지고 있던 매매 아이디어를 실행 가능한 형식으로 바꾸는 것이다. 위의 사례는 탄력적으로 상승할 때 매수한다는 아이디어를 10일 동안의 최고가를 상향 돌파할 때 매수하는 것으로 구체화했다. 아이디어를 구체화하는 방법이 한 가지만 있는 것은 아니기 때문에 자신이 거래하고 싶은 상황에 대해 정확히 이해하고 있어야 한다. 매매 아이디어는 차트를 세밀히 관찰하여 얻은 것이든, 혹은 어떤 이론에 따른 것이든 관계없이 '내가 어떤 상황에서 매매한다'는 입장이 분명히 있어야 한다.

앞의 사례처럼 10일 최고가를 상향 돌파할 때 매수하는 조건을 검증하는 과정에서 현재가가 60일 이동평균선 위에 있을 때 그 조건을 사용하는 게 더 좋겠다고 판단할 수 있다. 이렇게 핵심적인 매매 규칙에 조건 사항을 추가하는 것을 필터링한다고 말한다. 적절한 필터링은 성급한 매매를 피할 수 있게 해주고, 매매의 안정성을 높여주는 역할을 한다. 그런데 필터를 너무 많이 선택하면 뒤에서 살펴보겠지만 시스템이 과최적화될 가능성이 많아진다는 단점이 있다. 큰 수익 기회였는데도 너무 많은 변수와 필터를 사용하는 바람에 실제 매매에선 필터 때문에 참여하지 못하는 경우가 생긴다. 시장이 과거와 똑같이 움직이는 것이 아니라서 복잡한 전략을 사용할수록 과거 검증한 대로의 확률적 승산이 나타나지 않을 가능성도 많다.

시스템트레이딩의
장점과 한계

어떤 투자자가 다음과 같은 질문을 한 적이 있다.

'자신이 만든 투자 원칙을 가지고 자동으로 거래하면 성공을 보장받을 수 있는가?'

시장에는 계속해서 새로운 투자자들이 참여하고, 현재의 시장 흐름에 영향을 미치는 요소들도 과거와는 다르기 때문에 시장은 항상 변화하기 마련이다. 따라서 투자 원칙을 큰 테두리만 정하고 변화하는 시장 흐름에 유연하게 대응하는 게 더 낫지 않느냐는 질문이다. 자동거래가 오히려 경직된 거래 방법이 될 수 있다는 뜻이다.

이 질문은 시스템트레이딩의 한계를 지적하는 내용이기도 해서

깊이 숙고해볼 필요가 있다. 결론부터 말하면, 어떤 투자자가 높은 확률로 시장의 주된 흐름에 편승할 수 있고, 이번에 실행한 투자가 시장 흐름과 어긋난다는 느낌을 받았을 때 이를 인정하고 자연스럽게 빠져나올 수 있으면 굳이 시스템트레이딩을 하지 않아도 좋다.

시장에는 시스템트레이딩을 하지 않는데도 실제로 높은 성과를 내는 전문가들이 꽤 있다. 그런 경지에 도달한 전문투자자를 '신의 경지'에 있다고 부른다. 시장과 자신이 결코 둘이 아님을 느끼는 단계라고나 할까. 물심일여, 주객일체, 무념무상, 무아지경의 경지에서 시장과 혼연일체가 되어 완전한 몰입의 상태를 보여준다. 금강 하구에 날아든 가창오리 떼의 군무를 보신 적이 있는가? 날아오른 대열의 선두가 방향을 확 바꾸면 전체 대열이 그 뒤를 자연스럽게 따라가며 멋진 군무를 펼친다. 신의 경지에 있는 전문가들은 시장의 흐름과 반전을 몸으로 느끼며 투자한다. 이들은 능력을 타고났을 수도 있고, 그런 경지에 도달할 때까지 충분히 훈련받은 행운아들이다.

불행한 일은 일반 투자자들의 경우, 그런 경지에 도달할 가능성이 매우 낮다는 사실이다. 시장에서 성공한 자신의 모습을 매일 상상하며 꿈을 꾸지만 현실에선 퇴출되는 일이 자주 발생한다. 자신의 내면에서 전문가가 될 씨앗이 사라고 있는지를 확인할 기회조차 갖지 못한다. 대부분의 일반 투자자들은 매매 원칙을 만들려 하지 않고, 그 원칙의 확률적 승산도 계산하지 않는다. 자신이 적용하는 투자 방법의 통계적 우위나 파산 확률이 얼마나 되는지를 모르기 때문에 스스로도 어이없어할 정도로 돈을 잃는다.

초보자 시기의 무지하고 무모한 거래 방식을 극복하고 합리적으로 거래하려면 어떻게 해야 할까? 일반 투자자가 현실적으로 이용할 수 있는 가장 합리적인 거래 방식은 시스템트레이딩이라고 할 수 있다.

시스템트레이딩의 장점으로는 크게 4가지를 들 수 있다.

첫째는 객관성이다. 객관적이라는 것은 주관적인 감정에 좌우되지 않는다는 뜻이다. 시스템트레이딩은 뉴스, 소문, 거래 당일의 기분에 따라 거래하지 않는다. 충분히 검증된 객관적인 규칙을 가지고 거래하기 때문에 감정적인 동요에서 벗어날 수 있다. 규칙이 확정되면 컴퓨터가 자동으로 거래를 진행하기 때문에 투자를 지켜볼 필요도 없고, 시장의 등락에 마음 불편해하지 않아도 된다. 장이 열리는 동안 밥 먹는 것도 잊고, 화장실에 갈 여유조차 없는 투자자도 있다. 시장의 등락에 마음을 빼앗기면 한순간도 눈을 떼지 못하고 가격의 움직임을 지켜본다. 이런 환경에서는 조금만 가격이 오르내려도 마음이 크게 흔들리고 처음 세웠던 매매 규칙을 쉽게 잊는다. 시장에서 그렇게 열심히 매매하는 것과 실제로 돈을 버는 것 사이에는 관련이 거의 없다.

둘째는 전략의 검증 가능성이다. 투자자의 전략이 과거 흐름에서는 어떤 확률적 승산을 가지는지를 구체적인 수치로 확인해볼 수 있다. 총 손익, 승률, 평균수익과 평균손실, 1회 허용 손실 금액, 최대 손실 폭, 연속 손익 횟수, 특이치 제거 손익 등 수익과 위험을 계량화하여 측정한다. 매매 효율성과 샤프 비율과 같은 분석 도구를 이용해서 전략에 대해 긍정적인 기대를 가질 수 있는지 평가한다. 측정할 수 없다면 관리할 수도 없다. 전략의 우수성을 확인하고 실제 거래에 적용했을 때, 검증된 확률적 기대대로 실거래가 진행되는지 확인하고 평가할 수 있다. 장기간의 시장 자료로 시스템을 검증했으면 시장의 국면 전환에도 효과적으로 대응한다. 그리고 투자자가 경험하지 않은 새로운 시장도 과거 자료만 있으면 비교적 단기간에 대응 전략을 개발할 수 있다.

셋째는 거래의 일관성이다. 전략을 검증하여 신뢰한다는 것은 전략 안에 포함된 시장 진입, 청산, 위험 관리 규칙을 신뢰한다는 뜻이다. 주관적인 거래에서는 위험 관리 규칙을 갖고 있어도 이를 지키면서 일관성을 유지하기가 어렵다. 시스템트레이딩은 자동으로 매매 신호를 발생시키면서 거래를 진행하기 때문에 전략의 성공 확률을 준수하고, 위험 관리 목표를 흔들림 없이 유지할 수 있다.

넷째는 전략의 분산 가능성이다. 시장을 바라보는 다양한 관점과 대응 전략을 여러 개의 시스템에 나누어 구성할 수 있다. 이렇게 구성된 시스템 포트폴리오는 위험을 낮추고, 수익은 높이는 분산 효과를 발휘한다. 자기 주관으로 매매하는 투자자는 다양한 전략을 동시에 구사하기 어렵다. 관심 종목의 범위도 좁아질 수밖에 없다. 하지만 시스템은 전략을 적용하는 데 아무런 제한이 없다. 어떤 시스템이 매수 신호를 발생하고, 다른 시스템이 매도 신호를 발생해도 전혀 모순되지 않는다. 각 시스템이 추구하는 수익 목표를 다양한 방식으로 얻어가는 과정에서 나타난 현상일 뿐이다.

시장이 과거와 다른 흐름을 보이면 예전에 잘 들어맞았던 전략이 무용지물이 될 수 있다. 이것이 시스템트레이딩의 한계라고 할 수 있다. 하지만 그런 이유로 그냥 무시해버리기에는 시스템트레이딩이 가진 장점이 너무나 많다. 불확실한 투자의 세계에서 그나마 기댈 수 있는 나침반 역할은 충분히 한다. 그리고 실제로 시장이 과거와 얼마나 달라졌는지도 아직 확인하지 못했다. 아마도 지금 적용하고 있는 전략들의 확률적 우수성이 무너지는 때가 오면 그것으로 시장이 변했다는 것을 확인할 수 있을 텐데 그때가 언제일지 알 수 없고 예측하지도 않는다.

잘 만든 시스템은 어떤 특징이 있나?

시스템은 시장이 움직이는 방향을 예측하지도 않고, 시장이 만들어가는 패턴을 상상하지도 않는다. 잘 만든 시스템들은 수익이 발생하면 그 수익이 무럭무럭 자라날 때까지 지켜본다. 이익 목표를 사전에 정해놓았고, 그 수준으로 가격이 도달하면 더는 미련을 갖지 않고 청산하여 수익을 확보한다. 손실이 발생하면 정해진 수준에서 즉각 청산하고 빠져나온다. 장기간의 데이터에 해당 전략을 적용했을 때 손익곡선이 우상향하고, 잘 만든 시스템의 특징을 갖고 있으면 이 전략을 적용하여 거래하면 된다.

잘 만든 시스템은 다음과 같은 3가지 특징이 있다.

- 손익 곡선이 우상향하고, 최대 손실 폭이 본인이 감당할 수

있는 적정 수준이다.
- 거래 주기와 종목 변경에 따라 손익곡선이 급격하게 변동하지 않는다.
- 시스템 안에 사용한 변수에 따라 손익곡선이 민감하게 흔들리지 않는다.

과거 데이터로 검증한 결과, 손익곡선이 우상향한다고 해서 시스템을 곧바로 실전 투자에 적용하는 것은 성급한 행동이 될 수 있다. 어떤 대응 전략을 과거 데이터에 적용해보니 수익이 발생하는 유용한 전략이라는 것을 확인했다. 그런데 해당 전략의 발생 빈도가 적다면 미래에도 잘 작동할 것이라고 신뢰하기가 어렵다. 예를 들어 전일 100원 하락, 오늘 200원 상승하면 매수한다는 전략이 과거에 수익을 안겨주었다고 하자. 한데 그런 조건이 딱 맞아떨어져서 실행된 매매 횟수가 서너 번밖에 없으면 우연적 상황으로 보아야 한다. 통계적으로는 별 의미가 없다.

시장의 미래 움직임이 과거의 움직임과 똑같은 흐름을 보일 것이라고 확신할 수 없다. 대개 그렇다는 표현이 적당할 것 같다. 매수세와 매도세가 충돌하면서 만들어내는 흐름의 모양은 과거와 비슷하기도 하고, 특이하기도 하다. 과거의 움직임에서 수익이 발생하는 모양에 전략을 세밀히 맞추면 성과보고서는 우수하지만 미래 예측력은 떨어진다. 그리고 그 전략이 실행된 발생 빈도가 적으면 앞으로는 조건에 맞는 상황이 나타나지 않을 수 있으니 쓸모없는 전

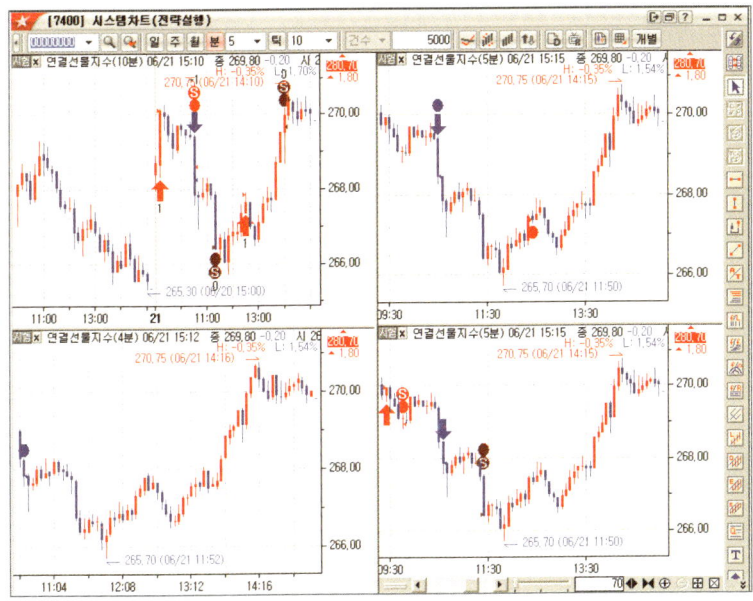

그림 5-1 시스템 자동매매 화면

략이 되어버린다.

시스템트레이딩 과정은 지극히 단순하다. 전략을 개발하고 확률적 승산을 검증한다. 이를 통해 긍정적인 기대를 가지게 된 전략을 적용하여 꾸준히 매매를 이어간다. 실제 매매가 확률적 기대대로 진행되고 있는지를 확인하여 문제가 발견되면 그 원인을 따져 시스템을 개선할 것인지 폐기할 것인지를 결정한다. 물론 아무 문제가 발견되지 않으면 시스템 거래를 계속 유지한다. 아무 문제가 발견되지 않으면 거래가 확률적 승산대로 유지되고 있다는 뜻인데, 이는 다른 말로 하면 기대한 대로 거래 계좌에 수익이 차곡차곡 쌓이고 있음을 의미한다.

그림 5-1은 필자가 실제로 시장에서 거래하고 있는 시스템 자동매매 화면이다. 전략을 적용하면 컴퓨터가 자동으로 매매 시점을 찾아 시장에 진입하고, 청산한다.

실제 거래는 컴퓨터가 자동으로 진행하기 때문에 장중에는 신호대로 체결되었는지를 확인하면 된다. 이렇게 하면 투자를 결정할 때마다 갖게 되는 심리적 부담에서 벗어날 수 있다.

시스템 위험의 종류

모든 투자에는 위험이 따르듯, 시스템트레이딩도 마찬가지로 위험이 존재한다. 수익에 대한 기대가 있기 때문에 위험을 감수하는 것이라서, 전략을 선택할 때에는 우선적으로 위험 보상 비율이 가장 높은 시스템을 선택해야 할 것이다. 모든 위험은 구체적인 계좌의 손실 가능성으로 나타난다.

시스템 거래를 할 경우에 겪게 될 위험은 크게 3가지가 있다.

- 손실에 따른 자본 감소 위험
- 시스템의 기능 상실
- 가격 급변동과 유동성 부족에 따른 체결 위험

첫 번째 위험부터 살펴보자. 모든 시스템은 어느 정도 자본 감소의 위험을 안고 있다. 100% 승률의 시스템은 상상 속에서만 존재한다. 대개의 시스템들은 35~60% 사이의 승률을 보인다. 동전을 던지더라도 매번 앞면과 뒷면이 교차되어 나오지 않듯이 시스템 거래도 매번의 거래가 승률대로 정확히 진행되는 것이 아니다. 어떤 경우에는 연속 손실이 10회 이상 발생할 수도 있다. 선물 시스템의 경우, 최대 손실 폭이 투입 자금의 30% 이상이 되는 경우도 자주 발생한다. 마이클 코벨이 조사한 추세 추종 시스템에서는 매년 평균적으로 40%의 수익을 내는 시스템도 운용 기간 중에 38%의 자산이 감소한 시기도 있었다.

이런 시기를 실제로 겪게 되면 거래를 지속해야 할지 판단하기가 쉽지 않다. 투자자 본인이 어느 정도의 위험을 감수할 수 있을지를 잘 모르기 때문에 유용한 전략을 사용하고 있으며, 과거 시뮬레이션을 통해 알고 있는 통계적 범위 이내에서 움직이고 있더라도 투자를 포기하게 된다. 일반적으로 투자자는 자신이 감내할 만한 폭에 대해 자신의 능력을 과대평가하는 경향이 있다. 이를 회피할 수 있는 가장 좋은 방법은 계약 규모를 최소한으로 운영하는 것이다. 만일 어떤 전략의 최대 손실 폭이 투자 기준 금액의 20%가 나온다고 하자. 그러면 해당 전략을 실행할 때 실제 투자 자금의 절반만 사용하는 것이다. 이렇게 하면 10%의 손실만 감당하면 되니까 더 오랫동안 시장에서 거래할 수 있게 된다. 물론 위험 수준이 낮아지는 만큼 수익도 줄어든다. 투자 규모를 늘리는 것은 나중에 수익이 어느 정도

축적되어 본인이 감내할 수 있는 여유 폭이 생겼을 때 실행하는 것이 더 현명한 선택이다. 오랫동안 시장에서 살아남아 있다는 것은 더 많은 기회를 만날 수 있다는 말과 같다.

지금까지는 이렇게 최악의 상황을 가정하여 조심스러운 이야기를 했지만 시스템 거래에서 연속 손실만 발생하는 것은 아니다. 연속 수익도 발생할 수 있다. 새로운 거래는 매번 독립적으로 진행되는 것이어서 10회 이상 연속 수익이 발생할 수 있다. 한두 번도 아니고, 실제로 이런 일을 겪으면 정신 줄을 놓게 된다. 드디어 꿈이 실현된다는 착각에 빠지기도 하는데, 이때 조심해야 할 것이 급격히 포지션 규모를 늘려서는 안 된다는 점이다. 매매는 상대가 있는 게임이라는 것을 결코 잊어서는 안 된다. 어느 하나의 전략이 시장에 일방적으로 먹혀들게 되어 있지 않다는 것이 그동안의 시장 경험에서 배운 지혜다. 계좌 잔고가 늘어나면 포지션 규모를 늘리고, 계좌 잔고가 줄어들면 포지션 규모를 줄이는 것은 올바른 선택이다. 그렇다 해도 처음 정한 원칙에서 포지션 규모를 크게 바꾸는 것은 일관성을 훼손할 수 있기 때문에 주의가 필요하다.

두 번째 살펴볼 위험은 시스템의 기능 상실이다. 시스템 투자자를 곤혹스럽게 만드는 상황 중 하나가 이러한 현상이 나타날 때 현명한 대처 방법을 찾기 어렵다는 것이다. 시스템의 기능 상실은 2가지 원인에서 비롯된다. 하나는 과최적화로 인해 시스템의 기초가 튼튼하지 못한 경우다. 이 경우는 시스템을 처음부터 잘못 만든 것이므로 여기서 더 논의할 부분이 없다. 적절한 최적화 변수의 선택, 검증 기간 이외의 시기에 전진 분석을 통한 시스템 적용, 매매 주기 또는 종목 변경 적용과 같은 작업을 통해 시스템 자체가 튼튼해져야 한다. 이렇게 구축된 시스템은 종목과 시기에 크게 구애받지 않고 제 기능을 할 것이다.

또 다른 원인은 튼튼한 기초를 갖고 있는 시스템이라 하더라도 현재의 시장 성격과 엇박자가 발생하는 경우다. 이 시스템을 고수하면 수익을 얻을 것이라는 확신은 있는데, 그 손실 발생 기간이 길어지고, 시장이 좀처럼 수익을 내기 쉽지 않게 움직이면 투자자는 심리적으로 지친다. 예를 들어 추세를 따르는 전략을 고수하는 시스템이 있다고 하자. 어떤 특정 시기에 시장이 오랫동안 추세를 형성하지 않고 등락을 반복할 경우, 이러한 시스템들은 손실을 입게 된다. 커티스 페이스는 《터틀의 방식》에서 이런 상황이 길어지면 투자자들이 점점 추세 추종 전략을 포기하게 되고, 역설적으로 그러한 전략을 구사하는 투자자들이 줄어들수록 시장은 그러한 전략을 고수하는 투자자에게 큰 수익의 선물을 안겨준다고 설명한다.

시스템의 부진한 실적이 정상적인 거래과정에서 나타나는 불가피한 손실인지, 혹은 기능 상실인지를 판단하는 것은 쉬운 문제가 아니다. 그래도 굳이 해결책을 찾는다면 최대 손실 폭의 2배와 같이 미리 정해놓은 시스템 중지 수준에서 시스템 가동을 멈추고 이후 계속 모니터링하면서 보완해나가는 방법밖에 없다. 그러므로 기능 상실로 인한 위험을 줄이기 위해서는 하나의 시스템에 의존하지 말고 가능한 한 다양한 종류의 시스템으로 전략을 분산 적용하는 것이 필요하다. 투자자들은 심리적으로 최근에 성과가 좋은 시스템에 집중하게 된다. 그러나 미래는 아무도 모른다. 일부 가중치를 부여하는 정도로 만족하고, 자금이 허락하는 범위 안에서 가급적 다양한 전략을 적용한 시스템들로 분산투자하는 것이 현명한 방법이다.

세 번째 살펴볼 위험은 가격 급변동과 거래량 감소에 따른 체결 위험이다. 유동성 위험이라고도 부르는데, 시스템 거래에서 특히 주의해야 한다. 선물시장 초창기 때는 선물이 시초가부터 상한가와 하한가를 기록하며 가격이 움직이지 않았던 날도 있다. 주식도 수급 상황에 따라 체결 물량이 나오지 않는 경우도 있다. 이런 경우에도 시스템은 체결되었다는 것을 전제로 이후의 매매를 관리해나간다. 실제 거래와 시스템 검증 결과의 차이를 줄이려면 거래량이 풍부한 시장과 종목을 선택해서 거래해야 한다. 중소형주는 체결 오차가 많이 발생할 수 있고, 가격 급변동과 청산 위험이 존재한다. 아무래도 시스템 거래는 대형주나 선물처럼 유동성이 좋은 종목에 적용하는 것이 바람직하다.

과최적화 시스템
판단 방법

과최적화(Over-Optimization)는 과거 데이터에서 수익이 나는 전략을 찾는 과정에서 지나치게 과거 데이터에 전략을 맞추었을 때 발생하는 현상이다. 다른 말로 곡선 맞춤(Curve-Fitting)이라고 부르기도 한다. 이런 작업을 통해 만들어진 시스템의 성능보고서는 환상적인 손익곡선 흐름을 보여주지만, 실제 거래에서는 망가진다.

시스템의 과최적화 여부를 판단하는 문제는 앞으로의 수익 가능성을 예측하는 일과 직결되는 중요한 문제다. 시스템을 선택할 경우, 다음에 소개하는 방법을 활용하면 시행착오를 줄일 수 있다.

전진 분석 기법 활용

전진 분석 기법은 시스템이 실전 거래에서도 수익을 낼 수 있는지를 확인할 수 있는 중요한 분석 방법이다. 이 분석 방법의 핵심은 '표본에 적용하지 않은 데이터를 이용한 검증'이다. 예를 들어 2004년부터 2011년까지의 주가 자료를 바탕으로 시스템을 만든다고 하자. 시스템을 개발할 때는 2004년부터 2007년까지의 주가 자료만 사용한다. 표본으로 삼은 주가 자료에는 대략 4년 동안의 주가 움직임이 담겨 있다. 이 표본 데이터를 이용해 만든 시스템 전략을 다른 기간의 주가 자료에 적용하는 것이다.

전략을 검증할 때 제외했던 2008년부터 2011년까지의 주가 자료에 적용하면 전략이 실제로 어느 정도 성과를 낼 수 있는지를 확인할 수 있다. 이처럼 개발과정에서 고려하지 않은 기간의 주가 자료에 시스템을 적용하는 것을 전진 분석이라고 한다. 전진 분석은 개발된 전략이 실전에서 어떤 성과를 보일 것인지를 시뮬레이션하는 중요한 작업이다. 전진 분석을 해본 결과, 처음 개발한 성과와 크게 다르지 않으면 이 시스템은 매우 우수한 시스템이고 신뢰할 수 있다.

만일 자신이 직접 개발한 시스템이 아니고 다른 개발자가 만든 시스템을 이용할 경우에는 우선 장기간의 성능보고서를 살펴보아야 한다. 그리고 전진 분석을 거치지 않은 시스템으로 여기고 최소한 6개월 이상의 실거래 데이터로 시스템의 성과가 유지되는지를 살펴보아야 한다. 개발자가 자신의 시스템을 판매하려는 상업적 목적으로 만들면 성과를 좋게 하기 위해 무의식적으로 매매 조건을 세분화했을 가능성이 많다. 아무리 좋은 의도로 시스템을 만들었어도 판매용 시스템들은 과최적화의 위험을 피하기가 쉽지 않다.

이제 막 시스템 개발을 시작한 새내기 투자자라면 궤도에 오를 때까지 많은 노력을 해야 한다. 이 일에도 시간 축적의 법칙이 작동한다. 경험이 쌓여야 한다. 장기 손익곡선이 우상향하고, 최대 손실폭이 적정 수준인 시스템들도 전진 분석을 해보면 확률적 승산을 유지하지 못하는 경우가 자주 있다. 그러므로 전진 분석 없이 막연한 기대감을 갖고 실전 투자에 뛰어들었다가 낭패를 당할 수 있다. 시장에서는 내일도 거래가 이루어진다. 급히 서두른다고 해결할 수 있는 일이 아니다.

시스템 안에 있는 매매 규칙의 개수 파악

시스템 안에 들어 있는 진입과 청산 규칙이 너무 많으면 성과를 좋게 하기 위해 조건을 세분화했을 가능성이 많다. 이러한 시스템의 성능보고서는 매우 우수하고 깔끔한 특징이 있다. 그러나 보고서를 믿고 곧바로 실거래에 적용해선 안 된다. 검증할 때 우상향을 나타냈던 시스템이 실제 거래에선 우하향하면서 망가지는 일은 피해야 한다. 특히 진입 조건이 너무 많으면 실제 성과가 안 좋은 경우가 많다. 진입 조건이 많다는 것은 성능보고서와 같은 성과를 내기 위해 진입 조건을 세분하여 적용했다는 뜻이다. 매매 신호가 발생한 빈도가 통계적으로 의미를 찾기 어려울 정도로 적을 수 있다. 예를 들어 10년에 세 번 발생한 진입 조건이라면 앞으로도 그 조건에 맞는 상황이 발생할 수 있을지, 수익을 낼 수 있을지 신뢰할 수 없다.

시장은 많은 투자자들이 돈을 벌 수 있게끔 움직이는 구조가 아니다. 어떤 진입 전략이 우수한 성과를 내면 많은 투자자들이 그 전략을 채택한다. 그러면 역설적으로 시장은 그 전략을 이용해 수익을 내기 어려운 흐름으로 바뀐다. 수익이 나지 않기 때문에 전략을 포기하는 투자자가 많아지면 다시 성과가 나타난다. 최근 성과가 좋은 시스템이나 변수를 적용하는 것을 경계해야 하는 이유도 여기에 있다.

시장에서 거래하는 동안에는 수익과 손실이 일상적으로 발생한다. 시스템 개발자는 이런 수익과 손실을 자연스러운 과정으로 받아들이고, 손실보다는 수익이 커지도록 주의를 기울이면 된다. 시스템 개발자가 손실을 피하려고 무의식적으로 많은 규칙을 선택하고 조건을 세분화하는 것은, 노력은 많이 하지만 미래에는 잘 맞지 않는 시스템을 만드는 일이다. 시장은 피하려고 할수록 오히려 피하려는 상황이 벌어지는 역설적인 공간이다. 따라서 거래 상대방에게 줄 것은 주고, 받을 것은 받겠다는 당당한 태도로 시스템을 개발하면 더 쉽게 시스템을 만들 수 있다. 그렇게 개발된 시스템이 미래에도 더 잘 작동한다.

종목과 거래 주기 변경

전진 분석은 가장 효율적인 시스템 성과 측정 방법이다. 자신이 직접 개발한 시스템은 적용 기간을 임의로 바꿔 시뮬레이션해볼 수 있다. 그런데 다른 개발자의 시스템은 그렇게 할 수 없다. 신뢰할 수 있을 때까지 전진 분석을 하려면 시스템을 관찰하는 데 시간이 많이 소요되는 단점이 있다. 이 경우, 종목과 거래 주기를 조금씩 바꿔보는 것으로도 의미 있는 정보를 얻을 수 있다.

5분봉으로 만든 데이트레이딩 시스템이라면 6분봉의 데이터에 적용해본다. 과최적화된 시스템은 주기를 불과 1분 바꾼 것인데도 시스템의 성과가 형편없어지는 것을 볼 수 있다. 이러한 시스템으로는 돈을 벌기 어렵다. 과거 5분 주기의 주가 자료에 전략을 꿰어 맞춘 것이라서 시장의 작은 변화에도 적응하지 못하는 것이다. 선물 시스템이라면 코스피200지수에 시스템을 적용해보는 것도 괜찮은 방법이다.

거래 주기를 변경했을 때 나타나는 최대 손실 폭이 실제 거래에서 나타날 수 있는 최대 손실 폭으로 보고 대비하는 것이 좋다. 자신이 감수할 위험 수준을 너무 작게 설정해놓으면 더 이상 거래할 수 없는 상황에 내몰릴 수 있다. 이를 파산 위험이라고 하는데, 뒤에서 좀 더 상세히 살펴보겠다.

일반적인 시스템 성과 사례 비교

시스템을 평가하다 보면 우수한 시스템들이 보여주는 일반적인 성과 사례가 있다. 추세를 따르는 시스템들은 보통 승률이 35~45% 정도 되고, 평균손익비는 2배 이상이다. 승률이 50%에 못 미쳐도 하나의 손실을 입을 때 둘 이상의 수익을 얻어낼 수 있기 때문에 거래를 지속해나가면 손익곡선은 우상향하게 된다. 데이트레이딩 시스템의 경우 승률은 40~60% 정도 되고, 평균손익비는 1.3~2배 수준이다.

 뛰어난 전문가들이 고민에 고민을 거듭해서 만든 시스템들이 보여주는 일반적인 성과 기준이 있다. 그런데 이러한 성과보다 매우 뛰어난 시스템을 만들었다면 과최적화되었을 가능성이 크다. 만일 과거의 승률이 100%라고 한다면 이 시스템의 미래 성과는 승률 100%를 유지할 수 없기 때문에 나빠질 수밖에 없다. 개발자가 자신의 시스템을 신뢰하고 거래하는 것은 자유롭게 선택할 일이다. 그러나 시스템 거래의 목표가 검증한 확률적 승산대로 거래를 진행하는 것이라고 한다면 과거 성과가 뛰어난 시스템으로는 그 목표를 달성할 수 없다. 일반적으로 알려진 성과보다 월등한 시스템을 만들었으면 자신의 뛰어난 능력에 도취되지 말고 조건을 너무 세분화해서 과최적화된 시스템을 만든 것이 아닌지 주의해야 한다.

위험 관리 없이
성공은 없다

　　　　모든 전문가들이 위험 관리의 중요성을 이야기한다. 위험 관리 없이 시장에서 성공할 수 없다는 것을 어떻게 더 강조할 수 있을까? 단 한 번이라도 치명적인 손실을 입으면 그것으로 모든 것이 끝난다. 시장에는 이번 한 번은 봐주는 제도나 방법이 없다. 얼마를 벌어야 성공했다고 할 수 있는지에 대해서는 여러 의견이 있을 수 있다. 그래도 최소한 계좌의 잔고는 줄어들지 않아야 성공을 이야기할 수 있지 않을까?

　위험은 한마디로 손실 가능성이다. 위험 관리는 손실이 발생할 수 있다는 점을 인정하는 데서 출발한다. 실제로 시장에서 손실 발생을 피할 수 있는 투자자는 아무도 없다. 다만 적정 수준으로 손실을 관리할 뿐이다. 위험을 관리한다는 것은 급격한 가격 변동이나 체결 위험을 감안하여 투자 대상과 규모를 결정하고, 거래 전략이 적정 수준의 파산 확률 범위 안에 있도록 조정하는 것을 말한다. 위험 관리는 시장에서 퇴출되는 상황이 발생하지 않도록 자신의 투자 원금을 보전하는 일이다.

투자자마다 수익 목표가 다르고, 선호하는 방법도 다르다. 또 위험을 대하는 태도도 다르다. 어떤 전문가들은 손절매를 절대 하지 않는다고 한다. 시장은 장기적으로 상승 흐름을 이어갈 것이고, 우량 기업을 매수했으니 일시적인 손실을 견디면 언젠가는 수익으로 보답할 것이라고 믿는다. 오히려 손절매가 잦은 매매를 발생시켜 원하는 수익을 얻는 데 방해 요소가 된다고 한다. 이런 태도도 시장을 대하는 하나의 방법임에는 분명하다. 이러한 수준의 믿음은 거의 종교적인 확신으로 승화되어 있어 다른 의견을 이야기하기가 부담스럽다. 그런 믿음을 갖고 있는 분들은 그렇게 투자해야 할 것이다. 시장의 흐름이 믿음대로 나타나지 않더라도 나는 확신을 갖고 투자한 것이니까 후회하지 않을 자신만 있으면 괜찮은 방법이다.

또 다른 투자자는 손실이 커지는 것을 지독히 싫어하고, 매수 후에 약간의 손실만 발생해도 얼른 빠져나와 다음 기회를 노린다. 큰 손실을 입지 않으려는 마음에서 그러겠지만, 모든 투자자가 정확하게 가격 상승이 나타나기 시작하는 시점에 매수할 수 있는 것이 아니라서 이런 방법은 문제가 있다. 손절매 수준을 매수 가격에 너무 가깝게 설정해놓으면 일시적인 가격의 등락에 휘둘려 손절하게 되고, 이후 자신이 원하는 방향으로 움직이는 시장을 멍하니 지켜봐야 할지도 모른다. 이런 식으로 투자하다 보면 과감히 손실을 인정한 위험 관리의 대가라는 명성을 얻을진 몰라도 계좌의 잔고는 계속 줄어들게 된다.

손절매를 하지 않는 방법은 만에 하나 기대대로 시장이 움직이지 않고, 큰 폭의 하락에 노출되면 치명상을 입을 위험이 있다. 반대로 작은 손실을 인정하는 방법은 일시적인 가격 조정 움직임에 손실 거래를 반복할 위험이 있다. 위험 관리는 이 2가지 방법 사이에서 적당한 수준을 정하는 것이다. 치명상을 입을 정도의 손실은 회피하고, 너무 잦은 손실 거래를 발생시키지 않도록 적당한 여유 폭을 가질 수 있는 지혜를 발휘해야 한다.

자신에게 어울리는 방법으로 오랫동안 투자하면서 수익을 꾸준히 내고 있으면 모두 성공한 투자자라고 부를 수 있을 것이다. 성공하기 위해서는 어떤 우여곡절이 있든 최소한 계좌의 잔고가 줄어들지는 않아야 한다. 아무리 시장에 대해 많은 지식을 가지고 있더라도 다시 거래하기가 부담스러울 만큼의 손실을 입었다면 그 투자자는 성공했다고 할 수 없을 것이다. 위험 관리의 목표는 이 치명적인 손실이 발생하지 않도록 자신의 투자를 관리하는 것이다. 그리고 손실을 적정 수준으로 제한하여 더 나은 매매 기회를 만날 때까지 거래를 지속하는 것이다.

투자자의 첫 번째 목표는 '생존'이다. 시장에서 살아남아야 무언가 해볼 여지가 있을 것 아닌가? 필자는 시장 경험과 지식이 풍부하여 나무랄 데 없는 투자자를 알고 있는데, 이 투자자에게 단 한 가지 흠이 있다면 투자할 자금이 사라졌다는 것이다. 승률이 낮기라도 하면 이해라도 될 텐데, 높은 승률을 유지하고 있으면서도 어처구니없이 레버리지를 높게 사용하다가 한두 번의 거래에서 치명상을 입는다. 그리고 이런 모습은 의외로 주변에서 드물지 않게 만날 수 있다. 큰 손실은 대부분 높은 레버리지를 활용하여 단기간에 고수익을 얻으려다가 날카로운 칼날에 베이거나 장기간 계좌를 방치하고 자포자기 상태에서 발생한다.

매매 시점을 결정하는 것 못지않게 어떤 종목에 얼마의 자금을 투자할 것인지를 결정하는 일이 매우 중요하다. 코덱스200과 같이 시장 전체를 매수하는 인덱스 투자는 상대적으로 손실 한도를 설정하는 문제에서 여유롭다고 할 수 있다. 분산이 잘되어 있어 개별 종목보다는 출렁거리는 진폭이 크지 않은 편이고, 부도 위험도 없기 때문에 큰 위험에 노출되지 않는다. 시장수익률을 기대하고 투자한 것이니까 장기 이동평균선을 기준으로 그 위에서 매수하고, 그 아래에서 매도하는 정도의 위험 관리 수준만 정해놓아도 무난히 시장 흐름을 따를 수 있다. 이런 기준으로 매매하면 커다란 상승 흐름을 놓치지 않고 편승할 수 있으며, 장기간 보유할 수 있다. 그리고 최악의 상황이 발생할 경우에도 적절히 시장에서 빠져나올 수 있다. 150일에서 200일 정도의 이동평균값을 매수와 매도의 기준으로 잡으면 별 무리가 없어 보인다.

개별 종목은 보다 세밀하게 손실 한도를 정해놓아야 한다. 우량 종목이라서 이 가격 이하로 절대 하락하지 않을 것이라 믿고 있으면 '믿는 도끼에 발등 찍힌다'는 속담이 왜 생겨났는지 실감할 것이다. 시장에서 절대로 일어날 수 없는 일은 없다. 무슨 일이든 일어날 수 있고, 그게 하나도 이상한 일이 아니다. 시장에서 투자자들은 그때그때의 상황에 따라 감정적으로 거래하면서 가격을 극단으로 몰아가기도 한다. 시장에서 오랫동안 살아남기 위해서는 다른 방법이 없다. 개별 종목은 무조건 손실 한도를 정해놓고 거래해야 한다.

손실 한도는
어떻게 설정할까?

거래에서 발생하는 모든 문제는 '청산'을 어떻게 하느냐의 문제다. 목표 수익의 어느 지점에서 이익을 실현할 것인가? 손실은 어느 수준에서 끊을 것인가? 최고 수익 대비 어느 정도 하락하면 시장에서 빠져나올 것인가? 이러한 질문들은 모두 청산에 관련된 것이다. 일반적으로 투자자는 승산 높은 진입 시점을 찾는 데 주력한다. 확률적으로 성공 가능성 높은 시점을 찾아 시장에 참여하려는 노력도 물론 필요하다. 하지만 그것은 투자의 극히 작은 일부 분이다. 본인의 전략이 승률 60%라고 한다면 나머지 40%는 손실을 발생시킨다는 뜻이다. 이렇게 손실은 투자하는 동안 늘 함께 따라다닌다. 일상적으로 발생하는 손실을 관리할 수 있는 능력은 성과의 차이로 나타난다. 그래서 현명한 손실이 장기적으로 성공을 가져온다는 역설을 이해해야 투자에서 성공할 수 있다고 하는 것이다.

이러한 위험 관리 능력이야말로 자기 통제력의 핵심이라고도 할 수 있다. 그만큼 인간 본성에 어울리지 않는다. 대부분의 투자자들이 여기서 무너진다. 투자에서 가장 불행한 일은 투자할 때마다 자기 본성과 싸우는 일이 아닌가 생각한다. 싸우지 않는 단 한 가지 방법은 검증된 위험 관리 방법을 기계적으로 적용하는 것이다. 여기엔 어떠한 예외도 없다.

투자자는 시장을 통제할 수 없지만, 자기 자신은 통제할 수 있다. 위험 관리는 현재의 시장 흐름에서 내가 어떤 위치에 있을 것인지로 요약된다. 시장에서 절대적이고 완벽한 성공 비법은 없다. 몇 가지 규칙을 만들었다고 해보자. 예를 들어 '최근 3일 동안의 주가의 저점보다 현재 주가가 낮다면 나는 모든 포지션에서 빠져나온다', '지난주 저점보다 현재 주가가 낮다면 나는 모든 포지션에서 빠져나온다'와 같은 규칙이다. 그 기간이 10일이어도 상관없고, 20일이어도 상관없다. 단 한 가지의 정답은 없다. 과거의 자료로 검증해서 최적화된 변수가 8일이라면 그것도 괜찮다. 중요한 점은 결국 그 시점에서 나는 시장에서 빠져나오게 된다는 사실이다.

이러한 원칙은 최악의 재앙을 피할 수 있게 해준다. 시장 경험이 적은 투자자는 하락하는 주식을 장기 보유해서 망하고, 시장 경험이 많은 투자자는 작은 손실이 쌓이고 쌓여서 망한다는 말이 있다. 아마도 수익을 내는 투자자가 드문 현실을 풍자한 말이겠지만 어쨌든 원칙에 따라 거래하면 초보자가 만나게 될 최악의 재앙은 피할 수 있다.

　손실을 인정하고 받아들이는 일이 말처럼 쉬울 리 없다. 돈을 벌려고 거래를 시작했는데 그 반대의 상황으로 진행되고 있으니 감정적으로 불편한 느낌을 갖는다. 어떤 때는 시장이 마치 나의 거래를 지켜보고 있는 것처럼, '손절매'를 실행하자마자 다시 기대했던 방향으로 되돌아 움직여서 약을 올리는 일도 자주 일어난다. 손실 한도를 설정하는 문제는 모든 투자자에게 하고 싶지 않지만, 안 할 수도 없는 골치 아픈 숙제와 같다.

　그러면 어떻게 손실 한도를 정하는 것이 바람직할까? 올바른 손실 한도 설정에 단 하나의 해답이 있는 것은 아니지만 그래도 나은 방법은 있다.

　첫째, 계좌 전체의 평가 금액을 기준으로 관리하는 것이다. 예를 들어 전일 종가를 기준으로 계좌 평가 금액을 산출하고, 금일 종가를 기준으로 계좌 평가 금액이 전일 대비 2% 이상 하락하면 모든 포지션을 청산한다는 방법을 적용할 수 있다. 전체 포트폴리오 평가 금액이 당일 2% 이상 하락하는 일은 자주 발생하는 사건이 아니다. 무언가 시장에 큰 충격이 발생하고 있다는 의미이니 일단 철수하고 나서 다시 진입 시점을 찾아본다. 또 다른 방법은 계좌 평가 금액의 최고치에서 5% 하락하면 모든 포지션을 청산할 수 있다. 이익이 발생한 상황이라면 기준을 정해 이익을 확정할 수 있게 되고, 포트폴리오를 재구성할 기회를 가질 수 있다.

　둘째, 종목별 손실 한도를 설정하는 것이다. 한 종목의 매매가 전체 포트폴리오 손실에 미치는 영향을 1% 이내로 관리한다. 예를 들어 10종목을 동일한 금액으로 매수했다면, 그중 한 종목에서 손실이 10% 발생했을 때 손절하는 것이다. 이때 포트폴리오에 미치는 영향은 1%의 손실로 나타나게 된다. 만일 10종목 모두를 손절하면 전체 포트폴리오는 10%의 손실을 입게 되는데, 실제 매매에서 이런 일은 자주 발생하지 않는다.

셋째, 기간별 손실 한도를 설정하는 것이다. 1일 손실 한도를 정하고, 주간 단위와 월간 단위로 손실 한도를 정해놓는다. 일반적으로 자신이 불리한 시기에 투자하면 기간별 손실 한도에 걸리게 된다. 그때는 잠시 쉬면서 그 기간을 넘기는 게 좋다. 만약 월 5%의 손실 한도를 정해놓았는데, 그 손실 한도를 건드리면 그달의 매매는 종료하고, 다음 달에 다시 시작하는 것이다. 이런 위험 관리 원칙은 불리한 투자 시기를 넘기고, 강제로 자신의 투자 원칙을 재점검해볼 수 있는 기회를 제공한다.

어떤 종목이 박스권을 형성하고 있다고 하자. 그 종목이 박스권 상단을 돌파할 것 같아서 매수에 가담하기로 했다. 그런데 손절 가격을 박스권 내에 설정해놓았으면 돌파에 실패할 경우 손절 처리될 가능성이 높아진다. 이런 경우에는 손절 수준을 박스권 하단 아래에 두어야 한다. 그러면 다시 박스권 돌파를 지켜볼 수 있는 여유가 생긴다. 아니면 정해진 변동 폭을 벗어나는 특이한 움직임을 보이는 가격에 손절 가격을 설정할 수 있다. 예를 들어 주간 고저 등락 폭이 1000원이라면 그 등락폭의 1.5~2배가 하락하는 가격에 손절 지점을 둘 수도 있다.

    이렇게 가격이 도달하기 어려운 수준에 손절 가격을 정해놓으면 쉽게 손절매를 당하지 않아도 되니까 바람직한 방법이다. 이 방법은 막상 그곳까지 가격이 하락하면 손실 폭이 커진다는 단점이 있다. 이를 보완하려면 매수 수량을 조절하는 수밖에 없다.

매수 수량 = 허용 손실 금액 ÷ (매수 가격 − 손절 가격)

    이번 한 번의 거래에서 허용할 수 있는 손실 금액이 100만 원이고, 매수 가격이 1만 2000원, 손절 가격이 1만 원이라면 매수 수량은 500주가 된다. 이렇게 허용할 수 있는 손실 금액을 기준으로 매수 수량을 결정하면 손절을 당하더라도 손실 폭은 관리가 가능한 수준이 될 것이다.

    이처럼 허용 손실 금액을 정해놓고, 손절 가격은 가급적 손절당하지 않을 수준에 정해놓는 것이 좋다. 특별한 상황이 아니면 손절하지 않겠다는 의지의 표현이기도 하다. 이렇게 정해놓으면 매매를 시작하고 끝까지 그 결과를 지켜볼 여유를 가질 수 있다. 또 손절당할 확률이 낮아 안정적으로 계좌를 관리할 수 있다. 이 방법의 단점은 허용 손실 금액 이내로 관리하려면 매수 수량을 줄여야 한다는 점이다. 즉 안정성이 높은 전략적 선택이지만 수익성은 떨어질 수밖에 없다. 그래도 안정적으로 계좌를 관리하는 것이 먼저다. 만약 더 많은 수익을 원한다면 감수할 위험 금액을 늘려서 해결할 수밖에 없다.

손절을 당하지 않는 것이 좋겠지만, 만일 하락하기 힘들 것이라고 보았던 가격까지 하락했다면 무엇인가 알지 못하는 변화가 발생한 것이다. 이때는 우선 시장에서 빠져나와야 한다. 무턱대고 기다리면 된다는 안이한 생각은 절대로 해서는 안 된다. 주가가 하락할 때 10~20% 수준에서 멈추지 않는 경우도 비일비재하다. 어떤 경우에는 70~80% 이상 하락할 수도 있는데, 지나고 나서 후회한다고 되돌릴 수는 없다. 다 이유가 있어 하락하는 것이다. 상승하는 주식을 매수하라고 강조하는 이야기는 하락하는 주식을 매도하라는 말과 같다.

손실 한도 설정과 관련해서 한 가지 더 고려할 사항은 최초 진입과 진입 이후 수익이 발생하고 있는 상황에서 청산하는 방법을 분리하는 것이다. 최초 진입은 손실 위험을 관리하는 문제다. 하지만 수익이 발생하고 있는 상황에서는 수익을 극대화하는 문제라서 성격이 다르다. 홈런을 치고 있으면 이미 발생한 수익을 상당 부분 반납할 각오를 하고 시장의 큰 흐름에 따라야 한다. 상승 추세의 주식은 큰 시세를 내는 중에도 상당한 기간 동안 등락을 반복하면서 1년 이상 상승 흐름을 이어간다. 이 상승 흐름 과정에서 나타나는 일시적인 조정을 견디지 못하면 큰 수익을 얻는 것은 불가능하다. 물론 그 흐름이 끝난 것이라면 최고가에서 정리하지 못한 것이 아쉬울 수도 있겠지만, 더 큰 수익에 대한 기대를 갖고 버틴 것이므로 그만한 각오는 해야 할 것이다.

파산 위험의 의미

시장에 들어온 이상 절대로 시장에서 쫓겨나선 안 된다. 일상생활에서 파산이라는 단어는 재산을 잃고 완전히 망했다는 어감을 준다. 그러나 시장에서 파산했다는 의미는 거래를 더 이상 지속할 수 없을 정도의 손실이 발생한 상태를 뜻한다. 가령 어떤 투자자가 1억 원을 투자했다고 하자. 거래하는 동안에 10%의 손실이 발생했다. 이세 더 이상은 손실이 발생해서도 안 되고, 감당할 여유도 없는 상황이라면 거래를 중지할 수밖에 없다. 이 투자자에게는 투자원금의 10%인 1000만 원의 손실이 파산 위험(Risk of Ruin) 수준이 되는 것이다.

손실이 절대로 발생하면 안 된다는 투자 목표를 가지고 있을 때 선택할 방법은 단 한 가지뿐이다. 시장에 뛰어들어서는 안 된다. 다른 방법이 없다. 아무도 피할 수 없다. 투자자가 자신의 계좌를 투자 원금의 10% 손실 수준 이내에서 관리하고 싶으면 그에 걸맞은 투자 상품과 거래 방법을 결정해야 한다. 만일 차입과 신용을 사용하여 하루에도 계좌 손익이 5% 정도 오르내리면 감당할 손실 수준을 높여야 한다.

투자자가 시장에서 쫓겨날 파산 위험이 얼마나 되는지 알고 싶을 때는 파산 확률을 구해보는 것이 도움이 된다. 파산 확률은 특정한 손실을 입어 거래를 중지하게 될 확률이다. 당연히 파산 확률이 낮을수록 투자자는 시장에서 오랫동안 생존할 수 있다. 파산 확률을 계산하는 데 중요한 항목은 최대 손실 비율이다. 즉 어느 정도의 위험 수준까지 견딜 수 있는지를 정하는 것이다. 그 수준은 투자자의 성향과 투자 방법에 대한 신뢰도에 따라 달라질 수 있다. 투자 원금의 20%가 넘는 손실을 받아들일 수 없는 투자자도 있고, 투자 원금을 모두 손실을 볼 각오가 되어 있는 투자자도 있다.

파산 확률을 구하는 데 필요한 요소는 다음과 같다. 이 요소들은 시스템 성능보고서에서 확인할 수 있고, 시스템 거래를 하고 있지 않다면 실제 본인의 거래를 분석해보아도 알 수 있다.

① 평균수익: 수익 거래의 평균금액
② 평균손실: 손실 거래의 평균금액
③ 투자 금액: 투자 원금
④ 승률: 전체 거래에서 수익 거래가 발생한 확률

⑤ 최대 손실 비율: 매매를 중지하기로 결정한, 허용할 수 있는 원금의 손실 비율

총 100번의 거래를 했는데 평균수익이 50만 원, 평균손실이 30만 원이고, 승률은 60%라고 하자. 투자 원금이 5000만 원이고, 2000만 원의 손실이 발생하면 매매를 중지하기로 계획했다면 최대 손실 비율은 40%가 된다. 이러한 매매 전략의 경우 파산 확률은 0의 값이 나온다. 즉 위험도가 매우 낮기 때문에 확률적으로 파산에 도달할 가능성이 거의 없다. 투자 원금이 더 늘어나면 허용할 수 있는 최대 손실 비율이 낮아지기 때문에 투자자가 받아들이기에 더 여유롭고 안정적인 운용이 가능하다.

어떤 투자자가 1억 원의 투자 원금과 2000만 원의 손실 한도를 가지고 있다고 가정해보자. 이 투자자가 시장에서 계속 매매하기 위해서는 결코 2000만 원의 자산 감소가 일어나서는 안 된다. 그런데 투자자가 채택한 전략의 승률은 50%이고, 평균수익이 200만 원, 평균손실이 200만 원이라고 하자. 즉 평균손익비는 1.0이 된다. 성공 확률이 반반이고, 하나를 벌면 하나를 잃는 전략이다. 이러한 전략으로는 파산을 피할 수 없다. 상식적으로 생각해보아도 승률이 50%라면 평균수익 금액이 평균손실 금액보다 커야 계좌가 우상향할 수 있을 것이다. 이런 전략으로는 시장에서의 생존이 불가능하다. 이 투자자가 파산 확률을 낮추려면 승률을 높이거나 평균손익비를 높여야 한다. 같은 조건에서 승률을 5%만 높여도 파산 확률은 13%로

낮아진다.

다음의 도표를 보자.

전략 구분	A전략	B전략	C전략	D전략
투자 원금	50,000,000	100,000,000	100,000,000	100,000,000
승률	60%	60%	40%	40%
평균수익	2,000,000	2,000,000	2,000,000	2,000,000
평균손실	2,000,000	2,000,000	1,200,000	1,200,000
최대 손실 비율	20%	20%	20%	50%
파산 확률	13.17%	1.73%	27.26%	3.88%

위 도표에서 A와 B는 동일한 승률과 평균손익비를 가지고 있다. 최대 손실 비율도 동일하지만 투자 원금에서 차이가 있다. 파산 확률을 보면 A전략보다는 B전략의 파산 확률이 낮다. 즉, 투자 원금이 크고, 허용할 수 있는 최대 손실 금액이 큰 B전략이 파산 확률이 낮아진다는 것을 알 수 있다.

C와 D도 동일한 승률과 평균손익비를 가지고 있다. 투자 원금도 같다. 다른 점이 있다면 허용할 수 있는 최대 손실 비율은 D전략이 더 크다. 당연히 시장에서 쫓겨날 확률은 D가 낮다.

참고) 파산 확률은 다음과 같은 방식으로 계산한다.

투자 원금은 5000만 원, 평균수익 50만 원, 평균손실 30만 원, 승률 40%, 허용할 수 있는 최대 자본 손실 비율은 20%라고 가정하자.

구분	항목	결과 값	계산 방법
①	평균수익	500,000원	수익 거래 평균금액(원)
②	평균손실	300,000원	손실 거래 평균금액(원)
③	투자 원금	50,000,000원	투자 원금
④	수익 거래 비율	0.4	수익 거래 비율
⑤	손실 거래 비율	0.6	(1-④)
⑥	최대 손실 비율	20%	허용할 수 있는 원금 대비 최대 손실 비율
⑦	평균수익/투자 원금	0.0100	abs(①÷③)
⑧	평균손실/투자 원금	0.0060	abs(②÷③)
⑨	Z	0.0004	④×⑦ - ⑤×⑧
⑩	A	0.0078	(④×⑦^2+⑤×⑧^2)$^{(1/2)}$
⑪	P	0.5255	0.5×(1+⑨÷⑩)
⑫	**파산 확률**	**7.43%**	((1-⑪)÷⑪)$^{(⑥÷⑩)}$

파산 위험을 낮추는 방법

시장에서 파산 위험을 회피할 수 있는 방법을 요약하면 다음과 같다.

- 승률이 높을수록 파산 확률은 낮아진다.
- 평균손익비가 높을수록 파산 확률은 낮아진다.
- 평균손실 금액이 적을수록 파산 확률은 낮아진다.
- 계좌 손실을 견딜 수 있는 허용 수준이 클수록 파산 확률은 낮아진다.

교육과 매매 현장에서 만나는 대부분의 투자자들은 파산 확률을 모른다. 위험을 어느 정도 감수할 수 있는지에 대해서도 본인의 주장과 실제 반응이 다른 경우도 많다. 파생상품과 같은 레버리지가 높은 거래를 할 경우에는 단기간에 계좌 잔고가 급격히 감소할 수 있다. 이 경우 파산 위험에 대해 고려하지 않았다면 퇴출될 가능성이 높아질 수밖에 없다.

지금까지 자신이 거래해온 투자 성과에서 승률, 평균수익, 평균손실을 구해보면 왜 계좌 잔고가 늘어나지 않는지를 한눈에 알 수 있다. 확률적으로 유리한 전략을 가지고 있지 않거나, 성과에 일관성이 없을 경우에는 손익 진폭을 감당할 수 없게 된다. 20%의 손실까지는 견딜 수 있을 것이라고 결심해도 막상 그 수준까지 자산이 감소하면 어쩔 줄 몰라 하는 투자자들이 의외로 많다. 자신이 견딜 수 있는 손실 한도에 솔직하지 못했기 때문이다. 허용 손실 한도를 냉정하게 정하고, 그 손실 한도에 도달하지 않을 수 있는 전략과 매매 규모를 채택해야 한다.

운영 중인 하나의 선물 시스템 사례를 들어보자. 승률 45%, 평균수익 60만 원, 평균손실 40만 원이다. 승률 45%라도 평균손익비가 1.5배라서 이 선물 시스템은 수익을 낼 수 있다. 그런데 투자자가 2000만 원으로 투자를 시작했다고 가정해보자. 한 계약의 위탁증거금을 고려할 때 실제 거래에서 100만 원의 손실을 입으면 더 이상 매매를 할 수 없게 된다. 파산 확률을 구하면 67%가 나오는데, 파산 확률이 이 정도로 높으면 실제로 이 투자자가 생존할 가능성은 거의 없다. 파산 확률을 0이나 최소한 1% 미만으로 줄여야 한다.

이제 3000만 원으로 투자를 시작했다고 가정하자. 20%의 손실을 견딜 수 있다면 파산 확률은 9%가 나온다. 이 정도의 파산 확률도 꽤 높은 편이다. 파산 위험을 확실히 피할 수 있다고 자신하기가 어렵다. 이제 5000만 원으로 투자 금액을 높여 투자 원금의 40% 손실은 견디겠다고 결심해야 파산 확률이 0이 된다.

여기서 알 수 있는 것은 수익을 내는 전략을 가지고 있더라도 일시적인 자산 감소를 견딜 수 있는 여유 폭이 적다면 시장에서 생존하기 어렵다는 점이다. 궁극적으로 시스템은 수익을 내는데, 투자자는 그렇지 못한 경우는 매매가 진행되는 과정에서 발생하는 일시적인 자산 감소를 견디지 못하기 때문이다. 따라서 본인의 투자 성향에 솔직해질 필요가 있다. 전략의 성능보고서에 의거해 기대 수익과 위험과 파산 확률을 모두 살펴보고, 본인이 감당할 수 없는 최악의 상황이 발생할 가능성이 높게 나오면 그 전략을 채택해선 안 된다.

파산 위험을 낮추려면 승률을 높이거나, 평균손익비를 높이거나, 최대 허용 손실 비율을 높여야 하는데, 이러한 작업이 쉬운 일은 아니다. 마음의 준비를 하고 있어도 실제로 그 일을 겪으면 투자를 계속 진행하기 어렵다. 그리고 전략을 개선하려고 노력하다 보면 과최적화의 위험에 빠질 수도 있다. 따라서 현실적으로 파산 위험을 낮추는 방법은 매매 규모를 줄이는 것이 가장 효과적이다. 시장에서 오랫동안 생존하려면 적정한 수준의 매매 규모를 유지하는 것이 필수적이다.

또한 성격이 다른 전략이나 다양한 시장에 분산투자하는 것도 좋은 방법이다. 분산투자의 경우 한 종목에서 발생할 수 있는 최대 손실 금액이 줄어들고, 계좌 전체의 손익 진폭이 완화되기 때문에 파산 확률을 낮출 수 있다.

　시장에 참여할 때 파산 위험을 아는 것과 모르는 것은 하늘과 땅만큼의 큰 차이가 있다. 파산 확률을 안다고 해서 지금보다 매매를 더 잘하게 되는 것은 아니다. 파산 확률을 계산할 때 참고했던 승률과 평균손익비가 앞으로 그대로 유지될 것이라는 보장도 없다. 하지만 파산 확률을 알고 있으면 분명히 매매 규모를 결정하는 데 조심하게 되고, 그만큼 생존 가능성이 높아진다. 다시 한 번 강조하지만 시장에서 성공하는 것은 오히려 나중 문제다. 우선은 살아남아야 하고, 오랫동안 거래할 수 있어야 한다. 오랫동안 살아남은 투자자가 성공한 투자자이며, 시장에서 그런 투자자는 10%가 안 된다는 사실을 꼭 기억하기 바란다.

최적 투자 비율을 구하는 방법

지금부터 간단한 동전 던지기 투자 게임을 통해 최적 투자 비율을 구하는 방법을 알아보자. 동전을 던져서 앞면과 뒷면이 나오는 결과에 따라 승패가 결정되는 단순한 게임이지만 확률적 위험 관리의 개념을 배우기에 적당한 사례다. 규칙은 간단하다. 동전을 던져서 앞면이 나오면 자신이 투자한 금액의 2배를 받고, 뒷면이 나오면 자신이 투자한 금액을 모두 잃는다.

- 규칙 1: 투자 원금은 1000원으로 한다.
- 규칙 2: 앞면이 나오면 투자 금액의 2배를 받는다.
- 규칙 3: 뒷면이 나오면 투자 금액을 모두 잃게 된다.
- 규칙 4: 투자할 금액은 남아 있는 투자 원금 이내에서 자유

롭게 선택한다.
- 규칙 5: 동전의 앞면과 뒷면이 나올 확률은 각각 50%이다.

위와 같은 동전 던지기 사례는 시스템트레이딩과 비슷한 개념이다. 성능보고서에서 볼 수 있는 확률적 승률은 50%이고, 평균손익비는 2.0의 성과를 보여준 시스템과 같다. 투자 위험은 한 번 투자한 금액으로 한정된다. 만일 투자 원금 1000원을 모두 투입하면 그 결과는 2000원이 되거나 0원이 되거나 둘 중 하나다. 자신의 투자 원금을 매번 100% 재투자하면 이 투자자의 계좌는 결국 깡통이 되고 만다. 10회 연속 투자에 성공했더라도 단 한 번의 실패에 자신의 투자 원금을 모두 날리기 때문이다. 실제로 옵션을 매수하는 투자자에게서 자주 볼 수 있는 광경이다.

투자비율	시작	1회 앞면	2회 뒷면	3회 앞면	4회 뒷면	5회 앞면	6회 뒷면	7회 앞면	8회 뒷면	9회 앞면	10회 뒷면
0%	1,000	1,000	1,000	1,000	1,000	1,000	1,000	1,000	1,000	1,000	1,000
5%	1,000	1,100	1,045	1,150	1,092	1,201	1,141	1,255	1,193	1,312	1,246
10%	1,000	1,200	1,080	1,296	1,166	1,400	1,260	1,512	1,360	1,633	1,469
15%	1,000	1,300	1,105	1,437	1,221	1,587	1,349	1,754	1,491	1,938	1,647
20%	1,000	1,400	1,120	1,568	1,254	1,756	1,405	1,967	1,574	2,203	1,762
25%	1,000	1,500	1,125	1,688	1,266	1,898	1,424	2,136	1,602	2,403	1,802
30%	1,000	1,600	1,120	1,792	1,254	2,007	1,405	2,248	1,574	2,518	1,762
35%	1,000	1,700	1,105	1,879	1,221	2,076	1,349	2,294	1,491	2,535	1,647
40%	1,000	1,800	1,080	1,944	1,166	2,100	1,260	2,267	1,360	2,449	1,469
45%	1,000	1,900	1,045	1,986	1,092	2,075	1,141	2,168	1,193	2,266	1,246
50%	1,000	2,000	1,000	2,000	1,000	2,000	1,000	2,000	1,000	2,000	1,000
55%	1,000	2,100	945	1,985	893	1,875	844	1,772	797	1,675	754
60%	1,000	2,200	880	1,936	774	1,704	681	1,499	600	1,319	528
65%	1,000	2,300	805	1,852	648	1,490	522	1,200	420	966	338
70%	1,000	2,400	720	1,728	518	1,244	373	896	269	645	193
75%	1,000	2,500	625	1,563	391	977	244	610	153	381	95

그림 5-2 동전 던지기 시뮬레이션

이제 동전 던지기에 얼마의 금액을 투자할 것인지를 결정해보자. 가장 손쉬운 방법은 시뮬레이션을 통해 기대 수익이 가장 큰 투자 비율을 찾아보는 방법이다. 동전의 앞면과 뒷면이 나올 확률은 50%다. 앞면이 나오면 투자 금액의 2배를 가져오고, 뒷면이 나오면 투자 금액을 잃는다.

그림 5-2는 총 열 번의 동전 던지기 시뮬레이션을 투자 비율을 달리해서 적용한 도표다. 앞면과 뒷면이 나온 순서는 상관없다. 확률이 50%이니까 앞면도 다섯 번, 뒷면도 다섯 번 나왔다고 가정해보자. 투자 비율이 0%라는 것은 투자를 하지 않은 것이니 손실도 수익도 없다. 투자 금액의 10%인 100원을 투자했더니 열 번 동전 던지기 후의 기대 수익은 469원이 된다. 이런 방법으로 시뮬레이션을 해보면 자기 투자 원금의 25%에 해당하는 250원을 투자했을 때 열 번 동전 던지기 후의 기대 수익은 802원이 되고 가장 최적의 투자 비율이 된다.

여기서 알 수 있는 것은 높은 수익에 대한 기대를 갖고 투자 비율을 높이면 높일수록 오히려 생존 확률이 낮아진다는 사실이다. 적정한 투자가 되도록 자제력을 발휘해야 한다.

그러면 1회 투자 금액을 얼마로 정해야 적정한 금액일까? 투자할 금액 선정 방법에는 크게 고정 금액 투자 방법과 고정 비율 투자 방법이 있다.

- 고정 금액 투자: 한 번에 투자할 금액을 고정해서 정해놓고

하는 방식
- 고정 비율 투자: 한 번에 투자할 비율을 고정해서 정해놓고 하는 방식

고정 금액 투자는 투자 금액을 매번 일정 금액으로 고정시켜 하는 것이다. 이런 투자 금액 결정 방식의 문제점은 투자가 잘되어 자금이 크게 늘어도 투자 금액은 고정되어 있기 때문에 복리 효과를 누릴 수 없다는 점이다. 또 투자가 잘 안 되어 계좌 잔고가 줄었는데도 투자 금액이 고정되어 있기 때문에 상대적으로 위험이 커진다. 즉 고정 금액 투자는 너무 적게 투자하거나 너무 많이 투자하게 되는 단점을 지닌다.

이와 같은 단점을 극복하기 위해 고정 비율 투자를 하게 된다. 이 방식은 투자 원금의 일정 비율로 투자하는 것이다. 예를 들어 원금의 10%를 사용하여 매수하는데 계좌 잔고가 늘어나면 추가로 매수하고, 계좌 잔고가 줄어들면 매수 금액이 줄어들게 된다. 고정 비율 투자가 더 합리적인 자금 관리 방법이다. 수익이 잘 나고 있으면 투자 금액을 늘려 복리 투자의 효과를 거두고, 손실이 나고 있으면 투자 금액을 줄여 파산 위험을 낮춰야 한다. 물론 손실이 발생했을 때 투자 금액을 줄이면 원금 회복 시까지 시간이 더 오래 걸린다. 그래도 파산하는 것보다는 백배 낫고, 자신의 투자 전략을 재점검해볼 시간도 확보할 수 있다.

투자자의 첫 번째 목표가 '생존'이라면, 두 번째 목표는 '번영'이다. 훌륭한 투자 전략을 구축해놓았다면 그 전략을 활용하여 수익을 극대화하기 위해 투자 자금을 최대한 효과적으로 운용해야 할 것이다. 1억 원의 투자 원금 중에서 100만 원어치의 주식을 계속 매수한다면 이 투자자는 시장에서 생존할 확률이 높겠지만 기대하는 수익을 얻기는 어려울 것이다. 그러므로 계좌의 잔고가 늘어나고 줄어드는 상황에 따라 투자 규모를 적절히 조정하여 자신이 가지고 있는 투자 방법의 장점을 잘 살려나가야 한다.

자금 관리는 합리적인 위험 관리를 바탕으로 수익을 극대화할 수 있도록 투자 규모를 결정하는 일이다. 자신의 투자 원금을 지키고, 투자 성과를 극대화할 수 있는 적절한 규모의 투자를 지속하게 되면 투자자는 복리 효과로 인해 단기간에 큰돈을 벌 수 있다. 계좌가 복리로 불어난다는 것은 투자자에게 큰 축복이다. 매년 30%의 수익을 낼 경우 지금의 1억은 10년 후에는 13.7억이 되고, 20년 후에는 190억이 된다. 현실적으로 어려운 일이지만 매년 100%의 수익을 낸다면, 지금의 1억은 10년 후에 1024억이 된다. 이 믿기지 않는 수익은 우선 시장에서 쫓겨나지 않는 데서 시작한다.

승률과 평균손익비만 알고 있으면 최적 투자 비율을 계산해낼 수 있다. 앞의 동전 던지기 사례와 같이 승률 50%, 평균손익비 2.0인 투자 시스템의 최적 투자 비율은 켈리(Kelly) 수식을 통해 쉽게 계산할 수 있다.

최적 투자 비율 K = 승률 - (1 - 승률) ÷ 평균손익비

구체적으로 수치를 대입하면 다음과 같다. 최적 투자 비율 K = 0.5 - (1 - 0.5)/2 = 0.25의 값이 나온다. 따라서 투자 원금의 25%를 투자하는 것이 최적의 투자 비율이 된다.

추세를 따르는 시스템은 승률이 낮고 평균손익비는 큰 편이고, 역추세 시스템은 승률이 높고 평균손익비가 작은 편이다. 손절을 짧게 하고 목표 이익에 도달했을 때 청산하는 시스템들은 승률이 높고, 평균손익비는 작다. 절대적인 기준은 아니지만 대체로 그런 경향이 있는데, 이런 시스템들의 특성에 따라 투자 비율을 다르게 적용하는 것이 필요하다.

만일 승률 65%, 평균손익비가 1.3인 투자 전략이 있다고 가정하자. 켈리의 공식에 따라 최적 투자 비율을 구하면 K = 0.65 - (1 - 0.65)/1.3 = 0.38의 값이 나온다. 이 전략에 따르면 투자 자금의 38%를 사용하는 것이 바람직한 것으로 계산된다. 선물의 경우 최적 투자 금액을 1계약 증거금으로 나누면 매번 거래 시 대략 2계약으로 매매하면 된다.

만일 승률 40%, 평균손익비가 2.2인 투자 전략이 있다고 가정하자. 켈리의 공식에 따라 최적 투자 비율을 구하면 K = 0.4 - (1 - 0.4)/2.2 = 0.13의 값이 나온다. 이 전략에 따르면 투자 자금의 13%를 사용하는 것이 바람직하다. 추세를 따르는 전략은 시장에서 추세가 나타날 때까지 견뎌야 하는 특성이 있으므로 1회 투자 금액이 상

대적으로 작다.

그런데 켈리 비율에 따라 투자할 경우 승률이 그대로 유지되고 있다고 가정하면 수익이 발생할 때마다 거래할 계약이 기하급수적으로 늘어난다. 만일 이 방법으로 선물시장에 투자해서 투자 원금이 2배가 될 경우에 선물 계약은 4계약→8계약→16계약→32계약으로 늘게 된다. 수익 또한 로켓이 우주를 뚫고 날아가듯이 커진다. 그런데 세상일이 밝은 측면만 있는 것은 아니다. 최대 손실 폭도 비례적으로 증가하여 계좌 손익이 롤러코스터를 타게 된다. 또한 처음 거래를 시작할 때는 그 영향이 크지 않았는데 계약 수가 크게 늘면서 손익에 따라 계좌 잔고의 진폭이 커지기 때문에 손실 거래가 발생하면 계약 수를 줄여야 하고, 수익 거래가 발생하면 계약 수를 늘려야 하는 등 거래가 혼란스러워진다.

그리고 켈리 투자 비율은 시스템의 성능보고서에 나타난 성과가 그대로 유지된다는 것을 전제로 하고 있는데, 이는 현실적으로 불가능한 가정이다. 따라서 켈리 공식은 최적 투자비율을 구하는 데 참고하고, 실전에서는 다양한 방식으로 수정하여 적용한다.

실전에서는 켈리 공식에 따라 최적 투자 비율을 구해 투자를 개시하고, 수익이 발생하면 켈리 비율에 따라 계산된 최적 투자 비율의 50%만 적용하는 것도 괜찮은 방법이다. 아니면 최대 자산 감소 금액을 기준으로 최대 자산 감소 금액이 일정 금액 이상으로 커지지 않도록 계약 수를 관리하는 것도 좋다. 예를 들어 선물 1계약으로 거래했을 때 최대 자산 감소 금액이 1000만 원이었다면, 수익 금액이 1000

만 원 이상 발생하지 않을 경우 계약 수를 추가하지 않는 것이다. 어쨌든 수익이 발생했다고 투자 규모를 급격히 키우는 것은 일관성을 해칠 가능성이 높기 때문에 좋은 방법은 아니다. 손실 발생 가능성을 염두에 두고 적당한 수준으로 투자 규모를 늘려야 한다.

투자 규모를
늘리는 방법

투자 규모를 늘리는 방법은 크게 두 종류로 구분할 수 있다.

- 마팅게일(Martingale)
- 역마팅게일(Anti-Martingale) 또는 피라미딩

마팅게일 방식은 일반 투자자들이 흔히 하는 '물타기' 방식과 비슷한데, 확률적 도박 게임에서 많이 사용되는 방식이기도 하다. 동전 던지기의 앞면과 뒷면 맞히기 게임을 할 때 돈을 잃으면 그다음에는 판돈의 배를 건다. 한 번만 맞으면 원금을 회복할 수 있다는 가정하에 그러는 것이다. 마팅게일 방식은 계좌 잔고가 줄면 투자 규모를 늘리고, 계좌 잔고가 늘면 투자 규모를 줄인다. 손실이 발생하

면 투자 규모를 늘리는 방식이다. 주가가 떨어질 때마다 매수를 늘려 매매 평균단가를 낮추면 조금만 반등해도 투자 원금을 회복할 수 있다는 기대를 갖고 있다. 하지만 이런 마팅게일 방식은 합리적인 투자 규모 결정 방법이 아니다. 이런 방식은 손실에 손실을 추가하여 파산 확률을 크게 높인다.

합리적인 투자 규모 결정 방식은 계좌의 잔고가 늘면 투자 규모를 늘리고, 계좌의 잔고가 줄면 투자 규모를 줄이는 것이다. 현재 계좌 잔고가 줄어들었으면 그에 걸맞게 매매 규모를 줄여 시장에서 좀 더 오랫동안 생존할 수 있도록 방어적으로 관리해야 한다. 계좌가 줄었으면 같은 수량으로 매매해도 더 큰 위험을 부담하는 것이다. 상식적으로 생각해도 현재 계좌 잔고가 감소하고 있는 상황은 지금 적용한 투자 전략이 시장과 잘 맞지 않는다는 것을 뜻하기 때문에 좋은 시기가 올 때까지 조심하는 게 합리적이다. 반대로 계좌 잔고가 불어나면 투자 규모를 그에 맞춰 늘림으로써 복리 효과를 누릴 수 있다.

이처럼 합리적인 자금 관리 방식은 '역마팅게일'의 원리를 따라야 한다. 물론 회복률 관점에서 역마팅게일은 단점이 있다. 계좌 손실이 10%일 때는 원금을 회복하기 위해 11%의 수익을 얻어야 한다. 30% 손실을 입었을 때는 43%의 수익을 얻어야 하고, 50% 손실일 경우에는 100%의 수익을 얻어야 한다. 이런 이유로 손실이 커질수록 원금을 회복하기가 어렵다. 역마팅게일은 손실이 발생할 때 투자 규모를 줄이기 때문에 회복하는 데 시간이 더 오래 걸린다. 그래도 아예 파산에 이르는 것보다는 낫다. 더디더라도 더 오랫동안 시장에서 거래할 수 있는 기회를 가져야 회복도 가능할 것 아니겠는가? 자신의 투자 전략이 확률적 승산을 가지고 있으며, 통계적 흐름대로 매매가 진행될 때 '복리'로 계좌를 불릴 수 있는 투자 방법은 '역마팅게일' 방식이다.

그러면 투자 규모를 어떻게 결정하고 조정할 것인가? 이미 켈리 공식에서 살펴보았듯이 켈리 최적 투자 비율은 수익의 극대화를 기대할 수 있지만 계좌 잔고가 롤러코스터를 탈 가능성이 크다.

현실적으로 적용할 수 있는 방법은 감수할 위험을 먼저 정하고, 그다음에 종목의 손절 가격을 정한 뒤 그에 따라 투자 금액과 매매 수량을 결정하는 것이다.

1억 원으로 열 개의 종목에 분산 투자하기로 했다면 한 종목당 1000만 원을 투자할 수 있다. 위험을 관리하기 위해 한 종목의 손실이 계좌 전체 손익에 미치는 영향을 1% 이내에서 관리하고, 전체적으로 월 10%의 손실이 발생하면 그달 매매는 중지하기로 했다. 종목당 손실 한도는 100만 원이 된다.

만일 A주식의 현재가가 1만 원이라고 할 때 종목당 투자 금액인 1000만 원어치의 주식을 매수하려면 1000주를 매수해야 한다. 손절 주문은 100만 원의 손실을 입게 되는 9000원에 나간다. 그런데 이 종목의 움직임을 보니 손절 가격을 8000원에 설정하는 게 더 좋을 것 같다는 판단을 하게 되었다면 어떻게 해야 할까? 이때는 주식 수를 500주로 줄여야 한다. 이 종목의 손실 한도 금액은 100만 원인데, 종목당 투자 금액인 1000만 원어치의 주식을 매수했다가 손절 가격까지 하락하면 200만 원의 손실을 입기 때문이다. 그렇게 되면 처음 설정한 위험 관리 목표를 달성할 수 없으므로 매수 수량을 줄여서 투자해야 한다. 반대로 수익이 발생하면 감수할 위험에 여유가 생기기 때문에 종목을 추가하거나 수량을 늘려 매매할 수 있다.

시장의 움직임을 통제할 순 없지만 한 번의 거래에서 감당할 만한 위험 금액의 크기는 결정할 수 있다. 이 위험 금액의 크기에 따라 투자 규모를 결정하는 것이 가장 바람직한 방법이다. 아무리 좋은 방법론을 갖고 있더라도 성과를 예측할 수는 없다. 시장의 움직임은 그때그때 불규칙한 흐름을 보인다. 손익곡선이 안정적이고 위험이 크지 않으면 더 과감하게 많은 수량으로 매매하는 것이 가능하고, 손익곡선에 기복이 있으면 위험을 고려하여 매매 수량을 줄이면서 길게 끌고 가는 매매를 해야 한다. 우상향하는 전략에 위험을 고려한 투자 규모 결정이 뒷받침된다면 손익곡선을 더욱 안정적으로 관리할 수 있다.

투자의
성공법칙

지금까지 논의한 투자의 성공법칙을 간단히 요약해보려 한다. 어떤 분야에서든 성공한 사람들은 자신이 하는 일에 대해 강한 애착과 목표 지향적인 동기가 있다. 투자의 세계도 마찬가지다.

첫 번째 성공법칙은 투자 목표를 정하고, 이를 달성하겠다는 강한 의지를 갖는 것이다. 투자 목표는 구체적이어야 한다. 자신이 기대하는 연 수익률을 정하고, 그것이 가능한 월간 수익 금액과 일간 수익 금액을 정한다. 물론 투자는 불확실성의 세계여서 이것이 쉽지는 않다. 목표에 도달하지 못할 가능성도 크다. 그렇다고 해도 투자 목표를 막연하게 정하는 것보다는 구체적인 목표가 있을 때, 이를 달성하기 위한 행동 규칙을 세밀하게 만들 수 있다. 투자 목표가 연 100%의 수익 달성이라면 매달 10%에 가까운 수익을 내야 하는데,

그러한 수익을 얻으려면 가격 변동성이 어느 정도 있는 투자상품을 찾기 마련이다. 이럴 경우 자신이 감수해야 할 위험이 얼마나 되는지 주의하게 되고, 목표가 현실적이지 않다고 판단하면 수익 기대를 적절히 조정할 수 있다. 투자 목표가 없으면 시장의 방랑자가 되어 이리저리 휘둘리게 된다. 시장에서는 그 방랑조차도 오랫동안 지속할 수 없다는 데 문제가 있다.

두 번째 성공법칙은 뛰어난 투자자가 되기 위해 떠난 여정에서 만나는 온갖 난관을 넘어설 수 있도록 마음의 준비를 하는 것이다. 목표 달성을 향해 달려가는 길에서 부딪히는 가장 큰 난관은 혼란스러운 자신의 마음이다. 투자를 하다 보면 숱한 감정 변화를 겪게 된다. 늘 자신을 관찰하고, 가장 이상적인 트레이딩 모습을 머릿속에 그려보고, 크게 심호흡하고, 자주 명상을 하는 것이 좋다. 쉽게 말해 마음 다스리는 방법을 배워야 한다. 마음을 다스리는 게 중요하다는 사실만 의식하고 있어도 한결 더 나은 태도를 지닐 수 있다. '두려움'과 '탐욕'을 다스리는 연습을 통해 자신이 세운 원칙을 준수하는 방법을 배울 수 있다. 주저하지 않고 계획한 대로 매매를 실행할 수 있도록 지금 이 순간의 기회 흐름에 집중하고, 투자 계획도 따르기 쉽도록 잘 만들 수 있다.

세 번째 성공법칙은 자신만의 트레이딩 시스템을 만드는 것이다. 마음의 준비가 되어 있으면 성공 레이스의 절반은 지난 것이다. 지금부터는 구체적으로 자신을 위해 작동하는 트레이딩 시스템이 필요하다. 어떤 시장에서 거래할지, 진입과 청산은 어떻게 할지, 거래 규모는 어느 정도로 할지를 결정하는 것이 핵심이다. 여기에 많은 시간과 정성을 쏟아야 한다. 지치기 쉬운 자신을 다독거리며 계속 길을 가야 한다. 시스템을 만들었으면 실제 거래를 실행하면서 자세히 모니터링을 해야 한다. 매매일지를 작성하고, 합리적인 매매 규칙인지를 계속 평가해야 한다. 매매가 기대한 확률적 성과대로 진행되고 있는지 살펴서 적절한 조치를 취해야 한다.

네 번째 성공법칙은 끝까지 살아남아야 한다는 것이다. 성공의 골인 지점을 눈앞에 두고 돌부리에 걸려 큰 상처를 입어서는 안 된다. 살아남아 있으면 조금 더디 가더라도 목적지에 도달할 수 있다. 적절한 규모로 거래하는 자제력을 발휘해야 한다. 이번에는 다를 것 같다며 고집 피우지 않고, 현재의 손실을 인정하는 현명한 태도를 배워야 한다. 지금까지 잘해온 투자 방법이 있으면 흔들림 없이 따라야 한다. 이렇게 해야 성공의 문을 열 수 있다. 그리고 어느 순간 시장에서 만날 수 있는 뛰어난 투자자로 자신의 모습이 바뀌어 있음을 깨닫게 될 것이다.

이 모든 투자의 성공법칙을 한마디로 요약하면 투자 계획을 세우고, 이를 따르는 것이다. 투자 계획은 진입과 청산의 시점을 알려주고, 위험을 관리할 수 있도록 해준다. 시장에 들어간다는 것은 망망대해에 돛단배 한 척 띄워놓고 호시탐탐 자신을 노리는 상어 떼에 둘러싸인 상황과 같다. 투자 계획이 없으면 아무 때나 시장에 들어가게 되고, 수익과 손실 앞에서 어쩔 줄 모르게 된다.

투자 계획을 잘 준비하고도 계획대로 따르지 않으면 계획을 열심히 만든 보람을 느낄 수 없다. 결과적으로는 계획 없이 투자하는 것과 같다. '나는 계획을 따르는 준비된 투자자'라는 자기 암시를 매일 아침 반복하는 것이 좋다. 준비한 투자 계획대로 거래하고 성과를 얻으면 선순환 구조가 만들어진다. 그 성과를 기반으로 더 편안한 마음으로 투자를 계속해나가는 자신감 있는 투자자로 바뀌어간다.

필자의 경험에 비추어볼 때 적은 손실이 누적되어 시장에서 퇴출되는 투자자는 그리 많지 않았던 것 같다. 그래도 정성껏 투자하면 승률은 어느 정도 유지된다. 시장에서 쫓겨나는 경우는 대부분 한두 번의 커다란 손실 때문이다. 계획을 세우고 이를 따르면 시장에서 쫓겨날 가능성을 현저히 줄일 수 있다. 투자는 마라톤과 같다. 단거리 경주로 끝나는 것이 아니다. 지금까지 투자 계획을 세우지 못했다면 이제부터 시작하면 된다. 우리의 삶이 그렇듯, 투자에서 시작하기에 늦은 시기란 없다.

투자는
스마트하게

　　시장은 눈앞에서 한순간도 멈추지 않는다. 우리는 이 끊임없이 흘러가는 시장 가격과 매 순간 마주친다. 매수자와 매도자의 충돌에서 생기는 그 어떤 흐름을 기회로 포착해서 대응하는 것은 전적으로 투자자 자신의 선택이다.

　시장에서 정해진 길은 없다. 새로운 움직임은 언제나 나타나고, 투자의 결과는 아무도 모른다. 투자는 성공 가능성이 높은 시점이라고 판단되는 기회에 시장에 진입하고, 시장의 움직임에 따라 수익을 실현하거나, 손실을 인정하면서 투자를 끝마칠 때까지 계속 관리해 나가는 과정이다.

　'스마트 트레이딩'은 다양한 거래 전략의 장단점을 이해하고 효율적으로 분산투자하여 상승과 하락이란 시장의 성격에 관계없이 원하는 수익을 얻을 수 있는 매매 방법을 의미한다. 잘 짜인 투자 모델을 이용해 절대수익을 추구하는 스마트한 투자자들이 지금 이 시장의 선두에 서 있다.

이 스마트라는 단어의 앞 글자를 따서 '투자는 스마트(SMART)하게!'라는 구호로 핵심적인 투자 원칙을 정리하며 이 책을 마무리하려고 한다.

Simple	Mechanical	Advanced	Risk Control	Trading Plan
단순한	기계적인	앞선	위험 관리	투자 설계

- Simple(단순한) – 단순한 전략이 이긴다.
- Mechanical(기계적인) – 컴퓨터를 이용해서 투자 원칙을 자동으로 적용시키자.
- Advanced(앞선) – 전략 분산과 합성 투자를 통해 전천후 수익을 얻자.
- Risk Control(위험 관리) – 위험을 효과적으로 관리하자.
- Trading Plan(투자 설계) – 자신에게 맞는 투자를 설계하자.

Simple(단순한) – 단순한 전략이 이긴다

단순한 전략이 이긴다. 시시각각 변하는 시장에서 망설임 없이 결정을 내리려면 전략이 단순해야 한다. 전략이 단순하면 투자를 모르는 사람에게도 자신의 투자 전략을 쉽게 설명할 수 있다. 복잡한 전략에는 고려해야 할 변수가 많아서 결정을 내리는 데 시간도 많이 걸리고, 최종적인 결론이 서로 충돌하기도 한다. 5%의 손실이 발생하면 시장에서 빠져나오려고 준비했는데, 다른 분석에서 지금 청산하지 않는 편이 좋겠다고 하면 실행을 주저할 수밖에 없다.

투자는 결국 시장에서 자신이 어떤 입장에 있을지를 결정하는 일이다. 성공적인 투자는 지지선에서 매수하고, 저항선에서 매도하는 과정을 계속 반복하는 것이다. 지지선이 붕괴되면 적당한 지점에서 빠져나오고, 저항선이 돌파되면 다시 매수하면 된다. 어떤 모양이나 가격 수준을 지지선 또는 저항선으로 볼 것인지를 결정하는 전략을 갖고 있으면 된다. 매매를 잘하는 투자자는 자신의 거래 원칙에 대한 믿음과 오류를 인정하는 유연성 사이에서 균형을 잘 맞춘다.

자신의 전략이 과거 흐름에서 어느 정도의 확률적 승산이 있었는지를 확인해보고, '긍정적인 기대'를 가질 수 있을 때 이 전략을 일관성 있게 적용해나가면 된다. 전략의 확률적 흐름이 유지되고 있으면 계좌의 잔고는 무럭무럭 커나가고, 더욱더 자신감 있게 투자할 수 있다. 만일 기대대로 진행되지 않으면 다시 살펴보고, 전략을 수정해서 시장의 흐름을 따르려고 노력한다.

시장의 추세에 편승하는 투자자는 자신이 용인할 수 있는 되돌림 범위 이내에서 시장이 움직이고 있는 동안에는 그 방향에 그대로 머물러 있다. 우연히 상승 흐름에 동참하는 행운을 만났을 때, 미리 정해놓은 가격까지 하락하지 않으면 청산하지 않겠다는 원칙을 갖고 있어야 큰 흐름을 끝까지 따라갈 수 있다. 시장의 흐름에 쉽게 대응할 수 있는 자신만의 방법을 만들어 그것을 준수해나가면 된다.

Mechanical(기계적인) – 컴퓨터를 이용해서 투자 원칙을 자동으로 적용시키자

전략을 만들었다고 해서 투자의 모든 문제가 해결되지는 않는다. 최종적으로는 그 전략대로 매매를 실행할 수 있어야 한다. 사람은 연약하고, 약점 많은 동물이다. 매 순간 어떤 결정을 실행한다는 게 말처럼 쉽지 않다. 다행히 컴퓨터라는 유용한 도구를 활용하여 주저하지 않고, 원하는 매매를 할 수 있게 되었다. 매매의 모든 과정을 자동화하는 것이 최상의 방법이다. 이 수준까지 준비하려면 시행착오를 겪으면서 많은 시간과 정성을 쏟아야 한다. 아직 준비하지 못했거나, 자신의 판단으로 시장 진입을 자유롭게 하고 싶으면, 최소한 청산 방법만이라도 기계의 도움을 받기를 권한다. 특히 손실이 커나갈 수 있는 상황에 내몰렸을 때 약해지는 마음을 잡아주는 일은 감정이 없는 컴퓨터가 더 유용하다.

Advanced(앞선) – 전략 분산과 합성 투자를 통해 전천후 수익을 얻자

다른 투자자들보다 앞선 전략을 구사할 수 있어야 한다. 앞선 전략의 핵심은 분산과 합성 전략을 이용하는 것이다. 다양한 전략을 다양한 상품에 적용하고, 주식과 파생상품을 결합하여 절대수익을 추구한다. 수익의 주된 부분은 시장의 방향에 편승해서 얻을 수 있지만, 정해진 기간에 시장이 움직이는 범위를 관리하면서도 승률 높은 전략을 구성할 수 있다.

실제로 매매할 때 지지와 저항의 지점을 정확히 맞힐 수 있는 투자자는 없다. 대략 그 근방의 어떤 언저리에서 투자를 할 수 있어도 좋은 전략이라고 할 수 있다. 투자 전략에는 이러한 지지와 저항의 언저리를 찾는 방법이 들어 있으면 된다. 그리고 시장의 흐름을 따라가면서 이익을 실현하거나, 손실을 인정하거나, 분할하여 빠져나오는 다양한 청산 방법을 적용한다.

투자 대상 종목을 전 세계 우량 기업으로 분산하면 개별 종목의 위험을 크게 낮출 수 있다. 잘 분산된 투자 포트폴리오는 최소한 시장수익률을 따라갈 수 있다. 여기에 경쟁력 있는 전략을 추가하여 합성하면 초과 수익이 가능하다. 분산과 합성은 손익곡선의 진폭을 완화시켜 위험을 효과적으로 관리하면서 투자를 지속해나갈 수 있게 한다. 파생상품을 잘 활용하면 적은 비용으로 앞선 전략을 구사할 수 있다.

Risk Control(위험 관리) – 위험을 효과적으로 관리하자

위험은 손실 가능성이다. 위험 관리는 손실이 발생할 수 있음을 인정하는 데서 출발한다. 실제로 시장에서 손실 발생을 피할 수 있는 투자자는 없다. 다만 적정한 수준으로 손실을 관리할 뿐이다. 위험 관리는 급격한 가격 변동이나 체결 위험을 감안하여 투자의 대상과 규모를 결정하고, 거래 전략이 적정한 수준의 파산 확률 범위 안에 있도록 조정하는 것을 말한다.

위험 관리 능력이야말로 자기 통제력의 핵심이라 할 수 있다. 누구나 손실을 인정하기를 싫어한다. 하지만 시장에서는 그 하기 싫은 것을 할 수 있어야 성공할 수 있다. 손실을 현명하게 관리하는 것이 장기적으로 성공을 가져온다. 최소한 종목별 손실 한도와 전체 월간 손실 한도를 정해놓고, 그 이상의 손실이 발생하면 거래를 멈추고, 다음 기회를 기다려야 한다. 이번에는 다를 것이라고 미련을 갖지 말아야 한다. 단 한 번의 실수로도 더 이상 거래를 지속할 수 없는 상황에 내몰릴 수 있다.

이처럼 위험 관리의 핵심은 시장에서 퇴출되는 상황에 내몰리는 치명적인 투자 손실을 입어선 안 된다는 것이다. 위험 관리를 바탕으로 확률적으로 승산 있는 거래를 오랫동안 지속한다면 누구나 성공적인 투자자가 될 수 있다. 기회는 언제든 찾아온다. 하지만 시장에서 살아남아야 기회를 만날 수 있다. 투자의 첫 번째 목표는 '생존'이고, 두 번째 목표는 '번영'이다. 이 순서를 잊어서는 안 된다.

Trading Plan(투자 설계) – 자신에게 맞는 투자를 설계하자

이 책이 전하려는 핵심은 잘 구성된 투자 모델을 만들어 자동으로 매매해야 된다는 것이다. 다양한 투자 모델을 만들 수 있다. 자신의 투자 성향과 잘 맞는 투자 모델을 찾아야 한다. 이는 모든 투자자에게 남은 숙제이기도 하다. 스스로 숙제를 해결하려는 노력을 통해 만든 투자 모델은 투자 일생을 함께하는 훌륭한 동반자가 될 것이다. 미리 준비하고 계획하여 투자하지 않으면 시장에서 성공하기 어렵다.

투자를 설계할 때 자신이 선호하는 거래 주기를 먼저 결정한다. 본인의 투자 여건과 선호도를 고려해 단기와 장기 투자를 결정하고 대응 전략을 선택한다. 모든 거래 주기가 장단점을 갖고 있기 때문에 이 선택은 전적으로 투자자의 몫이다. 일단, 거래 주기를 결정했으면 그 주기에 맞는 시장의 진단 방법을 만들어야 한다. 변동성이 확대되는 상승 국면인지, 변동성이 축소되는 횡보 국면인지를 파악해야 한다. 주식투자자에게는 변동성이 확대되는 상승 국면이 단기간에 수익을 얻을 수 있는 유리한 환경이 된다.

주식에 투자할 경우에는 기본적 분석을 통해 투자 종목을 압축할 필요가 있다. 주식투자는 투자하고 싶은 종목의 순위를 매기는 작업이라 해도 틀린 이야기가 아니다. 자기자본이익률이 높은 종목이나 자산 가치가 있는 종목들 중에서 투자 후보 종목군을 만들어놓고 적당한 시점에 분산하여 투자하면 된다. 만일 열 개 종목을 매매한다면 후보 종목군으로 50~100개 종목을 관리해야 적당할 듯싶다. 1800개에 가까운 모든 종목을 매매 대상으로 삼으면 무리가 따른다. 평상시 관리하고 있는 이러한 종목에서 의미 있는 기회가 포착되면 결단력 있게 투자를 실행하면 그뿐이다. 그리고 기대와 다른 가격 흐름이 발생하면 빠져나와서 다시 새로운 투자를 준비한다.

어떤 모델이든 최종 결과물은 준비한 투자 자금을 특정 가격에서 매수하고, 특정 가격에서 매도하겠다는 의사 결정으로 나타날 수밖에 없다. 시장 가격의 흐름에 따라 그 특정 가격이 바뀔 수 있겠지만,

자신이 대비하고 있는 가격에 도달하면 준비한 대로 실행하면 된다.

　시장에서 성공할 가능성은 모든 투자자들에게 있다. 자신의 내면에 숨어 있는 투자 능력을 깨워서 활짝 펼쳐 보이면 된다. 가장 좋은 방법은 자기 자신을 관찰하고 느끼는 것이다. 오늘의 투자에서 자신이 느낀 감정을 매매일지에 솔직하게 적고, 매매 상황을 기록하고, 개선할 방법을 찾는 노력을 한다. 남에게 보이는 것이 아니므로 꾸밀 필요도 없다. 일지를 기록하는 일이 어려운 일은 아닌데, 부지런해야 한다. 그러다 보면 어느 시기엔가 도약하는 순간을 만나게 된다. 이 분야도 깨달음이 찾아오는 시기가 있고, 한번 도약하면 다시 과거로 돌아가지 않는다. 시장 흐름에 대해 고집을 부리지 않는다. 경쟁 상대를 존중한다. 겸손하고 유연하게 흐름을 받아들인다. 시장의 움직임을 예측할 수 없다는 결론을 내렸을 때 투자의 성공 확률이 오히려 더 높아지는 역설을 경험하게 된다.

　시장은 누가 더 오랫동안 살아남을 수 있는지를 겨루는 치열한 경쟁의 공간이다. 시장에서 충동적으로 거래하는 투자자들은 생존히기 어렵다. 자기 절제력이 있는 투자자들만이 오랫동안 살아남을 수 있다. 이 책을 읽은 독자들이 자기 절제력과 전략을 준비한 투자자로 한 단계 도약하기를 소망한다. 그래서 필자와 시장에서 오랫동안 함께할 수 있기를.

절대수익 투자법칙

초판 1쇄 발행 | 2011년 10월 20일

지은이 | 유택정
발행인 | 김태진 · 승영란
편집주간 | 김태정
디자인 | 여상우 · 이연숙
마케팅 | 함송이 · 강소연
출력 | 타임출력
인쇄 | 미래프린팅
펴낸곳 | 에디터
주소 | 서울특별시 마포구 공덕동 105-219 정화빌딩 3층
문의 | 02-753-2700, 2778 FAX 02-753-2779
등록 | 1991년 6월 18일 제313-1991-74호

값 17,000원
ISBN 978-89-92037-88-4 13320

ⓒ 유택정, 2011

이 책은 에디터와 저작권자와의 계약에 따라 발행한 것이므로
본사의 서면 허락 없이는 어떠한 형태나 수단으로도 이 책의 내용을 이용하지 못합니다.

◆ 잘못된 책은 구입하신 곳에서 바꾸어 드립니다.